內在的天空

The Inner Sky

How *to*
Make Wiser Choices
for a More
Fulfilling Life

史蒂芬‧佛瑞斯特
Steven Forrest ———— 著

韓沁林 ———— 譯

從星盤透析內在，
做出讓生命豐饒的明智抉擇

目　錄

前　言

　　在一九五〇年代，當我還是小男孩時，曾經看到一臺販賣機，上面畫滿各式各樣不可思議的生物。我投下一枚硬幣，掉出一個小袋子，描述與我的太陽星座魔羯座有關的特質。內容簡單來說，就是指出我是個害羞又容易焦慮的人，雖然平庸無奇，無法激起別人的熱情，但務實又勤奮，很可能會有錢……這些描述已經夠我拿來自我安慰了。

　　如今回想起來，這件事讓我的自我發展停擺了六個月。

　　害羞又容易焦慮，這點無庸置疑。這臺機器完全說中了，害羞是我現實日常中既痛苦又無可避免的部分。但這位機器占星師說的還不僅於此。它告訴我，就因為我在一月六日出生，所以我這輩子注定是個害羞又神經質的人。雖然它沒有使用「注定」這個詞彙，但我確定背後要說的就是這個意思。

　　有多少人也被同樣的方式誤導了？有時占星學會偏離正軌。健全的占星學應該是人類最寶貴的盟友，也是最古老的心理治療，其本意是為了幫助人們，但經年累月下來，卻變成在譁眾取寵。

　　占星學的確有這個本領。只要有一個人的出生日期、時間和地點，任

何做過一點功課的人都能準確地描述當事人的基本特質。裡頭當然有些錯誤，不過只有想法最保守狹隘的人才會否定這些描述的基本可信度。

誰能從這樣的描述中獲益？當然不是當事人。假設當事人已經很了解自己，那麼這樣的互動的最好結果，充其量就是得到娛樂或被勾起好奇心，而占星師的自我感覺也會非常良好，信心大增。最糟的結果就是他某些討厭的、挫敗的面向會更根生蒂固，像是：「我會這麼優柔寡斷也是理所當然的，誰叫我是天秤座。」

占星學能做的可遠超於此。

出生星盤就像一份豐富生動的聲明，充滿了洞見、指引和警告。它描述的不是靜止的命運，而是流動的生命模式，當中充滿了選擇和危機。當一個人遇到一位有建設性的占星師時，不只能被取悅，還會受到啓發，進而活得更完整、更有自信，還會有更深刻的目標感，對世人醉心的善意謊言也更加敏銳，心生警惕。

投販賣機這件事已是陳年往事，我現在對魔羯座已有充分的認識。這些年大部分的時間我都在研究占星學，受教於它。我一開始把書當成導師，但是研究越多個案，就越發覺得，書遠比人來得刻板。當時的我不斷在改變，然而我還是魔羯座啊。我感覺有些不對勁，所以便不再看書，轉而開始觀察。

我慢慢懂了：**占星學提供的並非答案，而是問題。**我們必須自己給答案。過去數百年來，有些占星師試著根據出生星盤來判斷一個人的行為，這根本是走錯門了。占星學提供的是一片藍圖，但如何在藍圖上找到方向，卻是我們自己的事。

　　我幾乎每天都會坐下來幫陌生人解讀出生星盤，這些人很少能教導我新的東西。他們有些是精神科醫師，有些是工廠工人，還有一對伴侶是賣淫者。我透過占星學，發現人們都有共通之處，只是躲在情境的面具底下，而最常見的特質就是渴望「我的人生能不一樣」。我學會怎麼幫助人們成長，用更快樂的方式回答自己的問題。

　　成長。這就是關鍵。這就是真正的占星學跟單純算命的界線。天秤座可以學著做決定；魔羯座可以學習放鬆。這些轉化，就是任何真格占星師的目標。對算命仙而言，這些東西會證明自己的理論有漏洞，反而讓他們很尷尬，因而不受歡迎。

　　我在這裡提出的是一種新的占星學嗎？或許吧。不過我們都是踩在前人的肩膀上，才能有今天的眼界。我非常尊敬過往創造占星學準則的推手們，而這也是我運用的架構。但是這套準則已經變得阻滯、僵化，作繭自縛。我們現在已經準備好可以再往前推進，重新定義占星符號，把它們看得更透徹、更合乎人類經驗的起伏變化。

　　任何閱讀本書的人都能學會如何運用占星學嗎？真正的技巧來自**經驗**，而這門藝術四周總環繞著「超自然力量」的光環，但都只是煙幕彈。占星學是一門技術，是關於人生的科技。即使剛聽到魔羯座這個名詞的人，也早就知悉這些符號很多年了，因為這些是人類精神的一部分。

　　我們現在只是在學習一種新語言。這些字眼也許很陌生，但是背後的意義就像呼吸一樣，舉世皆然。

　　若是舉世皆然，那還有什麼好研究的？因為占星學的知識，再搭配一張準確的出生星盤，可以大為提升我們的敏銳度，其程度令人驚艷。占星

學就像人生的羅塞塔石牌（Rosetta stone，由埃及托勒密王朝時代的祭司所製作，成爲今日研究古埃及歷史的重要資料），能破解人生的密碼。生命中的混亂、痛苦，以及那些看似隨機的事件，都會在眼前融爲一體，成爲一個井然有序的系統。一旦掌握它，我們就能省下逆勢而爲的時間。

你學習占星學，可能只是爲了讓自己日後能夠做出更好的選擇，然而如果分享得宜，不說教，你可以成爲更好的朋友，不只能讓自己走出迷霧，還能幫助心愛的人看清方向。不過，無論你是基於自利還是想要分享，我保證你都能在這片陰暗模糊的邊境之地展開一段趣味盎然的旅程，這邊境就是宇宙和意識交會處，即「人類的心靈」。

第一部

領地

第一章

為何大費周章學占星？

人是會變的。

不過有種理論就像病毒一樣充斥蔓延於大部分的占星書上，認定人是不會變的，所以這些書裡充滿了這種論調，像是「天蠍座很性感，但不可靠；魔羯座很勤奮；雙魚座胸懷宇宙，但太不食人間煙火，搞不定理財」。即使是進階的占星書都還是會有類似的評斷，好比「雜交是金星的負面表現之一」。

這些還是絲毫未變，都是僵化的陳述。從托勒密（Ptolemy）到美國知名占星師琳達‧古德曼（Linda Goodman），都把占星符號詮釋為一臺心理機器的零件。就像是一種恩寵或詛咒，我們生來就帶著這些符號，至死才能擺脫它們。

這是謊言。

生命有無法確定、無法預測的部分。這種「說不準」就是算命仙的心頭刺，但如果用正面、演化的方式詮釋，這才是占星學的核心基礎，也才是正確的方式。

占星學一直被誤解、扭曲，導致它真正的意義幾乎失傳。這部分可以怪罪於一般的不肖份子，但大部分還是占星師自己的錯，總用傳統的角度詮釋符號，太迷戀於預測未來，使得現代占星學絕大部分都像荒謬的模仿秀，荒唐至極。如果跟聰明理性的人在一起時，承認自己是占星師，就像承認會看肥皂劇，或是訂閱《國家詢問報》（National Enquirer）一樣。運用這門技巧的人會悲嘆，會抗議，不過最後必須坦白承認，這其實是自找的，而這就像時下狀況一樣令人尷尬。

占星學只是點出事實的一根手指，就像其他語言一樣，只是提供一種方式，整理個人的認知順序。**它最棒的就是能夠幫助我們更誠實地面對自己**，而最糟的狀況就是會在自己和個人真實的經驗之間築起一道牆。它的價值不應只是反映現實生活，還必須磨亮成長的刀口。占星學若不能讓理智更加清明銳利，反而讓心靈惝惝不安，那就失敗了。

我們如何創造這種戲劇效果？當然不能只是單調地列出與每個行星配置有關的「特質」。

我們不是機器人，而是活生生的人類。我們不是一出生就被設定好不能更動的程式，注定要播放這個占星音檔，直到電池耗盡為止。我們是有選擇的，當然可以活得像個機械人，枯燥無趣，言行舉止有如乏味的儀式，渾渾噩噩，一切都在預料中。但是，我們也可以遠勝於此，可以靈活機動，有能力去改變，接受未知，可以更加認識成長這件事。

我們內心都有一座沉睡的聖母峰，但它也像一粒易變的原子，這是占星學必須道出的真理。**占星學必須著重於我們內在的生命，而非僵化的外在狀態。**

　　每個占星符號都代表一個範圍內的多種可能性；每一張出生星盤都包含了成千上萬種性格的源頭。這就是占星學系統的關鍵。

　　一個人可以毫無想像力地回應出生星盤，也可以是充滿活力或極富創意的。我們永遠無法預知當事人的反應。出生星盤沒有所謂的好壞，沒有所謂的「有演化」或「未演化」，沒有所謂「理智的」或「精神分裂的」。若是我們感興趣的是任何美德標準，只能另尋他路。

　　占星學只能透過以下的方式來幫助我們：它可以生動地描繪我們最快樂的人生，告訴我們手中擁有什麼工具來應付人生這件差事，如何善盡其用；它也可以預警，一旦我們開始動作，人生會變成什麼模樣。從此時起，**我們必須確認所有的選擇都在自己手裡，沒有任何行星或星座可以預設一種特定的命運。**

　　當我們都清楚上述的概念，就能傾心聆聽或是選擇忽略出生星盤的訊息，這是我們自己的事。而且即使選擇忽略，生命遲早都會捎來同樣的訊息。

　　那我們到底爲何需要占星學？沒有任何理由。很多人沒有接觸占星也活得很好。出生星盤不會提供獨門絕活，人們從中學到的事，在別的地方也能學到。心理治療、去西藏的修道院冥想、談戀愛，或是發現一座失落的城市，這些都能達到同樣效果。占星學只是另一種認識自己的途徑，就像其他方法一樣有利有弊。

　　占星學最主要的優勢是**速度**。若沒有占星學，我們可能跌跌撞撞好幾年，在編造所有的假眞理和空虛夢想裡，試圖理出一些好資訊來認識自己。心理治療可以加速這個過程，一段充滿活力的婚姻可能也辦得到，一

場冒險也可能有這種效果，把我們的耐力推到極限，最後什麼也不剩，只留下性格裡最赤裸裸的本質。

這所有的過程都需要時間，每個過程都隱藏了陷阱，但是解讀一次星盤，或是讀這本書，只需要一個下午。只需要兩到三小時，就能產生相當程度的自我意識，而這可能是其他方法要耗上好幾年才辦得到的。

那占星學的壞處呢？上述這些美好的資訊可能就像耳邊風，左耳進右耳出。占星學無法比心理治療更能改變一個人。人們必須靠自己才能改變。

關於形上學

現在花個十分鐘來談談占星學吧！你很可能對一些無法衡量的事感到衝擊：「占星師說，我必須面對這所有一切。為什麼？如果我不想這樣做呢？」

這些問題很快就會加劇擴大，最後形成一個大聯盟：「生命的目的是什麼？我為什麼在這裡？一開始是誰（如果有這樣的人）把我放在這個世界？」

形上學和占星學都在為同樣的問題尋找答案。雖然兩者有些差異。占星學不同於形上學，會把重心放在追尋答案的人身上，而非當事人在追尋什麼。占星學不是宗教或神學，它是直接的、真實的，可以體驗的。占星學只想幫助我們整理性格的出場順序，讓我們更快樂、更清楚。在這個過

程中，我們可以用任何喜歡的形上學或哲學，將它們當成布簾加以裝飾。

　　來試試看，兩者之間到底有什麼不同。

　　一號布簾：我們不是原生質，我們是靈，是純淨的意識，永恆的存在，經過一連串肉體形式的輪迴轉世，朝著與神合一的狀態慢慢演化。目前的存在處境只是反映內在的狀態，我們在出生前有意識地選擇了這些，爲演化選擇了最佳的天文配置。我們可能不喜歡自己命中的一切，但沒有任何事情是偶然的。所有一切都能被運用，都是恩賜。工作、關係、焦慮、所有的場景，都是有意識、有目的的選擇。

　　二號布簾：宇宙完全是隨機的。一百五十億年前，氫雲濃縮凝聚成恆星，恆星又開始孕生更重的元素。碳塊就由此而生，同時學會自行增生，慢慢地演化，與週遭環境也開始形成特殊關係。所謂的意識，只不過是一種電化現象，完全仰賴大腦的生理結構。當大腦死了，意識也就消亡。不過，我們可以享受意識，雖然這並不容易。意識是沒有效率的，會製造很多靜電，像是精神官能症、罪惡感和強迫感。在這個隨機的宇宙，如果想要從意識中獲得最大的樂趣，就必須減少這些能量漏洞。

　　你能看出有什麼實際的不同嗎？

　　這兩種模式在哲學層面天差地遠，然而本質其實完全相同。如果有所謂的宇宙笑話，就是這個：無論心智怎麼建構宇宙，然而我們實際存在於其中的宇宙，其實是沒有改變的。我們可以換個想法，就像把傢俱換個位置，要不然等到開始悶悶不樂，還是得努力對抗心理的難題。其實不管抱持什麼哲學觀，該焦慮還是會焦慮。

　　我們可以挑選任何一種架構，但是要做的功課還是一樣的。

　　我們到底是屬靈性還是屬肉體的？就占星學而言，最合適的答案就是——管他的呢？我們如果憂鬱、嫉妒或寂寞，或是處於任何不愉快的意識狀態，無論是核子物理學家還是印度梵學家，他的功課都是改變這個狀態。形上學的觀點也許能幫助我們，如果是這樣很好，但是占星學沒有義務去補充它們，一切還是取決於當事人自己。

　　占星學唯一關心的事就是：強化一個人的自我覺知。為了促進這份覺知，任何人在解讀一張出生星盤時，必須絕對尊重當事人的獨立和自我決定。沒有必要以權威自詡，占星師和個案之間的關係必須是平等的。我們都是瞎子摸象，沒人手中有全部的藍圖。

　　占星學做的就是提供一片藍圖鏡片，我們可以藉此端詳這些迷宮，也就是自己的性格。

　　就占星學而言，每種性格都有理想的形式，這可以根據出生時間行星的位置得知。我們可能會利用文化和經驗培養這種形式，而其中的血肉和骨架會從其他地方出現。這些會深植於我們內在的某種意識層次，遠比習慣和風格更加深刻強烈。我們可以把這些根深蒂固的東西稱為**靈魂**，會被累世的事件形塑和扭曲，也可以把這些視為基因輪盤的隨機排序。這些都無所謂。根源就在那裡，而它們也代表了一種特定的需求及習性模式，如果我們渴求心靈平靜，這就必須反映在社會化的性格上面。

　　平靜就是目標，但它不會自動出現，我們必須朝這個方向努力，讓外在的性格能與內在本質達成一致，還必須放下令自己困擾的世俗腳本。我

們勢必得成長。

　　占星學主張快樂，尋求樂趣，這是即興且非關道德的。它只關心快樂這件事，就像一面反映人生的鏡子，只負責觀察，不加以詮釋。事實就是，我們會感到受傷，想要讓自己舒服些，而占星學可以助我們一臂之力。

　　這要如何辦到？就是**提醒我們自己是誰**。自從學會如何開電視後，我們就被包圍了，社會試圖強加一套價值觀、英雄和神話在我們身上。我們不需要去批評這些東西，只需要知道，其中許多部分太不合乎常理。一位敏感、技巧純熟、表達清晰的占星師，可以用出生星盤幫我們越過這些陷阱，讓我們避免成爲另一個公式化的角色。轉眼間，所有啓發想像力的壓力、盲點和熱情，這些構成我們獨特性格的事物成了焦點，與那些不合常理的價值、英雄和神話截然不同。

　　我們能夠從中獲得什麼？瞥見自我的本質，讓一個人充滿活力，做出更好的選擇，同時更有能力照顧好自己。我們可以學會區分什麼是眞正想要的，什麼是被迫想要的，而這會帶來更多快樂。

　　這裡不需要談什麼啓發或自我實現，只要**快樂**就夠了，而這就是占星學的眞正目的，在不斷演化的自我面前拿一面鏡子，說出內心深處已經知道的事情。透過占星學，我們可以遠離構成生活的龐大細節，可以旁觀自己的性格，在某一刻，看著自己獨特的核心本質，而所有的細節總是永遠圍繞著這些打轉。

　　我們會看見自己。

七個原則

　　任何以成長為導向的占星學，都可以把這七個原則作為主軸。任何過於偏離它們的人或敘述，可能只是占星學的壞業力，而非它的未來。

1. 占星學的符號是中性的，沒有所謂的好壞。
2. 每個人都得為自己展現出生星盤的方式負責。
3. 沒有任何占星師可以單就出生星盤，確定當事人實際上會如何表現星盤上的能量。
4. 出生星盤像是一張藍圖，展現當事人擁有的最快樂、最充實、最具靈性創造力的成長道路。
5. 只要偏離了出生星盤象徵的理想的成長模式，都會是不穩定的狀態，通常還會伴隨著迷惘、空虛和焦慮感。
6. 占星學只承認兩件事是絕對的，就是每個生命都是獨一無二的，而每個人看待生命的方式也是獨一無二的。
7. 占星學只關心強化一個人的自我意識，如果跟任何哲學或宗教靠得太近，會有不好的影響。

　　這七個原則都是很基本的，刪減或扭曲任何一個，都會讓占星學這棟宏偉建築崩裂瓦解，淪為算命的廢墟。

　　我們是自由的。天體的力量和人類的意志，會在開放、相輔相成的狀態下共同發揮作用。我們無法預知兩者結合的結果，最多只能像是從對父母的認識預測小孩的天性。

　　總而言之，占星符號並非名詞，而是動詞。我不是「一個魔羯座」，而是走在成為魔羯座的路上。成長、改變和演化，就是占星學的核心價值。把宿命論和僵化留給算命仙吧，我們還有其他事要做。

第二章

◆━━━━━━━━━━━━◆━━━━━━━━━━━━◆

符號語言

　　星座、宮位和行星。這是三種截然不同的符號系統，三種詞彙。三者結合就是占星學神聖的三位一體，各自的目的截然不同，都能解答一系列獨特的問題。沒有它們，就沒有占星學。缺了其一，就只有寬度和高度，但沒有深度，就像手裡的一張紙那樣單薄。

　　星座和宮位會搭配組合。我們先認識它們，然後再增加行星。

　　就廣義而言，星座有如身份，宮位就像身份運作的競技舞臺。星座提供了心理架構、需求和恐懼，還有態度和偏見，我們會用這些來進攻宮位。宮位能點出問題和課題，代表我們必須面對的任務。

　　星座象徵心智層面發生的過程。每個星座都代表一種當事人能夠再強化的成長模式，也就是學習變得更勇敢、更能意識到別人的需求和擔憂、發展靈性的敏銳度或冥想技巧，或是消弭依賴導致的毀滅性後果。

　　宮位比較具體，代表心智可被觀察到的事物，其中有許多是明顯可見的活動。有的宮位象徵廣泛的社會或文化環境，會詢問當事人在此扮演的

角色，也有宮位象徵所謂親密關係的活動領域，還有宮位象徵了當事人的物質或經濟狀況。

有些宮位較不外顯活躍，但永遠象徵了性格之外的某種東西，某種必須覺察的東西，例如有個宮位就代表「無意識的存在」。

行星是占星符號的第三個面向，代表實際的**心智結構**。每個行星都象徵一種特別的心理功能：智力、情緒、自我形象，還有對親密性的衝動。

把所有的行星聚合在一起，就能拼湊出一張人類的心理地圖。這就像人類史上其他地圖一樣。舉個例子，心理學家西蒙・佛洛伊德（Sigmund Freud）把精神分為自我、本我和超我。占星師則是用同樣的方法，區分為水星、金星和其他行星。

就像佛洛伊德的精神架構一樣，行星地圖是空白的，它只描述心理內部的每個隔間，但沒說隔間裡有些什麼。每個人都有自我，但力量和本質都不相同。同樣地，有些人的水星（語言能力）很強，有些人就比較弱。每個人都擁有同樣的心智功能，只是運用方式不同。

若要知道一個行星如何運作，我們必需透過行星和宮位來看。一個具有侵略性的行星可能會落在一個代表培養勇氣的星座。這就是很有力量的結合，可以產生特別果決的性格，但是如何看到這種果決？在哪裡看見？

若要回答這個問題，我們就必須看**宮位**。這就是星座和行星的**釋放能量的地方**。也許這種果決在事業上特別顯而易見，也可能是表現在婚姻或友誼裡，也可能完全不會向外展現，而是在某個隱藏的人生領域迸發出來。我們只能透過宮位來回答這個問題。揭露星座、行星和宮位這三種符

號的交互作用，就是解開出生星盤奧祕的關鍵。

　　簡而言之，這些符號系統回答**內容**（**What**）、**如何**（**How**）、**為什麼**（**Why**）及**哪裡**（**Where**）的問題。永遠要先看行星，這就是**內容**。我們可以藉此知道，心理考量的是**內容**。接著，可以透過星座確定，這個行星想要什麼，以及最好用什麼方法達到這些目標，這就是**為什麼**和**如何**。最後，我們可以觀察宮位。宮位可以回答**哪裡**的問題，精準地點出這場戰役會發生在哪一個生命領域。

　　舉個例子，想像我們分析一張出生星盤，其中金星是處女座，落在六宮。這要如何解讀？在第八章，我們會詳細討論這樣的組合，但現在先用這個具體的例子，快速點出這些抽象概念的重點。

　　金星是行星，而它的**內容**永遠都是**建立人際關係**的能力。在這個例子裡，金星會受到處女座的**為什麼**和**如何**驅動。這代表什麼意思？在第五章會提到，**處女座**的**為什麼**就是努力想要達成**完美**，而它的**如何**包含了永無止盡的**分析**。

　　我們馬上知道，這個人在關係中是理想主義者，但必須學習平衡這種理想主義，以免變得太愛批評或是要求過高。他在愛情和友誼裡可能很有責任感，但是必須有意識地培養寬容和原諒。這些戲碼可能會在**哪裡**上演？會在六宮，我們稱為工作的生命領域。在這個例子裡，工作的夥伴關係特別容易受到金星在處女座的波動影響，而當事人很可能在建立持久的情感連結時，感受到最主要的成長壓力。換言之，他可能透過工作（六宮）遇到最深交的朋友和生命伴侶（金星），而且是受到處女座的動機和需求驅策，進入這些關係。

　　你現在可能會覺得有些困難，不要擔心，只要讀過接下來幾章，認識星座、行星和宮位的基本意義後，就很容易理解了。現在，只要記住以下的核心概念就夠了。

- 行星告訴我們，心理關注的是哪一個部分（這就是**內容**）。
- 星座讓我們知道，是什麼需求和策略驅策這個行星（這就是**為什麼**和**如何**）。
- 宮位明確點出，行星和星座的結合會發生在哪個生命領域發展（這就是**哪裡**）。

符號解讀

　　出生星盤是一種驚人的工具，不過如果要利用這種工具，你必須學習一門遺失的藝術，成為一位符號解讀者。

　　詮釋，就是占星學的核心。編排星座、宮位和行星的訊息，加以交錯組合，觀察它們之間的偏好、強化或削弱，這就是占星師的藝術。

　　解讀星盤是門藝術，不是某種科學程序，無法被記憶背誦。這也不是機械化的，不是某種技巧，像是學習如何重建汽化機，或是解微分方程式。創意、靈感和直覺才是這個系統核心的活力來源。如果少了這些，一個人永遠無法從出生星盤衍生出任何意義。

　　我們的心就像身體一樣，是有生命力的創造物，所有器官都會交互作用。如果頭痛，可能也會影響胃，此時若是有人幫忙按摩一下頸部或肩

膀，這兩種不適可能都會消失。占星學也是如此。如果我們的水星受傷了，那麼這種失衡就會反映在其中一個星座或宮位。我們必須學習**全面**掌握出生星盤，就像好的醫生會把身體視爲一個交互作用的系統。

這就是詮釋星盤的第一個準則，要考量全面。我們不可能獨立解讀一種符號。

但這種全面是很複雜的，就像我們的心一樣。出生星盤就是不同面向的符號錯綜複雜的排列，沒有兩張星盤是完全一樣的。很多人的火星在寶瓶座，或是金星在四宮，這些只是基本的「片段」或「詞彙」組合成心理，只有少數的組合。不過它們其實可能有無限的組合，而這就像永恆變幻的交火，讓占星學充滿生命力。

沒有任何書能涵蓋這些占星「片段」所有可能想到的組合，實在太多了。當我們解讀一張出生星盤時，必須用不同的方法來解決這個難題。我們必須學習這種語言，必須熟悉所有的基本字彙，包括每一個星座、每一個宮位和每一個行星。如此才能理解它們的交互作用。

學習解讀星盤就像學法語。我們如果只想去巴黎待四個星期，那麼看一本語言入門書、背幾個片語就夠用了。這樣就能找到廁所，也不會餓肚子。但如果是要認眞地用法語溝通，就必須有不同策略。我們必須背字彙、學文法，然後自己拼湊出完整句子。

大部分的占星書都像片語書，其中包含一堆各個「片段」的詮釋。土星在處女座嗎？請翻到某某頁。海王星在四宮嗎？請翻到某某頁。每種組合都會有抽象的描述，像是單獨運作。當我們把這些詮釋都湊在一起時，就會一團亂，就像只讀過法語片語書的人一樣，忽然碰到一個書裡沒提過

的狀況就卡住了。

　　然後當我們研究一位英國男士的出生星盤,他是太陽天秤座,落在六宮。傳統的占星教科書會說,這樣的組合代表他會猶豫不決,低聲下氣。但接著又看到他的月亮在叛逆的寶瓶座,而且一宮裡有爆炸性的、暴躁的天王星。若是翻同一本書看,又會說他自負、固執、我行我素,這些特質會很古怪地陳列在一起。

　　這種片語式占星很容易有結論。我們不需要學習新的思考方式,只需要查書,就能像電腦一樣吐出關於每個占星組合的罐頭評語。但這些結論很糟糕,一點生命力也沒有,不會成長,也不會改變,還會彼此矛盾。若是用這種方式使用占星學,就像從一具分解的肉體從新建造一種人格,這裡是手臂,那裡是鼻子、眼睛和牙齒。我們甚至得把所有的部位都重新組合,恢復原狀,但這騙不了人,裡頭只有血肉和骨頭。

　　電腦可以排列出一張出生星盤,但不可能有效地解讀它。為了做到這件事,我們要把星盤當成活生生的人,用心智的、情感的、物質的或直覺的方式回應它,要用整體的角度來看待它。我們必須學習字彙,組成句子,只背片語是徒勞無功的。

　　學習占星語言真的不難,我們都是占星師,只是還不知道這些字彙而已。這就像一位很能幹、條理清晰的美國女子,帶著片語書去法國旅遊。她知道什麼是公車,也很清楚關於洋蔥、政治、大道和暗巷的種種,只是不知如何稱呼它們。她只需要一些語言的指導,馬上就能展現天生的才智。

　　我們就像這名女子,天生都有占星的智慧,都有水星在發揮作用,也

都有雙魚座的處理方式，都是由同樣的元素建構而成。也許目前看來，我們被貼上不同的標籤，但都只是字眼而已。無論我們如何稱呼自己的這些面向，從出生至今我們都一直與之共存，對其進行研究，現在只不過得學一些新的字彙而已。

就語言而言，占星學算是容易的，其中有十個行星、十二個星座和十二個宮位，總共只有三十四個單字。你只要能理解它們，就會像在高中法語課拿了個 A，然後去巴黎旅遊。沒有人會誤認你是當地人，但溝通勉強過得去。

你手中這本書並不是片語書，而是語言課本。前面幾章是字彙課，我們會認識出生星盤的概念，了解每一個星座、宮位和行星，接著就是學習組成句子。到最後，如果你夠機敏，就絕對不會只像鸚鵡一樣，重複列出一堆矛盾的特質。你可以說出一種新的語言，一種極具說服力、十分精準的古老語言，可以延伸想像力，提高敏銳度，它能像匕首一樣具有穿透力，像陽光下的水晶一樣透亮。

第三章

究竟什麼是出生星盤？

一張出生星盤是占星主要元素的獨特排列，包括星座（signs）、宮位（houses）和行星（planets）。即使占星學的字彙只有三十多個，但是當我們加入文法和語法時，就會出現無限多種組合。一張出生星盤是一種獨特的組合，可以代表當事人。

就實際而言，出生星盤只是一張地圖，展現當這個人出生時，太陽、月亮和行星在天上的位置。代表太陽、月亮和行星的象形符號會隨機散布在星盤上。這些符號就像縮寫的標誌，省了很多寫字的麻煩。

行星標誌			
太陽	☉	木星	♃
月亮	☽	土星	♄
水星	☿	天王星	♅
金星	♀	海王星	♆
火星	♂	冥王星	♇ 或 ♇

　　我們現在先示範介紹，之後再仔細分析。下面是一張出生星盤，當事人是一九四〇年十月九日誕生在英國西北部，時間約莫是晚上六時三十分。

出生星盤範例

英國男性
出生星盤
1940年10月9日星期三
下午6:30，BST -1:00時區
英國曼徹斯特
53°N 30" 2°W 15"
地心制
回歸黃道
普拉西度制
平均月交點

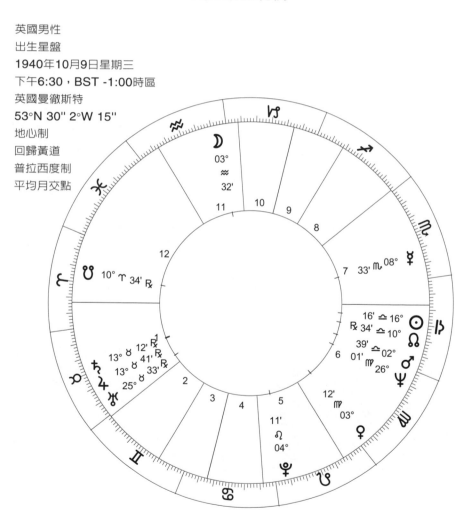

　　橫切星盤中間的水平線，就是當地的地平線。在這條線之上的所有一切，都是這位男士出生時天空中可見的那一半。在這條線之下則是看不見的，位於地面之下。

　　我們很快就能明瞭，這條線的最左端代表東方，跟一般地圖的方位剛好相反。

　　在英國的秋天，晚上六點三十分，太陽才剛剛落下。如果地圖是正確的，我們會發現，太陽就在西邊的地平面下，剛剛下山，同時還會看到太陽這個標誌，一個圓圈中間有一點，位於這張出生星盤的右邊，就在中間那條線的下方，正如我們預期。

　　我們很熟悉的月亮的新月符號，是在星盤的左上部。這個月亮在薄暮中皎潔明亮，高掛在東方天空的中央。

　　這張星盤中，能看得到的東西很少，除了月亮，就只有幽暗的水星位於其中一半看得見的天空裡，而且是在西方很低的位置，可能即將消失在地面的薄霧裡。其他所有的行星都隱藏在地平面之下。

　　這裡像被切成十二片蛋糕的區塊就代表宮位（內圈的數字與每一個宮位相呼應）。在這個例子裡，太陽是在六宮，比較巧緻的說法則是「略低於西方的地平線」。當一個行星位於九宮或十宮，會被說是高掛在天空。位於三宮或四宮，則在地平線最下方。

　　在這張星盤中，其他一切都與星座有關。在星盤最外緣週遭的符號與數字，就代表當這位英雄來到這世上吸入第一口氣時，這些星座在天上的位置。你們若有一點偵探性格，這就是這位英雄的身份的第一個線索，這不是位女士。

就像行星一樣，每個星座也都有標誌。

星座的標誌			
牡羊座	♈	天秤座	♎
金牛座	♉	天蠍座	♏
雙子座	♊	射手座	♐
巨蟹座	♋	魔羯座	♑
獅子座	♌	寶瓶座	♒
處女座	♍	雙魚座	♓

現在看一下星盤的最左邊，你可以看到牡羊座的標誌，代表這位男士出生時，牡羊座剛從地平面升起。若是更精準一點，可以看到是牡羊座二十一度。每一個星座都占據三十度。

在出生星盤外圈的其他數字，代表他出生時，星座與宮位的相對位置。這到底代表什麼意思？我們稍後會詳細解釋，現在先把這些星座想像成由星星標記的浩瀚天際。

當地球轉動時，星座看起來會升起和落下。在某一刻，牡羊座可能剛好在升起，過了十二小時後，牡羊座就會落下，而它對面的星座天秤座則會升起。儘管每一分鐘都會改變，但是都會有一個特別的度數和特定的星座，代表一個宮位的開始。也就是說，每個星座都在某個地方，也許是在地平面之上或地平面之下。星盤四周的數字和標誌，能看出每個星座的確切位置。

所有星座的範圍都是一樣的，都是三十度，都是這個三百六十度圓圈的十二分之一。宮位的寬度是會變的，雖然為了方便起見，在大部分的出

生星盤裡，每個宮位的大小都是一樣的。

有時一個宮位會超過三十度，會搭配一個星座，把這個星座完全吞掉，就是讓這個星座完全沒有碰到任何一個**宮頭**（宮位的開始），這就叫做**劫奪**（interception），而在這張範例星盤中，就有四個星座如此。舉個例子，十二宮是從寶瓶座二十三度開始，但是完全吞掉了雙魚座，一直要到牡羊座二十一度才結束，也就是一宮的宮頭。

每個行星都會落入一個星座和一個宮位。我們可以看到它的宮位位置，看看它落在哪一片蛋糕上？如果要確定行星的星座，就看一下左邊的標誌。在示範星盤裡，金星是在六宮，伴隨著3°W，這代表金星是在天上處女座的位置，明確一點，就是在處女座四度。而在六宮，代表在這位男士出生的那一刻，處女座剛帶著金星，落入西邊的地平線。

有些人一開始會搞混星座和宮位。區分兩者最好的方法就是記住宮位與當地的地平線有關，星座則與宇宙有關。當地球在宇宙旋轉時，**星座會繞著地球轉**。而因為行星也在宇宙中，所以也會隨著星座旋轉，會在東方升起，西方落下。我們會記錄這些升起和落下，視為星座和行星的宮位位置的變化，這是我們從地球上的角度描述它們的位置，根據的是所在的地平線。這也就是說，出生星盤上的宮位只是一個空的間隔，當每個行星和星座繞著地球轉，每二十四小時就會通過所有宮位。

為什麼東方在左邊？

你是否注意過，太陽永遠在南方的天空？我們認為太陽從東邊升起，

西邊落下，但它永遠都是在這條線的南方，除非我們越靠近赤道。

　　這是因為在北半球，我們是在行星的「上方」，所以看太陽時，必須往下看，向南方看。但是在澳洲的朋友，需要往上看，向北方看。在南半球，一棟「南向」的房子毫無吸引力，因為這代表遠背向陽光，朝著南極。

　　在北半球，當太陽到了一天最高的位置時，大概是正南方的位置，所以一張星盤的最高點是南方，不是北方。南半球的星盤看起來是一樣的，不過背後運算的數學有些不同。澳洲的讀者還是能看這本書。

　　當南方在最上面時，星盤就等於「上下顛倒」。這一開始有點不方便，但唯一的另一個選擇是把地平線以上的行星放在星盤的下半部。這其實會更糟糕，我們已經習慣了這種上下顛倒的思考方式。

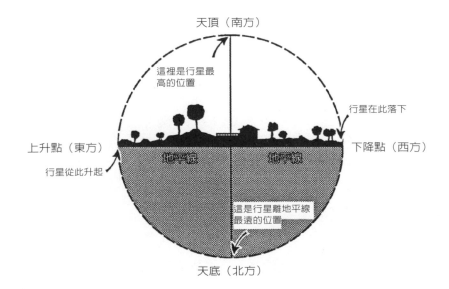

　　出生地圖自然地反轉，導致東方在左邊，西方在右邊。所以行星從左邊升起。我們把這個點稱為**上升點**（ascendant），其對面的點，位於地平線的最右端，就是行星落下的位置，叫做**下降點**（descendant）。

　　天頂是依出生星盤最高點而命名，太陽在這個位置大概是正午，而它的相對點是天底，是太陽半夜時的位置。

行星的運行

　　在一天內，太陽、月亮和所有行星都會上升和落下，也就是說，它們都會經過十二個宮位。會有這樣的情形，是因為地球會繞著地軸自轉，而這與行星本身的運行毫無關係。

　　但是行星本身也在運行，它們會在太陽周圍歪斜前進，如果將它們在夜晚的位置，與附近的星體比較，就可以看到微小的改變。你現在把五指併攏，將手向外伸直一個手臂的距離，大概就是略少於月亮在二十四小時內相對於行星運行的距離。其他的行星就運行地更慢了，但它們的確在動。

　　我們如果觀察行星的運行一年，就會發現它們都依循同樣的軌道前進，會從牡羊座、金牛座到雙子座，按照熟悉的「出生星座」的順序。我們永遠不會看到金星在仙后座，火星在獵戶座，這是不可能發生的，因為這兩個星座不在軌道上。

　　這個軌道就叫做黃道，會分成十二個大小一樣的區塊。這些區塊就是星座。星座會冠上星宿的名字，但並不一定與星宿有關。這是一個很複雜的議題，現在不需要在此討論。我們現在只要記住，行星的移動是以恆星為背景，並按照它們在星座位置的改變，來衡量它們的移動。

　　大部分的行星運行都是不規則的。水星會在每個星座待上一個月左右，但也可能有很大的變化，在這段時間內，月亮會通過十二個星座，而遙遠的冥王星則幾乎沒有移動，甚至可能失去聯繫。

　　擁有這張範例星盤的英國男士出生時，是十月九日晚上六點三十分。光從日期，就可以知道太陽是在天秤座。太陽會待在天秤座直到十月二十一日左右。太陽的星座不會隨著當天的時間改變，但是知道時鐘指在六點三十分的位置，的確能提供很重要的資訊，就是天秤座的太陽剛剛落下，也就是說，是位於六宮。

　　這位英國男子若是再晚幾個小時出生，太陽就會離地平線更遠，就會在四宮而不是六宮。在這短短幾小時內，太陽在這個星座的移動無足輕重，但是移動到哪一個宮位，就足以完全改變這張出生星盤的樣貌。

　　這就是為什麼在占星學裡，出生時間非常重要。光從日期，可以看出星座與行星的關係，但是必須要有時間，才能添加出生星盤很重要的宮位元素。

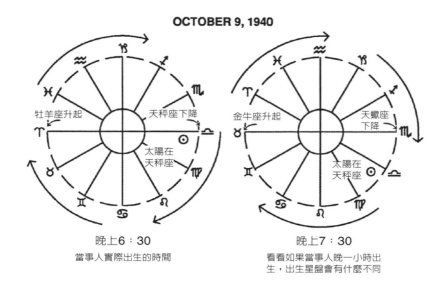

OCTOBER 9, 1940

牡羊座升起　　　　　天秤座下降
太陽在天秤座

晚上6：30
當事人實際出生的時間

金牛座升起　　　　　天蠍座下降
太陽在天秤座

晚上7：30
看看如果當事人晚一小時出生，出生星盤會有什麼不同

看看如果當事人晚一小時出生，出生星盤會有什麼不同：

星座之間的關係是固定的。金牛座永遠在牡羊座後面，雙子座永遠在金牛座後面，以此類推。當其中一個星座移動時，另一個也會按照預期中的方式移動。這就像我們轉動一個車輪，每個輪輻都有編號。我們如果知道七號輪輻在哪，就能輕鬆找到八號和九號輪輻。

當太陽在十月的傍晚落下時，天秤座也在落下。在每一年的這個時間點，太陽和天秤座是一組的。我們只要找到太陽，就會找到天秤座。

但這裡的資訊不僅於此。當天秤座在西方落下時，對面的星座牡羊座一定會在東方升起。而牡羊座的前一個星座雙魚座，一定也剛剛完成升起。接在牡羊座後面的金牛座，一定就在東方地平線之下，準備升起。

星座運作的方式就像車輪一樣。

這就是出生星盤。占星學基本工具的導覽就此結束。如果你能理解這一章的內容,應該就能看懂範例星盤,不再有任何疑惑了。

出生星盤就像一張天空的地圖,看似簡單,但沒有比這更細緻的心智模型了。當我們把星座、行星和宮位的意義交織結合後,就會出現一張掛毯,包含了人生所有的渴望、陰暗、歡愉和恐懼。而這些符號的每一種組合,每一張出生星盤都是獨一無二的。占星學跟宗教不同,也不同於心理學系統,它勾勒出了一個人的肖像。

然而,出生星盤不過就是一張天空的地圖,就是這麼簡單。它的象徵符號不是源自於任何人自以為是的理論,而是超脫個人偏見,也超越了任何文化的神話。它的基礎更深刻、更原始,就像我們一樣,源自於大自然。

第二部

單字

你學會了一種語言的所有文法，但如果沒有豐富的字彙，還是只能像一根柱子杵在那裡說不出話。占星學的語言也是如此。我們可以記一些實用的片語，溝通一些淺顯的想法，不過如果想要流利地運用這個語言，首先要買的是一本字典，而不是片語書。而接下來內容就像一本字典，我們會在其中學會占星學字彙裡三十四個基本單字的意義。接著在第三部，還會增加文法和語法。最後，無論你是寶瓶座或獅子座，如果想要說出這種語言，這些全都是必備的功夫。

第四章

主要的符號

　　天空是占星學原始的符號，出生星盤說出複雜又詳盡的語言，也是源自於此。那天空代表什麼意思？對天文學家而言，這個問題根本不合理。他們當然能說出天空到底是什麼。但是天空的意義呢？這是詩人或哲學家要傷腦筋的問題，不歸天文學家管。現在把這些稱呼都拋諸腦後吧！總歸一句，天文學家和占星師的差異就在於，天文學家尋求知道天空的**形式**，而占星師追求天空的**意義**。占星學就如天文學的詩歌，是在研究意義，而非結構。它不是要討論什麼是天空，而是要探索天空對我們訴說的話語。

　　天空到底說了什麼？不是哲學家亞里斯多德（Aristotle）或詩人葉慈（William Butler Yeats），才能回答這個問題。我們只需要觀察，然後思考。想像在一個無月的夏夜凝視著銀河，看著流星如閃電般劃過天琴座和天鷹座，誰的心中不會有種神奇的感覺？儘管有這麼多憤世忌俗的人對著電視高談闊論，即使在這樣混濁昏暗的年代，凝視天空卻麻木無感的人，仍是少數。

　　在古代，天空是神聖的，人們深信神就住在天上。在早期的宗教裡，這種天空的神聖感是很普遍的基調。後來，人類的形而上學發展成熟了，

心卻沒有太多改變，天空仍讓人深感敬畏。

　　占星學的原始符號就代表了包圍著我們的偉大空間，這是令人敬畏的符號。我們可以把它稱為神的符號，代表了無限和完美、永恆和普世。無論是美國人、俄羅斯人、歐洲人或非洲人，都站在同一片天空下。天空就像呼吸，像性愛，也像死亡，將人們連結在一起，提醒我們共同擁有的人性。它也代表內心最古老的角落，隨著生命的開展，我們會在此坐著，望著，超然且冷靜。

　　現在閉上眼睛，把心清空，放下慣性的想法和偏見。感受這種無法言語的、廣闊無垠的意識，這影響了每一個人，無論你是非洲班圖人還是天文學家，都正在體驗這種原始的符號。這是一種毫無差異的覺知背景，由此衍生出更加脆弱又隨性的結構，也就是人格。

　　我們可以把這稱為自己的**靈魂**，但占星學不是在研究靈魂，而是**人格**。占星學語言的力量在於一種特質，就是可以揭露每個人的現實的獨特性，這永遠是它關心的重點，而非無形的事物。我們會發現，其中充滿了最原始的人類認知，你會嗅到絕對主義者的氣息，也會感受到自我超越的可能性。這一切都令人心醉神迷！

　　如果要讓這種原始的符號與日常生活連結，我們必須降低它的檔次，必須將它分解成更小的片段，才能更貼近狹隘的日常生活經驗，而朝這個方向努力的第一步，就是把腦海中的畫面從三度空間降為二度空間，把圓球縮減為圓圈。

一年的循環

　　有兩種實際運轉的循環是**占星學象徵符號**的基礎。一種是地球繞著自己的軸心運轉，另一種則是地球繞著太陽運轉。第一種循環產生了**宮位**，這稍後會討論。第二種循環則產生了星座的象徵概念。就是透過了星座，這些原始的符號才能落實在人間。

　　我們如果能在每天日出之前觀察天空，很快就會發現一種模式。太陽每天都會升起，進入一些恆星之中。經過幾週後，我們會發現當太陽從東邊升起時，被第一道日光照耀的恆星會逐漸改變。如果在某一天早晨，太陽升起進入某一個星座，過一個月後，它升起後就會進入另一個星座，接著進入另一個，直到一年過後，它就會回到開始的地方。

　　客觀的現實當然是非常不一樣的，不過這些是認知上的現實。這就是我們看到的。實況是，地球圍繞著太陽運轉，當我們在地球運轉軌道的某一邊時，看著太陽，就會發現它放射光芒時，背後有某些特定的恆星。如果再繼續觀察這個長達一年的運轉軌道，就會發現太陽背後又是另一些恆星了。

　　太陽系的規模非常龐大，難解又令人迷惑。現在用更熟悉的字句來想像這件事：想像你正要幫一位朋友拍照，讓他站在一個房間正中央，把鏡頭對準他。從這個角度拍，他是站在一個很高的書架前面，不過後面柔焦的部分，可以看到書架上的書五顏六色，令人分心。我們接著走到房間另一邊，從這個新的角度看，他就是站在一片空白的牆前面。這個構圖好多了，於是我們按下快門，拍下這張照片。

　　太陽系也是同理而論。在這裡，我們會把太陽視爲靜止不動的，就像攝影師一樣在它身旁圍繞，尋找對的角度。不過我們學到的是，自己是站著不動的，太陽才是在移動的。爲什麼？因爲當我們在地球的軌道上搖擺時，太陽背後的星星也就改變了，就像我們看朋友先是站在一個書架前，接著又站在一面牆前面，即使他本身根本沒有移動。

　　地球會不斷「尋找對的角度」，但我們的軌道永遠不會變，所以看到的太陽「軌道」也永遠不會變。它會用一種永無止盡、有順序的推進方式，從一個星座移到下一個星座。它依循的軌道是自古就已規畫好了。如今，我們稱之爲黃道，但是它還有一個更古老的名字：黃道帶。

　　我們都知道，天空是占星學的原始符號，而黃道帶就是用二次元的角度來描述天空。黃道帶這個循環就像天空一樣，象徵著永恆和無限，比天體的概念簡單，但仍全面涵括了任何實際層面的價值。

　　我們現在面臨一個經典的問題，這個循環到底從哪裡開始？要如何分解它？解答的方法也是占星學必備的元素，就是用眼、用心，用常識。

　　我們可以看到透過太陽與背景星星相對位置的變化，看到地球的軌道，但這是很細微的。天文祭司可能會發現，水手也可能會注意，不過其他人不會如此仔細觀察。我們會經歷天空一年的變化，實在很難忽略。天氣會變得冷到刺骨，然後又炎熱如烤。季節會交替變化。這些變化都是地球每年繞著太陽的軌道推動的。一種天文學的「危機」象徵了每個季節的開始。而這四種「危機」會帶我們超越這原始的符號。它們會先瓦解絕對主義，讓它變得平易近人。我們可以透過它們來切割這個循環。

　　冬天時，太陽的位置比較低，晝短夜長，夏天則是相反。我們如果追

蹤觀察一整年白天的變化，就會出現清楚的模式。在某個時間點，晝夜的
時間等長，然後白天的時間開始增加。整整三個月後，我們會碰到一次危
機。此時白天處於最優勢，夜晚則是最弱勢的，也就是一年之中白天最長
的時間，夜晚最短的時間。之後，黑夜開始集結成軍，慢慢開始侵蝕日
光，晝夜就會開始退回平衡狀態。這樣的平衡過程需要花上三個月，結束
時，晝夜時間又是一樣長了。

在接下來三個月，黑夜會逐漸壓過白天，然後形成了另一個危機，白
天就會開始反擊。一開始有點微弱，但是氣勢已經開始轉變。在三個月
內，白晝和黑夜變得勢均力敵，我們就又回到原點了。

地球的白晝有如緩慢的呼吸，這就是占星學最基本的律動；若是少了
這一部分，天空這個原始符號就只是抽象的概念而已。

季節，而非星體

占星學跟恆星並無關係。它完全只是根據日光的變化，或是更簡單地
說，它是根據季節變換。那麼牡羊座、金牛座和魔羯座又是怎麼一回事？
這些是星座，也的確是由恆星組成，如果恆星真的與占星學無關，為何要
討論？

在數千年前，天文祭司發現當日光終於要開始反擊黑夜的當天早上，
太陽會升起進入組成魔羯座的恆星之中。這個星座成為很方便的視線標
準，標示太陽此刻在黃道帶上的位置。這樣的知識對我們的祖先有實際上
的幫助，例如測定耕種的季節。不過這樣的方便只是暫時的。

由於地軸會緩慢搖晃，所以冬季的第一天的太陽位置，會漸漸向後退到射手座。雖然傳統也會慢慢死去，但是當祭司已經很習慣認為，當地球進入冬季時，太陽升起會進入魔羯座，就一直維持這種說法。其實，射手座最才是真正的冬天的星座。這樣的錯誤對占星學本身而言，不是什麼嚴重的問題，但是對外而言，就有些困難了。天文學家就很喜歡說：「就算占星學真有點內容，但所有的牡羊座誕生時，太陽其實是在寶瓶座。你們根本在解讀錯的星座。」這其實是溝通問題。當天文學家說「牡羊座」時，指的是某一群人。不過對占星師而言，牡羊座的意義完全不同，它指的是地球繞著太陽的軌道的某一個特定階段，或是更簡單的說法就是，某一個特定季節。

所以星座符號象徵的核心，其實是季節的變換，而非恆星。我們可以透過夜晚時間長短的變化，標出四個重要的時間點，幫忙劃分這個循環，將無限區分成四個有限的階段，每一個都有其獨特的性格。

這四個階段，就被稱為元素。

元素之舞

火、土、風、水，四個元素，這是源自於古代的想像，四種原始的存在狀態，也是宇宙的四種樣貌。在我們體內，它們比較像是意識的狀態。而在我們之外，它們則是所有實際和抽象過程的樣板。這些元素又是如何與季節連結？

第一個元素出現在晝夜平衡的狀態，不過此時晝日比較有氣勢，白天

的時間開始增加。就天文學而言，這個時間點叫做**春分**，但是大部分人都只知道這是春天的第一天。就占星學而言，春分象徵**火元素**的誕生，這是行動的準則。火元素的精神就像春天一樣，是最有衝勁的能量，會衝向宇宙，粉碎所有擋住它的一切。它的目的是無法摧滅、無法妥協的，這就是火。我們很快就會看到，它如何滲透進入牡羊座、獅子座和射手座。

　　按照傳統的元素順序，火之後就是**土元素**。這是第二個生命準則，源自於黑夜的核心。這與**冬至**有關，在這個年度循環的時間點，黑夜的能量達到極致，冬天到來。大自然散發陰鬱嚴肅的氣息，展現持久的決心。土象徵著穩定和持續，強調的是與困難的、不屈服的世界和平相處，也因此出現了務實和足智多謀的特質。土元素是支持者、付出者和維持者的形式，會展現在金牛座、處女座和魔羯座，永無止盡地建造、具體化和**趨近完美**。

　　在土元素之後是**風元素**。風是出現在另一個晝夜循環的平衡點。在這個時候，夜晚的氣勢占優勢，準備開始壓過白天。我們把此時稱為**秋分**，象徵秋天的開始。人們預期冬日將近，所以秋天充滿了預期的感覺。萬物都意識到黑夜的來臨，感受到死亡，而死亡的恐怖會讓萬物提高警覺。在風元素裡，我們感受到認知、推理和連結，這些都是心智的功能。它的調性就是永無止盡的好奇心、超脫和清楚的認知。風元素比任何元素都清楚，自身之外存在著未知。風元素這種探索的精神，賦予雙子座、天秤座和寶瓶座生命力。

　　水是最後一個元素，是在晝日能量最強大的時候出現的，這就是夏天的第一天。天文學家把這稱為**夏至**。在夏天，土地本身就會賦予生命。大自然變成具有保護性的子宮。即使是脆弱的生命也能喘息片刻，不受紛

擾。水是**滋養**和**保護**的準則。對外，散發著溫暖的氣息，對內，則是充滿想像力和直覺。水元素帶有穿透、敏感的特質，主要的功能就是**感受**。巨蟹座、天蠍座和雙魚座，就是受到水元素影響的星座。

每個人都擁有這四種元素，而它們就如天空這個原始符號的四種面向，會在體內交互作用，定義了人格。人類性格的種類多如萬花筒，反映了這些元素之間無限多元的關係。

當一個人誕生時主要受到火象星座的影響，他就會培養出意志力。勇氣和意志力，就是把火的準則轉換成心理學的說法。

同理而論，若是一個人受到土元素的制約，就是要學習**耐心和自律**；若是由風元素塑造，就是要培養**機警和清楚的認知**；要是主要受到水元素的制約，就要學習儘管極度脆弱，還是要懷抱**無條件的愛**。

沒有人能純粹展現一種元素，也沒有人的所有功課都是在同一領域。有時風元素對疏離的需求，會與水元素的情感雲霄飛車結合在一起，或是火元素對刺激和改變的需求，會與土元素要求的結構穩定綁在一起，這時我們才會在這些符號裡看到某些極端的人類經驗。

火、土、風和水，仍然只是抽象概念。從原始符號無法理解的完美，到元素的層次，這是很大的一步，但與日常生活的領域的距離仍很遙遠。我們如果要讓這些更貼近日常生活的經驗，就必須在占星學語言裡引進另一套音節，接著就可以把音節組合成爲單字。

模式

　　萬物有生必有死。這是生命教導我們最原始的法則，沒有比這更神聖的。一個不穩定的原子是在粒子加速器裡產生的，是在一毫秒之內分解的，如此地短暫，我們只能透過推測的證據來證明它的存在。一個小孩誕生了，經過了七十年，一具老人的身軀被埋在土裡。人們建造金字塔，在尼羅河河谷創造了文明。經過三千年，文明依舊存在，結出果實，然後逐漸凋零。

　　原子、人和文明，這三者有何不同？只差在時間。所有生命循環的核心特質都是一樣的。某種事物誕生了，以某些獨特的形式存在了一段可以計算的時間；然後有某種事物消逝了。這是任何生命循環的三種原型階段，也是占星學符號裡另一個基本元素，就是模式。

　　第一種模式叫做基本模式，指的是誕生，即一個循環的開始，代表了開始的準則。在無的狀態中出現了某種東西，有如一股創造的推力，能讓新生命在穩定且封閉的領域裡展現自己。

　　一旦創造出存在感，生命的循環就進入了第二階段。占星師把這稱為固定模式，帶有團結和持續的精神。在固定模式裡，個體是最容易被辨識的，是最成熟的時刻。不過固定也可能代表固執或反應遲鈍，這是改變的對立面，但也是力量的精華所在。

　　這樣的穩定狀態可能只維持短暫一刻，也可能是十億年，但不會是永恆的。生命會被侵蝕，肉體會死亡，金屬會生鏽，文明也會腐敗。所以最後一個模式，占星師稱之為變動模式，它主宰了生命循環的終結。它的精

神就是改變、調整，以及多次的徹底瓦解。變動模式擁有一種至高無上的
優點，就是適應能力。它能透過改變自己的形式，來應付不斷改變的環
境，而它為此付出的代價，就是可能失去所有的定義，沒有固定形狀，而
且會死去。

十二星座

元素和模式。本質和改變。這些如何交互作用？

火、土、水和風，這些特質不存在於行事曆裡，跟任何能在正常意識
架構內理解的概念，相距了無數光年。我們存在於時間內，而它們在時間
之外。我們與它們之間，永遠都隔著一面誤解的牆。

我們透過模式進入改變的領域。當模式與元素交互作用時，原始的元
素就會變得比較實際，開始與我們自己的節奏達成一致。模式讓四種元素
可以進入時間搖晃變遷的軌道裡。這樣的結合誕生了十二個小孩，他們就
是務實占星學的命脈，即十二星座。

它們是如何形成的？每種元素都可以透過任何一種模式展現自己。舉
例，水的存在可以是穩定的模式，容易辨識，能夠應付改變，但也可以消
失。火、土和風亦是如此。四種元素，三種模式，將它們交織在一起，就
出現了十二星座。透過十二星座，原始的符號終於可以開始在日常生活裡
運作，以牡羊座、巨蟹座和天秤座等其他星座來展現自我。

但這是一條雙向道。星座是表達的通道，但也是回到源頭、回到原始

符號的道路。它們實際深刻描述人格，就像一本列出人類個性類型的實用目錄，但也代表了演化的方法，成長的方式。我們如果把星座當成類型來解讀，那就是走回頭路，還是老舊的那一套，就像在說「你是牡羊座，這代表你很勇敢，具有冒險精神」，這還是在算命。如果把星座解讀為成長的方式，那就徹底不同了，如同添加了一點趣味，而這代表了可能性，一種更偉大的使命，我們會說，「你是牡羊座。你一定要變得更有勇氣。你來到世上是為了強化意志力。打從你出生後，充滿挑戰的、令人害怕的經驗就一直追著你，至死方休。你的使命就是勇敢面對它們。你必須站起來，正面迎向它們，若不這樣做，只會感到恐懼。」

　　成長、冒險，一場勝負未定的戰役，這就是演化占星學。沒有人是純粹的牡羊座，這是一種迷思。星座是心理過程，在我們所有人的身上都很常見。每個人都擁有十二星座，只是顯著的程度不同。再次提醒，原始的符號是一種循環。每張出生星盤都是一個循環，而且是同樣的循環。我們都會用某一種方式，在自己身上啟動每一個星座。

　　若想要完全掌握星座，哪怕只是一個星座，連才智出眾的人都會覺得筋疲力盡。不過要是跟人相比，星座就像漫畫一樣，只能算是一次元。我們都是十二星座的綜合體。想像一個人如果沒有牡羊座的能量，就像沒有感情一樣，這是不可能的。

　　一個人可能生來沒有手腳，但無疑還是個人。不過如果一個人生來沒有一些金牛座或雙子座的特質，就會像是從飛碟裡走出來的外星人，來自另一個世界。我們稱為獅子座的過程，可能會主宰一個人的性格，但是其他過程依然存在。巨蟹座可能潛伏在陰暗處，永遠不會被看見。雙魚座可能完全缺席，直到一個人財務突然出狀況或是墜入愛河才會出現。每個星

座永遠都在,只是在等待一個對的刺激物。

當我們只看某一種特定性格的主要課題時,可能會帶來深刻的理解。但若是說「我是金牛座時」,代表只認同一種過程,然後把其他過程都排除在外,把自己變得像紙娃娃一樣,這等於忘記了原始符號的意義。既然如此,為什麼大家對太陽星座會這麼感興趣?為什麼我們會聽到很多「我是金牛座,你是天蠍座,這樣會如何」的討論?

雖然純粹主義者會抗議這種說法,不過一個系統如果沒有相當程度的運用,就會消失。然而,占星學語言就像任何簡單的類型學一樣,太陽星座是很廣泛的類別。當我們說一個人是「獅子座」時,就好像可以說他是個「外向的人」。我們對占星都是一知半解。

就如上述所言,我們總是想簡化自己,這種想法是很強烈的。不過,若只是將就於此,要付出很大的代價。我們對自己的了解,也許可以像指南手冊一樣清楚,但這就犧牲了占星學最真實的可貴之處,符號其實可以用許多模稜兩可的特質,勾動我們內心的小劇場。

下一章的內容,不是要描述一種特定的人,雖然到目前為止,可能很多射手座已經翻回到前面,看看我如何描述射手座。每個星座都像是一種「人格」,但是這些人格不過就像是一九三○年代西方世界的英雄,只代表了一種類型或某些普世的主題。

接下來,我們會看到星座如何與宮位和行星交織結合,用無與倫比的細緻方式,描繪出人類的面貌。但是現在,我們必須把注意力放在比心理更基本的東西,也就是符號。

我們現在要開始學習這個語言了。

第五章

星座

牡羊座：公羊

元　素：火

模　式：基本

原　型：戰士、先鋒、無畏的冒險家、生存者

標　誌：♈

敬愛神，做你想做的。──哲學家聖奧古斯丁

牡羊座的符號

　　牡羊座的符號是公羊。羊角朝下衝鋒攻擊，激烈兇猛，完全不屈服。公羊會撞裂頭骨嗎？牠根本不在乎，沒有什麼事情能嚇阻牠，逼牠改變方向。牠總是在努力追求勝利，不然就是自我毀滅，這兩種命運總有一種會找上牠。

　　牡羊座是**生命的力量**，存在的意志力。一開始，萬無一物，然後某種

東西出現了。生命從不知名的地方猛然出現，在空無中尋求一席之地，這個過程是大膽無畏的，具有爆發性，十分激烈。就如火山爆發，白色熾熱的恆星會迸裂成為碎裂的星雲。

一隻有狂犬病的狗咧著尖牙，嘴吐白沫，把你逼到絕壁。你手中有一把獵刀，而牠越逼越近，狂吠嚎叫，眼泛血絲瞪著你。此時顧不了什麼文雅和教育了，也沒什麼好多說的，你只剩下動物求生存的狂怒，只能靠自己。最後，你發自肺腑怒吼，放聲尖叫。

這就是牡羊座的特質。

牡羊座的終點

牡羊座教會我們勇氣，知道意志可以戰勝所有恫嚇、阻礙和懷疑。我們都有公羊的性格，任意而為，先做出選擇，然後行動，其他一切都無所謂。像是矇眼與鱷魚搏鬥嗎？沒錯，如果我們想這麼做的話。至於是哪一種活動，就不是重點了。牡羊座是勇於挑戰的星座，無論看起來聰明與否，都代表了任何全然冒險的行為。但是這裡有更深層的真實意義，它代表了**存在的勇氣**。

什麼是存在的勇氣？簡單地說，就是「自我中心」，這是一種微妙的技巧，不代表白目、心胸狹窄或耍心機。這是一種能力，對外宣告：「這是我的人生，我有權追尋任何必須擁有的經驗，沒有什麼可以阻礙我成長。沒有任何人、任何狀況能擋住，即使是自己的恐懼也不行。」

　　牡羊座的終點就是慾望與行動達成完美的結合。這是一種自由，但別迷失在感覺裡，也不要迷戀決定背後的心理支柱。只有實現人生的意志力，可以約束牡羊座的注意力。

牡羊座的策略

　　一個人的勇氣是被嚇出來的，除此之外，別無他法。壓力和勇氣是絕配，令人害怕的情境，不一定會讓人變得更勇敢，但若少了這些，永遠不可能更有勇氣。

　　牡羊座追求勇氣，而這就像壓力的磁鐵。我們無法預先設定一隻公羊會如何面對壓力，牠可能帶著決心隨機應變，也可能像一隻兔子一樣逃離鬥牛犬。我們唯一可以預見的是，一定會有壓力。

　　危機就像牡羊座甩不掉的陰影。大膽去做自己開心的事，這是很難達到的，而且還會導致強烈的危機。他們跟朋友常常很疏離，也可能被權威人士打壓。很多時候，我們必須偷偷摸摸展現生存的勇氣，一開始用比較安全、不受威脅的方式，這就是所謂的冒險。

　　現在想像一下，我們被一條繩子綁著吊在半空中，面對著一片光滑的花崗岩壁。如果繩子沒有內部瑕疵，也很牢固，我們也沒出錯，理應可以熬過一夜。在那種情況下，如果不覺得害怕，那可就太愚蠢了。我猜想，大部分的攀登者都會認同這種說法。不過攀登者會學習控制恐懼，儘管這種運動會釋放情緒靜電，但他還是能應付得當。換句話說，他會培養勇氣。

攀上一座高峰需要勇氣，這是無庸置疑的，但這只是一種靜態的說法，完全沒有掌握到過程中培養的動力。占星師的說法就不一樣，會說攀登高峰可以**喚起**勇氣，可以克服天生的情緒，改變意識結構。而這一切都必須透過牡羊座的演化策略，那就是「刻意選擇一場危機」。

他們會不擇手段達到目的，這種轉化就是成長的精髓。爬山只是個比喻，而我們都可以選擇要爬什麼山。對某個人而言，也許是學會游泳；對另一個人而言，也許是對抗一位專橫的老闆，或是戒菸。無論如何，牡羊座都會接受挑戰，而生命會判斷這座山是否夠資格。然後，就要由他自己決定何時開始攀登。

牡羊座總在追求某個東西。某些經驗會纏繞著他，通常都帶有危險色彩，就像一個漫長又寒冷的黑夜之後的日出牽引著他。無論是什麼慾望，都會被隱藏，被恐懼的面紗包覆。牡羊座的策略就是，無論有多害怕，都要去揭露這份需求，然後不惜代價滿足它。他們要面對恐懼，但行動要果決俐落，這就是牡羊座的藝術。

牡羊座的資源

大自然會為牡羊座準備好他要攀登的山。牡羊座生來具備好戰天性，充滿活力，還有強烈的生存本能。他的精神是很強烈又直接的，誠實、好勝、熱情、獨立，厭惡外在權威，這些都是牡羊座的資源。

只要敏銳仔細地檢視，一定可以在出生星盤裡牡羊座所據之處看到好戰的傾向。這種好戰，可能是明顯的體能天性，像是攀登者跟山的奮戰，

不過通常都不會馬上被認出。也可能是好辯、女權鬥士或環保鬥士，也可能是一個人陷入與某些內心的惡魔搏鬥，或是想要戒酒的人，又或是對抗夢魘的越戰老兵。看一張出生星盤時，常常會檢視牡羊座之火的目標在哪裡。我們可以確定的是，那裡會有一把生命之火，遲早會有一個目標出現。

這可能也是，一個看起來最溫和的牡羊座小孩，突然遇到危機，但能很冷靜地、有條不紊地應付它。他可能因為預期的壓力而膝蓋發軟，或是在危機過後覺得全身虛脫。不過在壓力下，他會散發牡羊座真實本性的光芒。牡羊座的資源呢？無論他穿上什麼行頭遊走人間，底下都有一顆戰士的心在跳動著。可能需要一場危機才能讓它不再隱藏，徹底展現本色。不過無論如何，它都在那裡。

牡羊座的陰影

在一個漆黑的夜晚，在一條昏暗的巷道，濃霧中冒出一個龐大的身影向我們逼近。在這種情況下，若有一個牡羊座朋友陪在身旁，或更好的是，有太陽或月亮在牡羊座照亮我們的靈魂，我們肯定能好好應付。

但是戰士在和平時期都在做些什麼？他如果沒有一些作為，展現抵抗外在的威脅，就無法維持自我形象。士兵需要一個敵人，而軍隊會群起戰鬥。他們如果沒有受到合法的敵人挑戰，就會去找一個非法的，甚至可能把矛頭指向自己理應要保護的國家。我們會在公羊身上看到一模一樣的情況，公羊會戰鬥，這是十分肯定的，但沒人說得準，牠的戰鬥是否能滿足

演化改變的目的，還是只是某種無意義的對抗。

　　幸運的是，合法的敵人比比皆是。所以，牡羊座就一次又一次地對抗嚇人的路障。他們可能是有權有勢的人，努力想要擁有公羊般的自由，也可能某些情境下的反對派勢力。有時，這個敵人代表的是內在的弱點。這些路障通常是人與人之間的誤解，往往是因為牡羊座本身的剛烈導致，這種特質常讓別人產生戒心。無論是哪種形式的路障，他們一定得面對，如果是自己幹了什麼壞事，就會臨陣脫逃。

　　這些戰鬥的吸引力令人迷惑。我們可以理解，這有助於自我成長，但也許也令人疲憊不堪。牡羊座當然可以選擇依循一條抵制最少的路走，而戰鬥，也必須是他們願意接受的。

　　但與此同時，牡羊座也有如壓力的磁鐵，他們只能選擇壓力的形式。這也許是充滿意義的壓力，來自於個人成長、接受挑戰和征服山巔，但也可能是永無止盡地炫耀一些空虛又沒重點的麻煩事，這多半是因為牡羊座本身的無聊、易怒和挫折導致的。這終究是牡羊座自己的陰影。

　　戰士渾身充滿了戰鬥的熱情，必須有熱情，才能達成今生來此的目的。即使避開了一場促進演化的危機，熱情仍然在燃燒，不會熄滅，他一定會把這些熱情用在攻擊一些外在的目標，而這些本來應該妥善運用在真正的課題上。

　　當牡羊座的情緒過了頭，超出表面衝突的內容時，像是說出「你為什麼堅持穿那件該死的黃色襯衫？」就會出現爭執。

　　此時，牡羊座所有的狂熱、意志力和勇氣，都會毫無目標地被浪費

掉。朋友離散，婚姻失敗，事業也因為小事情毀了。沒有贏家。這就像推動演化的火箭燃料，一點即燃，最後就像美國國慶煙火一樣炸開，宛如地獄之火，伴隨刺鼻的硫磺味，毫無意義。

牡羊座要是選擇一條比較軟弱的路走，最後只會傷痕累累，充滿飢渴和挫折。他可能自以為是，也可能自艾自憐。但是問題永遠都是同一個：「為什麼別人總是對我充滿戒心？」

為什麼？答案很簡單。這位戰士打錯了戰役。

金牛座：公牛
元　素：土
模　式：固定
原　型：大地的精神、音樂家、沉默的人
標　誌：♉
為簡單而努力，但要學習對此心存懷疑。——英國哲學家阿弗瑞德·諾斯·懷海德（Alfred North Whitehead）

金牛座的符號

牡羊座熾熱的火爐令人筋疲力盡，意識現在尋求冷冽的池水，古老岩石的撫慰，還有樹梢沙沙作響傳出療癒的鳥鳴聲。意識尋求的是平靜，讓

高談闊論換成交響樂，用熱情交換沉默。此刻的心靈不再因為戰鬥的熱情光芒四射，而是延伸至粗糙的雙手，深入土地，感受種子，感受泥土，感受這地球的血肉。

　　金牛座的符號是公牛。不是鬥牛士揮舞紅旗激怒的那頭野獸，也不是兇猛的公牛。這是一頭比較平靜的公牛，在橡樹枝葉蔓生的四月，獨自站在樹下，安靜地探究綠草、陽光和土地，以及他處的同伴。沒有什麼能嚇到牠。公羊令人生畏的姿態已經不見了。公牛能完全掌握自己的世界，離恐懼如此遙遠，遠到連「無畏」這兩個字都變得毫無意義。牡羊座的戰爭已經贏了，此刻的金牛座十分平靜。

金牛座的終點

　　五月初，在這山茱萸盛開的季節，懸崖上暖風吹拂，緩緩撥散了慵懶堆積的雲朵，老鷹隨著熱氣流展翅翱翔，不費吹灰之力。你獨自來到懸崖最高處，坐在被陽光曬得微微發燙的石頭上，沉浸在暖和的空氣裡，感受春天溫柔的輕撫。你眺望遠方，眼下是一片豐盛肥沃的山谷，農夫正在耕作，牛群正在吃草。春天鼓舞人心的綠意交織在犁溝之間，穿越了森林田野。

　　你坐在這一小時，接著兩小時、三小時過去。你腦袋放空，什麼也沒想，只是感覺。沒有什麼偉大的問題令你困擾，也不需要關心生命的本質。在此刻，坐在這塊石頭上，在這些雲朵下，這就是你，不需要更多文字了。在這無限寬廣的內心世界裡，你感受到什麼？肥沃的土地教了你什

麼？永恆、寧靜與和平。無限複雜，又能保持簡單。如此深不可測、難以理解，一切又盡在不言中。

在此刻，你已經瞥見了金牛座的終點。找到並保持寧靜，這就是公牛的任務。

金牛座的策略

不是所有金牛座都愛好大自然。但是坐在山頂是很基本的演化策略。大地之母就是金牛座最原始的老師，她會撫慰心靈，教導簡單和沉靜的功課。在樹林間散步，在潺潺溪水旁安靜待上一小時，傍晚時，在無人的叢林中閒晃，對金牛座而言，這些都比任何「說話治療」能更能帶來平靜。

若命運把金牛座帶回城市，並非就是一場心理災難。純粹的金牛座永遠會選擇森林的自在和安靜。但是，沒有人是任何單一星座的化身。其他力量可能會把一個具有強烈金牛座特質的人帶到大都市。在這種環境下比較難維持平靜，所以在都市生活的金牛座必須每隔一段時間就離開都市，這點很重要。可能是週末健行，或是在鄉村小木屋待上幾天。如果房子裡種滿植物也會很有幫助。養隻小狗或小貓也有助於讓他們與土地保持強烈的連結。

大地之母有一個幽靈姊妹。我們只要發現其中之一，另一個一定也在不遠處。她就是公牛第二個偉大的老師，名叫「沉默」。金牛座是最沉默寡言的星座。被賦予金牛能量的人，會對說話這件事感到很挫敗。他們的本質與文字對立，是無法被轉譯成語言的。沉默孕育簡單，而簡單會帶來

平靜。金牛座很清楚這一點，所以下意識會抗拒說太多話。

外在的沉默不容易做到，而金牛座真正的目標是內在的沉默，這又更加困難了。不過這裡出現了一位老師，提供了一種方法。說來矛盾，這位老師就是「音樂」，沉浸在音樂裡，為音符節拍的律動心醉不已，此刻發生了什麼事？有那麼短暫幾秒鐘，在腦海中不斷嗡嗡作響的言語都安靜下來了。這種閃現的平靜，無論是來自聆聽貝多芬，還是齊柏林飛船樂團，都無關緊要。無論哪一種方式，都能讓金牛座的心智不再喋喋不休，對他而言，沒什麼比這更重要的了。

當我們聽音樂時，會因此安靜下來，不過要是自己去彈奏樂器，效果會更好。對金牛座而言，最奏效的演化策略莫過於在洗澡時唱歌，或是即興吹起口琴，對著滿座的聽眾彈奏蕭邦練習曲，也能達到這個效果，但是必須讓所有的驕傲、炫耀和緊張，都被流暢連串的音符蓋過。

在所有的星座裡，金牛座是最貼近**物質**的，會想把內心奔馳的意象產生的喧鬧緊張，全都落實在物質世界裡。這是肉體的感覺，純然來自於肉體。他會伸出手去感受大地，或是輕撫一把精緻的古董小提琴，感受木頭的質地。玩泥土、塗油漆，甚至打掃房屋或切青菜，都是金牛座自我療癒的方式。這條路必須穿過身體，而非超越肉體。他沉醉在身體裡，在其中發光發亮，由衷地讚美它。

金牛座需要觸摸，這是很基本的。他會透過感官、皮膚和手指來發現這個世界，而且永遠無法單靠心智做到。我們感受腳下的土地，耳中傳來音樂，感受愛人緊貼時的溫暖。生命的本質是什麼？誰知道呢？誰在乎呢？在那當下到底誰會去思考這件事？這美好的一刻就是生命的本質。談論這些事，只是又讓生命蒙上一層面紗罷了。

金牛座的資源

厭惡戲劇性的事件，對複雜的事物心存懷疑，這些都是金牛座的資源。他下意識會追求能讓自己找到平靜和簡單的情境，像是一份穩定的工作或可靠的人際關係。金牛座會很有耐心地，用絕對務實的態度，為自己吐絲造繭，與世隔絕。他在其中會有條有理、一成不變地過日子，有如石筍般緩慢生長。

珍妮有一個位的心理醫生，十分著迷於新佛洛伊德派輪迴轉世療法。她多年來一直在伸手不見五指的小徑上探索，如今終於找到了「答案」，有如放下心中大石，終於可以好好鬆口氣。比利現在是奧修的信徒；山姆終於找到了上帝；安妮找到了性高潮，而喬找到了自己。

對金牛座而言，這些都很瘋狂，他只會聳聳肩，不當回事。他自在地活著，也尊重別人。他會怡然安坐在自家的皮椅上，啃著一顆完美的蘋果，感受清脆的口感。他會看著自己的孩子，感受房屋的堅固，還有身體的效率，而且在內心深處某個無法言喻、無法穿透的沉默角落，有一種感覺油然而生，那是其他星座都無法感受到的。那就是敬畏。

金牛座的陰影

像是山、千年橡木這些持久巨大的事物，都象徵了金牛座追求的平靜。這些事物會引導他，不過他也可能視而不見，反倒不斷蒐集物質來讓自己有安全感，這就是金牛座的陰影。他會追求內在安全感滋養的平靜，

但也可能被外在世界投射的安全感愚弄，像是金錢、財產、土地和退休計畫。

　　安全感不是惡魔，也不是重點。不過，安全感可能變成某種愚人金，對金牛座有種致命的吸引力。若是金牛座屈服於安全感的誘惑，就會浪費所有專屬於他的永恆平靜，反而只剩下麻木的、扼殺靈魂的穩定，最後無聊至死罷了。金牛座一定會面臨十字路口，一切只是早晚問題。一方面，他眼前會出現一條象徵物質安全感的路，一切都在掌握中，也很穩定。這很可能是一條誠實的、有道德精神的路，除了對金牛座本身而言，對誰都是有益無害；另一方面，他會追求一條令自己興奮的路，但保證能帶來成長和改變。這條路充滿不確定，無法保證任何事情，但很誘人，而且會面臨一個最基本的決定——生命到底是要進攻還是要防守？我來到這裡到底是要追求安全還是成長？

　　安全感也可能讓心智停滯不前。我們在這裡會看到金牛座最出名的**固執**。金牛座就像所有固定星座一樣，非常堅定，雖然不一定馬上會被認出來。很多時候，他看起來很安靜，也不表態。不過，你可別被這種淡然的模樣騙了，在這種沉默底下有鋼鐵般的意志，讓金牛座有能力辦到自己決心想做的事，不過這也可能導致不知變通。

　　固執會讓一個人用狹隘、沒有想像力的方式面對各種經驗，無法對生存抱持信心，放手一搏，但這是完整人生的主要元素。我們會成長，會改變，與此同時，我們的自我形象，以及圍繞著它的態度和意見的光環，也會因此改變。金牛座可能做不到這一點。就像引導著他的古老山丘一樣，這頭公牛可能會說：「我從古至今，甚至未來也不會改變。」

　　然後他就全盤皆輸了。

雙子座：雙胞胎
元　　素：風
模　　式：變動
原　　型：目擊者、老師、說故事的人、記者
標　　誌：Ⅱ
砍下自己的腦袋，讓身體完全分解進入視覺裡；開始觀看，目睹，領
會！──詩人魯米（Jalalu'l-Din Rumi）

雙子座的符號

　　雙子座的符號是雙胞胎。他們是誰？兄弟、姊妹、靈魂伴侶或愛人。
這是兩個存有，永遠綁在一起，對彼此著迷。這是兩個存在，不顧一切想
要揭開彼此的祕密，中間卻隔了一面無法穿透的誤解之牆。

　　這對雙胞胎會做些什麼？他們會交談，聆聽，在彼此身上搜尋線索，
檢視有意義的肢體語言，還有隱晦的影射。這裡沒有任何細節顯得微不足
道，沒有任何路徑顯得太過冷清。就像一顆炸彈在拼圖工廠引爆，一千片
拼圖炸成碎片，百萬碎拼片如灑花般散落一地。兩個嗑了藥的瘋狂天才互
相攻訐，各自宣稱可以在天亮前拼完五百片拼圖。想像一下這個畫面，這
就是雙子座。

雙子座的終點

　　要是打開任何談論太陽星座的書，找到雙子座的部分，第一段一定會看到**溝通**這個字。說和聽一定是雙子的主要課題，但如果想要認識這個星座，還要更進一步。他們心電感應的過程包含更多的東西，這樣的認知才完整，這就是世界與我們溝通的方式。我們觀看、感受、聆聽和嗅聞週遭千萬種幻景的方式。而聆聽話語，只像是巨幅織毯中的一條線而已。

　　雙子座生來就是要**覺察**，用大量的觀察來滿足自己。金牛座靜止停滯的特質與雙子座互為對立。雙子座必須不停保持變動，這世上有這麼多要看、要知道的事，一分鐘都不能浪費。就像個小孩突然獲准十分鐘讓他搶劫一家玩具店，他們會匆忙地體驗事物，有時候是發了狂似地，沒有任何整體計畫，卻總是樂在其中。

　　機智是雙子座的基本特色，但是太專注在心智，反而無法認清事物的本質。對這個星座而言，思考是一種機械式反應，就像副作用。他們並不是真的理解，而是僅有最原始的「認知」。雙子座比較像是記者，而非哲學家。這些人的食物是沒有消化過的事實，而不是意義。他們只想觀察、見證這個世界，可能因此有想法和理解，但這些不是重點。

　　揭露這世界的奧祕。蒐集所有的線索。親眼目睹一切。這就是雙子座的終點。

雙子座的策略

目睹世間萬物，這根本是不可能的任務。就算讓一個人活一百萬年，擁有如 X 光的眼力和電子耳等級的聽能，電腦般的智商，還有四歲小孩的亢奮精力，他能看到什麼？他能看透生命到什麼程度？這就像以蠡測海，但這就是雙子座的任務。

他們要如何進行？最主要的策略就是盡可能讓日子充滿強烈的熱情，嘗試不同的變化。在這一世活出三到四種人生，把確定和無聊視為不可原諒的罪惡，永遠不要讓心智停止成長……這些都是非常困難的任務。

我們都會憑著腦袋內的東西想像宇宙的模樣，而且不喜歡不符合想像的經驗。醫生不喜歡看到信念治療者的方法奏效；對一位出色的黑人物理學家而言，白人種族歧視者是派不上什麼用場的。

我們會創造一個畫面，然後尋找能支持它的證據，雙子座必須對抗這種本能，努力把事情看清楚，無論自己的認知看起來有多麼無法理解。他們必須允許宇宙不具有任何意義，如果覺得困惑，那就代表正中紅心了，因為這代表蒐集到的資訊已經超過自己的理解能力。把心敞開，處於開放接納的狀態，這就是雙子座最主要的演化策略。再次提醒，多看比多思考更重要。

親身體驗是一種蒐集經驗的方式，但還有其他方式。這世界充滿了經驗，擠滿了人們，各自都有一套獨特的認知方式。每個人都會消化自己的經驗，把它們從最原始的觀察變成更細緻的形式，即「想法」。但我們如何獲得這些想法？它們都被鎖在身體和心智的高牆之後。

關於這個問題，雙子座知道答案。我們如果想獲得身旁的人腦袋裡藏的寶藏，只需發問。若要提出疑問，我們必須更擅長說話的藝術。對於雙子座而言，這是重要的演化策略，他們天生就擅長說話。

這些人也是天生的聆聽者，但這不是自然而然的表現。雙子座的專注特質，往往不如機智，甚至是滔滔雄辯來得明顯。若是一張困難又直接的出生星盤，他們可能會插話，把別人的話都說完了。如果是一張比較柔和、對人際互動比較敏感的出生星盤，這種模式可能比較不明顯。這些人就顯得很安靜，對別人的想法很感興趣。他們的腦袋轉得很快，儘管看著你，不時點頭，但心思早已飛到十萬八千里外，根本沒注意你在講什麼。他們其實已經算準你要說什麼，現在只是在看你的鼻子，想著你的鼻子長得很像自己在高中認識的某某人。

溝通是一條雙向道，雙子座務必要記得這一點。我們會說自己所知的事，但有時會聽到不知道的事。要聆聽、汲取、吸收這個世界，這就是雙子座的策略。他們必須加速這個過程，才能讓說話成為好事。

雙子座的資源

好奇心是雙子座最基本的資源。體驗這世界的神奇，像小孩一樣珍惜每顆露珠、每滴淚水、每一片驚喜的雪花。若沒有了好奇心，雙子座只剩下喋喋不休而已。

活力也是雙子座的資源，好奇心讓他們永遠轉個不停。有這麼多要看，這麼多要知道，很少有星座可以如此樂此不疲，睡得這麼少還精神奕

奕。要在這一世活出三種人生，是沒有時間懶惰的。一旦熱情被點燃，他們就會像流星一樣閃耀劃過人生。

除了身體充滿活力，雙子座的心智也是如此，這賦予他們第三個重要資源——**智力**。這些人會結合所有的好奇心和能量，創造一個巨大的、尚未消化的圖書館，裡面充滿了原始的資訊。而雙子座會以光速穿梭其中，建立連結，找出相似處，注意其中的差異。沒有一個星座的腦筋動得比他們快。

最後，雙子座很能說。沒有任何星座能像他們這樣試探別人的心智，過濾一層層的謊言和虛假，挖掘珍貴的洞見和經驗的結晶。對他們而言，宇宙的本質不是分子或原子，而是資訊。其他星座不會如此渴望資訊，如此擅長蒐集資訊，還能找出其中的關聯性，將它散播出去。這就是雙子座最珍貴的資源。

雙子座的陰影

雙子座最純粹的形式就是超越意見，沒有任何事物能像鏡子一樣不做判斷，只是觀察。他們對偉大的計畫抱持懷疑態度，質疑最高的真理，會試著把線索的片段編織成網，但總是因懷疑而遲遲不下結論。這些人憑直覺就能知道哪些事物可被事實證明。

適應力就是黃道此一階段會出現的明顯特徵。不幸的是，當這樣的彈性與更根本的動機結合時，會造成恐怖的結果。當被迫面對不愉快的事實時，雙子座善於應變的腦袋可能會重新建構資訊，產生的結果的確會包含

一些真相，但重點會偏掉，還有一些帶有策略的沉默，以及用文字構成的煙幕彈。這種新的意見拼湊通常都很合理，無論再假，都頗能令人信服，或者至少足以誤導別人。當雙子座處於防禦狀態時，只有最狡猾和最專心一致的人可以看穿他們編織的迷宮。無論對錯，他們很少爭輸。

雙子座也有生理的危險。他們的靈魂不斷低鳴作響，必然會氾濫進入神經系統，累積的緊張會讓人陷入提心吊膽，很難放鬆，也會導致失眠，加重這個星座緊張、喋喋不休的傾向。他們如果不注意內心的持續低鳴，週遭的環境也會出現同樣的模式，總是忙碌、過度緊張，到最後就會心力耗竭。

雙子座必須釋放自己造成的緊張。若是能與有洞察力但卻令人放鬆的朋友聊聊天，是最有幫助的。這裡不需要跟知識份子玩心智戰，不需要在口頭上爭勝負，只需要心對心的溝通，沒人在記筆記，也沒人想要推銷某個觀點。體能運動也能釋放雙子座的緊張，而他們需要的運動量，通常勝過於自己想要的。走路、跑步，或是打一場排球友誼賽，這些都很有幫助，但伏地挺身就免了。再次提醒，雙子座不是為了無聊而生的。

雙子座來到這世上是為了蒐集經驗，讓生命的奇蹟直接在心中上演。這裡沒有空間自滿，也不允許武斷的意見替自己擋住混亂和神祕。他們帶著永不滿足的好奇心，會讓這輩子充滿了經驗。不過，他們騎的是一匹野馬，可以奔向遠方的地平線，也可能在原地跳躍打轉，動作花招百出，但哪裡都沒去。「全都是伎倆，沒有策略」已經成為很多雙子座的墓誌銘。總歸一句話，這匹馬需要一位騎士。

巨蟹座：螃蟹
元　素：水
模　式：基本
原　型：母親、治療者、隱形人
標　誌：♋
那些認爲不被看見就等於不存在的人，不算活著。他們追求的存在，他們追求的不朽，有如幽靈；被看見是鬼魂的抱負，被記得是死者的志向。——美國學者諾曼·布朗（Norman O. Brown）

巨蟹座的符號

　　巨蟹座的符號是螃蟹。一種脆弱的生物，一片多汁的肉，海鷗的食物。這種人要如何生存？他有什麼希望？他只是等待被掠奪者吞噬的一小塊肉而已。

　　爲了活下來，他必須生出殼，必須在自己和大自然之間豎起一面牆。除此之外，他太脆弱了，無法保護自己。

　　螃蟹有了武裝就很能忍耐。他會與環境和平共處，但是這樣的成功，其實埋藏了冒險轉變的種子。螃蟹會進食，會變成熟，但只要生長到超出了殼，就必須脫殼。他如果夠靈巧，夠幸運，就能長出另一個更大的殼，更適合自己的擴張狀態。但是前提是，他必須夠靈巧，夠幸運。

巨蟹座的終點

雙子座如旋轉木馬般令人暈眩，人生途中的混亂令人迷惑，現在必須把覺察向內轉，面對自己的根源。對於雙子座而言，真理永遠在某個「他方」。他們會搜尋這個世界，讓靈魂充滿警覺和驚奇，但是這樣的搜尋沒有成果，生命只是更加神祕，充滿更多未竟之事和沒有消化的細節。

巨蟹座制定了一個新方向。他們沒有在宇宙四處掠奪，而是把覺知的觸角向內伸展，深入探索經驗的基礎，緊緊擁抱心靈。

對於巨蟹座而言，世界是由**感覺**構成的。這個階段的黃道帶因龐大的主觀生機盎然。雙子座簡練的、如記者般的覺察能力，現在讓座給由印象和個人反應交織而成的織毯。這裡再也沒有客觀的宇宙，只剩下反應的模式。

在螃蟹符號下誕生的巨蟹座，是來深入理解內在生命的次元，這是之前的星座辦不到的。他們生來就能流暢表達代表深層自我以及情感的語言，這些人著迷於心智的反應和主觀面向，而他們的命脈就是一個延伸的心理分析過程，通常還是由他們自己主導的。

去感受覺知，感受生命每一個細微之處，脫下我們對抗這世界屠殺場那層麻木的殼。這些就是巨蟹座的功課。

那他們的終點呢？看到生命如地獄般不和諧，看到其中的波濤洶湧，然後要克服萬難，不顧所有常理，去愛、去信任，並且接受這個存有奉上的一切。

巨蟹座的策略 ···

巨蟹座的策略有如自動化的深海潛水球。用來做什麼？探勘海平面底下四英哩的海床，從沉積物裡抽取樣本，然後原封不動地回到母船。

這裡的最高策略就是，潛水球必須通過考驗折返。大海會對它施壓，敲擊檢查它的外圍是否有任何弱點或缺失。在這種充滿敵意的環境下，最重要的就是防禦。少了武裝，潛水球內部精巧的感應裝置會在瞬間毀滅。

但是，防禦一定會有缺口。一面厚達兩尺的鋼壁可以保護潛水球安全無虞，這實在是太完美了。但是潛水球如果沒有缺口，就沒辦法與它預定要探索的環境互動。這裡必須給攝影機留一扇窗，必須有電線從內部的控制臺穿到外部的眼耳裝置，還必須有儲藏的隔間存放從外界採集的東西。

潛水球的設計者面臨了一個難題，如果把這個機器保護得太好，它就無法做到預定的工作，如果沒把它保護好，又會被預定前往探索的環境毀滅。

螃蟹也面臨了同樣的問題。

巨蟹座的「感應裝置」是黃道帶中最精緻的。沒有任何星座能像他們一樣如此強烈地感受，而感覺就是巨蟹座生命的一切，但是這些情緒的迴路可能會超出負荷，他們會被燃燒殆盡。生命必須是緩慢地、在控制中進展。一股腦放下所有防衛，只會把自己毀了。

巨蟹座的目標就是盡可能地強化與世界的溝通，同時又能保護自己細緻調整的情緒敏銳度。他們的週遭如果是銅牆鐵壁，就能延續脆弱的運作

方式，但生命不只是要持久延續。巨蟹座的策略是要創造符合生存的最低防禦。

害羞就是這樣的防禦。白日夢和沉默寡言是巨蟹座的掩護，特別是在人生早期。他們只會與這世界進行最基本的互動，並且戴上面具，一個匿名和刻意造假的面具。就像在沙漠看到一架迷彩色偽裝的阿帕契直昇機，我們直視這個人時，只能看到一片叢林。

在這些防禦之後，他們可能會變得更細膩。巨蟹座學會如何把貌似可信的、三次元的性格全息圖投射在社交競技場，甚至看起來很合群。有了這樣的偽裝，他會像間諜一樣潛伏行動，快速拍下 X 光片，暗中看穿週遭人的靈魂。

不是戴上面具，就是赤裸地站出來揭露自己，巨蟹座的選擇真的不多。他的內心運作很脆弱，而生命又是如此尖銳。如果少了隔絕層，他的神經系統一定會被粉碎。這裡的危險在於，他們的防禦工作可能做得太好，凡事都以安全為優先考量，即使是追求成長，也不會不顧安全。

巨蟹座如果想要演化，就必須脫下自己的殼，但必須要有計畫。有巨蟹座特質的人不需要在交通尖峰時間站上肥皂箱來演講，突然卸下心理防衛。這些人必須謹慎挑選觀眾，時機也要完美無瑕。因為他們極度敏感，要這麼做的賭注很大。

但是巨蟹座必須這麼做，必須把自己敞開，必須信任。愛永遠是一場賭博，而這是他們必須學習接受的風險。

巨蟹座的資源

讓巨蟹座搭上一輛開往南美洲最南端的火地群島的巴士。對大多數人而言，這就像一劑治療痲瘋病的藥，非常誘人，但巨蟹座的反應可不一樣。他會找個位子坐下來，閉上眼睛，不到十秒就已神遊到中原大陸，辛苦地跋涉前進。

對巨蟹座而言，相較於自己想像的世界，外面的世界太悲慘了，而鮮活生動的內心世界就是巨蟹座的主要資源。不同於其他星座，他們可以在人們口耳相傳的仙境裡找到回家的感覺。

想像力、主觀和感覺，這些都是巨蟹座的原始本質，而他們來到這世上，是要專注在最原始的一種感情，那就是愛。看著另一個人，感受溫柔，感受想要協助、治療和滋養的慾望。若是感到沒有競爭，沒有恐懼，只有支持，此時你的巨蟹座迴路就被啓動了。

對巨蟹座而言，善良和關心並非預設的反應，而是唯一能勝過自我保護本能的力量。即使是這世上最溫和的人，在喝了幾杯啤酒，有點失控後，也會找上巨蟹座。這些人可以用一把教堂的鑰匙進入美國陸軍諾克斯堡基地。如果眼前出現心碎的成吉思汗，他們也會立即爲他敞開大門。

對巨蟹座而言，這種愛來得很自然，而這也是這個星座的資源之一，而非終點。給予支持，提供幫助和保護，這些都是值得稱讚的特質，但是跟脫下保護殼不一樣，也跟全裸站在人們面前不同。這是一種特別的愛，相較安全的愛。

如母親般的滋養，這也是巨蟹座的資源，這是很自然流露的。眞正去愛，遠比人們想得更加困難，也更加危險，而且沒有努力是辦不到的。

巨蟹座的陰影

　　如母親般的滋養他人，這是巨蟹座最高層次的表現，卻也是潛在的失敗原因。在百分之九十的時間，這溫暖地表現出人類的愛，無論從哪個角度看都值得讚美。不過在其他時候，這只是另一個藏身之處，另一個殼。

　　人們會被巨蟹座令人寬慰的子宮吸引，特別是痛苦的人。巨蟹座遇到每一個人，都能勾出對方的敏感和痛苦，給予鼓勵，讓他們覺得很安全，可以盡情地哭笑。巨蟹座就像是穿了一件星座 T 恤，上面印了**母親**這個字，而這不需要解釋，大家一看就懂。讓巨蟹座搭上前往火地群島的巴士，十分鐘內，就會有人坐到他的旁邊，向他吐露心事。

　　當巨蟹座戴上母親的面具時，沒有任何星座比他們更有說服力了。我們可以從巨蟹座身上獲得理解和同情，而他們可以得到安全感和隱藏。沒有人可以跳脫這個模式，至少在一份親密關係中是如此。如母親般的滋養，這對巴士上的陌生人是件好事，但這不能變成一段婚姻或友誼最重要的主題。若是如此，就會破壞了這些關係中天生的平等，雙方都會被剝奪自己的人性。

　　巨蟹座必須有**警覺心**，防範母親這個角色誘人的危險。他們必須警惕，不能被如此豐富的智慧、寬容和理解掩蔽，因此看不到自己騷動的內心世界和需求。他們可能會用這種方式得到安全感和穩定，不過這只是另一個殼的遊戲罷了，其中最低的賭注就是寂寞。

　　對巨蟹座而言，赤裸展現感情是很恐怖的事，但外面世界的不安全和浮動，意味著改變、冒險和經驗，同樣也很恐怖。

在巨蟹座眼中，一丁點的體驗都是很長的一段路。驅策牡羊座和雙子座的生存煙火秀，在他們看來根本就是恐怖電影。不過即使是巨蟹座，仍然需要一點多樣化和改變。悲哀的是，他們的謹慎天性會成爲暗中阻力。就像金牛座一樣，他們可能會墮落進入枯燥、一成不變的心靈麻痹模式，像機器一樣地工作，久而久之，自我成長的價值也會被消耗殆盡，關係也可能枯萎，變得行禮如儀，一切都只是要避免改變帶來的不自在和迷惘。不過，要是一直安全地待在殼裡，巨蟹座浪漫的創造火花，就會在數十年的休眠狀態中消逝無蹤。

獅子座：公獅
元　素：火
模　式：固定
原　型：國王或王后、表演者、小孩、小丑
標　誌：♌
我們都是自己假裝成爲的人。
——美國作家寇特・馮內果（Kurt Vonnegut, Jr.）

獅子座的符號

獅子座的符號不是一隻獅子，而是來自美國愛荷華州蘇城的一個搖滾樂團，六個小伙子精力充沛，但沒有舞臺經驗。突然就像被雷劈到一樣，他們拿到了唱片合約，才兩個月，就有一張唱片衝上了排行榜。

這個迅速竄紅的樂團在紐約麥迪遜廣場花園開演唱會。臺下觀眾爆滿，開場前，數千雙眼睛熱切搜索著舞臺。而他們躲在更衣室裡嚇壞了，坐立難安，想到登臺就很恐慌。六個人終於踏上舞臺，雙腿發軟站在鎂光燈下，成為眾所矚目的焦點。此時，他們奏出最強烈的和弦，音效瞬間放大，臺下的人們馬上嗨到站起來，鼓掌歡呼。他們睜大了眼睛，懂了這代表什麼意思，就是大家都愛他們，於是彈得更賣力，更急促，全場更瘋狂了。他們接收到所有的熱情，報以電力四射的表演。很快地，再也沒人想起愛荷華州蘇城這個鄉下小鎮了。

獅子座的終點

在前一個星座巨蟹座，面紗被掀起了一角，露出閃閃發光的、變幻的心智深淵。意識被催眠了，無法轉移，覺察力著迷於內心看到的幻影，然後隨之瓦解，躲回內心世界。注意力離開外面的世界，消融化為被動、觀察和感覺，鮮少向外投射。

獅子座就是來對抗巨蟹座這些內向的反應。

生命獲得了意識根源的滋養，變得更加豐富，現在要追求更容易察覺的表現方式。對巨蟹座而言，滾熱的岩漿是打從殼的底下流過，但獅子座會像壯觀的火山一樣，使盡全力將它噴發出來，不過有時會非常細膩。

表達，就是認識獅子座的關鍵字。他們心裡的一切，都是要被看見的，沒有任何東西會被禁錮在想像力的土牢裡。所有一切都有形式，都可以被表達。獅子座必須在這個世界的掌控下，將自己內心的過程留下有形

的證據。巨蟹座需要祕密，但對獅子座而言，這就像詛咒。

表達想法，為內在的狀態創造外在的符號，編織一條透明的線索，隨著它的揭露，帶領所有人通往內在最核心的私人奧祕。這些就是獅子座的任務。

那獅子座必須編織哪一條線索？這就是獅子座的終點，必須培養一種即興的、毫不害臊的、大方的風格，也就是培養一種行為的表象，要像首席芭蕾女伶身上的緊身衣一樣，完全貼合內心世界的模樣。

獅子座的終點是什麼？就是培養個人特質。

獅子座的策略

獅子座必須學習對生命說是。他要走的是一條肯定的、正面的道路，必須排除心中所有的卑鄙、吹毛求疵和小心眼。在他的字典裡，沒有恐懼和懷疑。任何妨礙自我表達的事物都無法被容忍。

那如果被別人笑呢？沒關係。獅子座還是要很肯定自己，還是要說：「生命，我愛你！我慶祝你！我一點也不怕你！」

人們常用自我超越這個字眼象徵靈性成長。講到「已演化的存有」時，我們常想像一個臉色蒼白的人呈蓮花坐姿，以豆芽菜裹腹，心中無懼無求無雜念。有這種刻板印象的人一定會對獅子座不以為然。

獅子座代表自我的發展，而不是超越，蓮花坐姿在這裡幫不上忙。獅

子座必須接受自我本質的荒謬，然後陶醉於其中，讓自我自然流動融入這個世界。他要穿著格子襯衫配上紫色長褲，在街上吹口哨，哼出美國國歌，如果引人側目，他口哨一定要吹得更大聲。如果要為這世界表演，首先要信任這個世界。全然無疑地信任生命，就是獅子座的終極目標。這個星座所有的創造、溫暖、玩樂和戲劇化，都只是達到這個目標的方法，內在的一切都應該表現出來。如果獅子座已經到了這種境界，就不會在乎別人的眼光。

詩、繪畫和裝飾，這些傳統的創造出口，都是獅子座很寶貴的聚焦方式。他們如果有任何這方面的傾向，都應該努力追求。這些記憶可以成為表達內心世界的工具，而這種自我表達就是獅子座的演化火藥。

獅子座如果選擇了比較直接的創造管道，通常會更加耀眼。跳舞、說故事，還有最重要的演戲，都是獅子座天生的地盤。不過表演者和觀眾之間仍有一些距離，當臺下的人馬上回應，當他們釋放出的能量如立竿見影，對獅子座而言，這就是天堂。藝術不是實現想像力的唯一場域，如果要影響一個組織、一個事件或是另一個人，一定要透過自我表現。當我們的想法或價值在這個世界留下印記，就是在表現自己的創造慾望。

獅子座的火花必須用更隨興的方式閃耀發光，單純地玩樂，就是這個星座的演化策略。他們不需要預先設想，就讓想像力爆發衝破「成熟」的界線，湧入人生的劇場。

古代的占星師認為獅子座象徵國王。他們的魅力和存在感的確名副其實。不過當我們把獅子座視為小孩的星座時，就能看到更深層的真理。自得其樂演起戲來，只顧眼前，這些常見的小孩的特質就是獅子座的本質。

獅子座要用什麼策略？就是替自己歡呼。去創造，不要保有什麼私人祕密，同時保持如小孩般的天眞、隨性和新鮮感。

獅子座的資源

吼叫是獅子的本能。出生星盤中有許多獅子座特質的人，都有表演者的靈魂。只要稍加鼓勵，他們就會用源源不絕的、美好的自我表現來娛樂你。可能是說笑話，或是用鋼琴彈奏一曲，又或是說一個眞實的故事，多少會添油加醋，語氣帶點刻意的熱情。無論是哪種形式，獅子座多少都有一兩招。只要掌聲鼓勵，舞臺的布幕就會升起。

獅子座通常是在運用這些原始人類能量的創作中，找到最適合自己的位置。亮眼的、寬容大量的個性，是他們成爲領導者的天生本領。儘管面對一群烏合之眾，有一堆混亂的反對意見，他通常還是能成爲焦點。歷史上的拿破崙就是獅子座特質最明顯的表現，不過在任何成功的銷售門市或棒球隊裡，也可以找到類似的人物。

創造力和**魅力**是獅子座的資源，但還有一個更厲害的，就是他知道如何找樂子。他的注意力只放在當下，而此刻他就是國王。昨天可能一敗塗地，丟人現眼。明天政客們可能火力全開，互相攻訐。但是今天，我還活著，心情很嗨，口袋裡還有二十塊，那就來跳舞吧！

獅子座的資源就是活在當下，這是其他星座沒有的。過去的已經過去了。明天也許永遠不會來。他知道必須掌握這稍縱即逝的一刻，搾出其中所有的喜悅，毫不保留。

獅子座的陰影

六個來自蘇城的孩子離開了麥迪遜花園廣場，打包好電吉他，搭上豪華轎車，前往甘迺迪機場。他們的下一站是北京。

他們去中國進行慈善演唱，在一些沒有聽過西方音樂的地方演出。主唱在臺上昂首闊步，大玩麥克風，吉他手還在舞臺左方忘我地秀了一招膝蓋滑步。臺下一萬名中國人瀰漫在炸開的粉紅色煙霧彈裡，每個人都正襟危坐，完全看不懂。這些從美國來的瘋子是誰？為什麼他們這麼興奮？

他們慢慢看清現實，這裡不是麥迪遜花園廣場。這裡是中國，沒有紐約觀眾立即給予的活力熱情。突然間，他們又只是六個從愛荷華州來的小伙子，離家千萬里。

表演、創造和表達，在這些獅子座的策略裡，能量都會向外流動。不過如果外界沒有向著他們，獅子座很快就會乾枯。這裡一定要有一些對應的活力進來，否則他很快就會筋疲力盡。這裡的流動可能是有人說：「我愛你，真高興你還活著」，也可能是一萬個中國人鼓掌叫好。無論是哪一種形式，獅子座需要掌聲，少了掌聲，他就會枯萎無力。

獅子座的溫暖和風采當然值得讚美。不過就像上面提到的蘇城搖滾明星，他只是把自信和驕傲的自我形象向外投射，而且似乎總是表現得高人一等，但不是故意的。而且，這也不是索取掌聲的公式。

人們也許會迎合獅子座看看似浮誇的自我形象，也可能會忽略他，或是刻意漏他的氣。但這只會鞭策獅子座更加瘋狂地表演，他在說：「拜託你們愛我！」，但外界聽到的是：「我是最棒的！」

　　獅子座的惡性循環來自於這種誤解。獅子座需要愛，但如果他越努力透過讓別人驚艷來獲得愛，可能越不討喜。在極端的狀況下，獅子座可能會開始表現出世俗占星學總是拿來指控他的特質，像是自負、傲慢，還有所謂「小拿破崙」的自卑情結。

　　獅子座有什麼陰影？就是驕傲。驕傲可能會讓他簡單地索愛。他必須學會分享自己非常了解的脆弱，要求援助。如果做不到，他就會像是對著滿屋子臭臉的人表演的諧星，或是在中國大陸表演的搖滾樂團。

　　這樣的獅子座很可憐。

處女座：貞潔女子

元　素：土

模　式：變動

原　型：僕人、殉教者、完美主義者、分析者

標　誌： ♍

一個人若不能交出自己，就無法付出任何東西——也就是說，他要能承擔風險。一個人如果不能承擔風險，就完全沒有能力付出。——美國作家詹姆斯・鮑德溫（James Baldwin）

處女座的符號

處女座的象徵符號就是處女。在所有的符號裡，這是最難理解的。我們認為童貞就是沒有經驗，但這不是一個沒有經驗的符號，也不象徵假道學，更不意味著逃避熱情。

處女的形象是**純潔**，不曾被任何人占有。他不屬於任何人，無所渴求，也無所畏懼。沒有人能擁有他。他是自由的，不受任何世俗的戲碼約束。

不過他就在這裡，還是活在這人世間。對於這樣一個無所求又完美的人，這世界能給他什麼？他能做些什麼？他等待，就像聖母瑪利亞一樣疏離。他獨善其身，但為了消磨時光，他也會在有能力時候伸出援手。

處女座的終點

狂吼會減弱。意識已經厭倦了獅子座的誇耀，現在想要更深層的意義，想要找到目標。獅子座會盛大出場，想要嚇唬人，引人注意，但是我們的注意力會慢慢擴大，用新觀點來揭露這隻巨獅的真面目。在銀河、永世和生與死的背景下，他的驕傲和虛榮荒謬至極，他的狂吼現在顯得十分空虛。

人的性格在獅子座會達到巔峰，再也無法更進一步了。我們的下一步必須跳到一個新的經驗層次。基於這種需求，還有失望，處女座就出現了。人的意識開始理解一種渴望自我轉變的感受。不滿的種子已經發芽了，處女座必須成長。

　　但他必須往哪個方向成長？純潔、完美、實現和重要性。這裡有嚴厲的老師，設下了遙不可及的目標。

　　處女座的終點是什麼？那就是**完美**。但走上這條路的第一步是很痛苦的，他必須學會謙卑。

處女座的策略

　　處女座在這一路上，會被兩種幻影驅策。一種會在前方向他揮手，另一種會從後面鞭策他。兩者前後夾攻，就會讓他無法喘息。

　　第一種幻影是理想典型，想像可能成為的模樣，這賦予了處女座完美主義、倫理和道義的特質。第二種幻影是仔細地、審慎地、誠實地感受真實發生的事，而處女座就是因此擁有務實、有條理的特質，還有對沒效率的厭惡。

　　傳統占星學會用一種靜態的方式形容處女座的這些特質，總說「處女座有責任感，也善於分析，但是會吹毛求疵」。這種方式完全遺漏了處女座的動態本色，只看到了死板的事實，但是追求成長的人會看到一種具有爆發力的演化策略。

　　這兩種幻影的目的就是要創造一種渴望，一種必須朝著理想邁進的需求。處女座會看到自己能成為的樣子，看到自己的潛力，看到如果能粉碎所有綑綁自己的內在枷鎖，他會變成什麼模樣。而且，他也能看到真實的自己，很清楚、簡潔，還帶有嚴酷的誠實。沒有任何星座能如此冷酷地自我剖析。

通俗的占星家常會用很無力的讚美毀了處女座，像是：「處女座是很優秀的圖書館員和會計。沒有任何星座能像他們一樣應付乏味的事。」可憐的處女座被賦予了這種瑣碎的印象和氣質，常被認為是無聊的星座。

其實，沒有任何星座比處女座更令人興奮了。為什麼？因為沒有任何星座比他更渴望成長。他的完美主義會逼自己改變，務實的現實主義會找出方法來做到這件事。

處女座的策略如果都能落實，就會是最自私的星座。在他眼中，所有一切都會圍著我、我的成長和難題打轉。

自我主義不一定是自負。強迫性的自我分析，會讓他在這宇宙中占有一個扭曲的中心地位，這無疑就是一種救世主情節。

但是處女座不會陷入這個陷阱。他還有另一面性格，可以平衡自己的嚴肅和自私，因為這是代表僕人的星座。

古代的占星師認為處女座代表僕人的勞役，這會造成嚴重的誤導。處女座象徵的是我們能被他人利用的能力，而這種服務是一種自我發現的方法，從來不是屈就自己的形式。重點不只是服務，而是**透過服務表現自我**。

處女座必須選擇人生的某些面向，加以潤飾、培養，並且一定要獲得認可，然後就可以貢獻給這個世界。

這是出於善意？不是，並非如此，但常常看起來是種善行。付出天賦是處女座的策略之一，這也是他追求自我完美的一種努力。

　　處女座的服務，其實大多數是要滿足**服務的原則**，而非服務他人。他可以透過這麼做來改變自己。他會取用自己最完美的一部分，並且完全認同它。他會變成自己的工作。

　　他如果是諮商師，一定會試圖表現出無盡的愛和理解。他如果是藝術家，就會變成毫無瑕疵的美感源頭。他如果是垃圾清潔員，就會象徵永恆不滅的人類尊嚴。而除此之外，他的意識中比較受限的一面，都必須消逝。處女座會變成自己提供的服務。當這種服務**趨**近完美時，他也會更完美。

　　透過持續不懈的理想主義讓自己**趨**近完美，謙卑地自我評估，還有堅定地渴望爲世界提供自己的天賦，這就是處女座的策略。

處女座的資源

　　處女座的心理有如一部高畫素的影片。生命中每個細微差異都很明顯，有如波光粼粼，理想不會被任何浪漫的虛飾遮蔽。他只會看到眞實存在的事物，而且看得非常仔細。當他把X光般的心智用在自己身上時，產生的影像甚至會更加精準。處女座會用無情的清晰眼光來看待自己，彷彿是爲被偉大迷惑這件事打預防針。

　　如果發現自己有任何失眞之處，他不會置之不理，一定要把它拆穿。處女座永遠不會滿足，懶惰永遠不在他的人生曲目裡。他那用來預防被偉大迷惑的保險，其實也像是無情的鞭策，驅策自己更向前一步。無論到達什麼境界，他的目標總是更加遙遠。

如果說處女座不可能懶惰，這只有一半是真的。而我們只要稍微扭曲這個字的意思，就能找到另一半的真相，也就是說處女座不可能滿足。他沒有時間可以浪費，鎖定的目標是天上的星星，而星星總是非常遙遠的。

對於這個排序第六的星座來說，最重要的課題就是有意義的工作。如果處女座的姨婆過世了，留下的遺產是一座油井，他可能退休搬到法國蔚藍海岸，不過六個月後，你會看到他工作得更努力，可能不再靠煎蛋維生，但還是很忙碌。把這數百萬美金的遺產留給獅子座吧，處女座不是來放鬆的。

勝任對處女座而言，是很自然的事，尤其是對需要耐心和精準的任務。他很有責任感，尤其是在專業的表現上。不過他能提供的幫助遠遠不僅於此，即使工作了一整個星期，狀況糟糕透頂，但接到一位住在遠方的朋友打電話求他幫忙搬冰箱，半小時內他就會趕到。如果朋友不只需要出力，還需要建議，時間還可以縮短到十分鐘。處女座的建議通常也不錯，但可能會提到一些囉嗦的細節，例如冰箱在西方世界的歷史之類的。他天生心思謹慎，痛恨遺漏任何會造成誤解的細節。

處女座的陰影

在我們揭開十二星座的曼陀羅時，這還是第一次遇到自我犧牲的能力。新的意識領域在前方等著我們，當然還有狡猾的惡棍。

處女座可能過度犧牲自己。當他站在礁岩上捫心自問時，可能會把自己撕成碎片，不斷想著：「我應該是這樣……但我實際上是如此……我的天啊……」

　　完美是兇狠且毫不通融的老師，而且很多處女座都有疤痕可以證明這一點。他可能陷入懷疑和不確定的模式，負面又打擊信心的自我形象會不斷折磨著他，削弱天生的活力。他可能限制自己，陷在一段不幸的婚姻裡，對一個傻瓜卑躬屈膝，或是困在一份枯燥又卑微的工作裡。在最極端的狀況裡，處女座會自我毀滅。

　　純潔和完美都是抽象的概念，處女座會把它們設為目標，但這是永遠飄渺的目標。不過，他眼中如果看不清這點，所有一切都會迷失，人生就會浪費在一堆無聊的小問題上，變成通俗占星師所謂的大驚小怪的漫畫人物。

　　然而，當他實際朝著完美的方向努力時，必須保護自己，不要被自己使用的工具傷害。處女座必須用自我接納來調和自我批判，必須學會無條件地愛自己，而且必須能想出最困難的方式來做到這點，就是要帶著一顆誠實的心。

　　再提醒一次，處女座必須努力追求純潔，但過程是很微妙的。他會忍不住痛恨自己的不潔，但不能屈服於這種誘惑。他必須愛自己的本質，而不是理想中的自己。**唯有如此，他才不會困在一種感覺裡，認為自己必須透過不斷的自我犧牲來彌補一些內在缺陷。**

　　處女座的意識會嚴密又銳利地鎖定焦點，這可能導致他看不到更廣大的模式，可能會被細節搞垮，也可能迷失在記錄生活的種種壓力，無法感受活著這件事有多麼美好。焦躁、挑剔、自我否認，當他無法用願景和自我接受來調和及認清時，就會出現這些危險。

　　當處女座蒙上一層陰影時，下一層陰影隨之而來。就像一隻狐狼尾隨

一隻獅子，在攻擊別人之後，就會攻擊自己。如果處女座對著鏡子裡的自己皺眉頭，也會對看到的世界有種種不滿意。

　　當處女座聘用完美當人生嚮導時，可能像飛彈一飛沖天，也可能像吹製玻璃一樣粉碎。這裡的重點在於自尊。無論發生什麼，他都必須愛自己，必須停止用木已成舟的事來批評自己。事情的另一面永遠是在前方，沒有任何星座比處女座更清楚這有多遠。儘管他很習慣去衡量和計畫，但必須學會活在當下，而且要心存歡喜。如果他一定要批評自己，那就交給當下生命歷程的強度來評斷吧，而當下是永無止盡的。沒有什麼比這更重要了，而這也是通往完美最快速、最有效的方法。

天秤座：秤盤

元　素：風

模　式：基本

原　型：愛人、藝術家、調解者

標　誌：♎

惟寂靜，出言語；惟黑暗，成光明；惟死亡，得再生；鷹揚虛空，燦兮明兮。——美國作家娥蘇拉‧勒瑰恩（Ursula K. LeGuin）

天秤座的符號

這裡講的是秤盤，不是現代的秤，而是沒有彈簧，沒有電子螢幕，很簡單的翹翹板，會出現在巴比倫和古埃及市集的那種秤。在秤的一邊放上一盎司的鉛，另一邊倒一點金粉，當兩邊達到平衡時，就會有一盎司的金。

天秤座象徵和諧和平衡，對立的和解。鉛遇到金，生遇上死，愛面臨恐懼，沒有黑暗就沒有光明，反之亦然。

天秤座的終點

天秤座教導我們平靜，代表心智能清楚地控制神經系統。秤盤象徵我們無事自擾、無由被冒犯、莫名受到驚嚇的部分。天秤座與混亂簽下了永久的和平條約。

現在，想像一下，夜色漆黑，外面下著雨，我們的車在卡在三英哩外的水溝裡，引擎燒壞了，現在困在喬治亞州的一個車站裡。左邊是有線電視不斷推銷除臭劑，右邊則有一部手提收音機，尖聲播放三歲小孩聽的迪斯可舞曲。車站的廣播宣布，公車會再誤點兩小時。這有關係嗎？沒事，這樣很好，沒有理由生氣。

轉念就是天秤座的目標，也是其他星座的目標。在這個狀況中，就是達到無法打破的內在和諧。從現在起，沒有任何事情能扭曲這種平衡，粉碎這種平靜。傷痛會來，也會過去，喜悅和悲傷有如晝夜輪替，而天秤座

就像站在旋轉木馬的正中央，留意四周的變換，卻不為所動。

天秤座的終點呢？說來容易，卻很難做到，就是**冷靜**。

天秤座的策略

其他星座都有內建的平衡，無論生活變得多混亂，還是會繼續全神貫注在手邊的事情上。他們的功課與冷靜無關，而是有其他的功課要做，如果很容易慌張，就更難做好自己的功課了。

但天秤座不一樣，找到平靜是最重要的功課。他必須透過意念來影響意識結構才能達成平靜。麻木和事不關己的心態不算，天秤座對於自己的平衡，毫無天然防禦，必須持續不懈地努力才能維持平靜，這永遠無法不勞而獲。

這是很矛盾的，象徵平靜的天秤座，會把神經拉得像小提琴弦一樣緊。而這裡的技巧在於不能把弦放得太鬆，鬆到無法撥弄，他的功課是要做到全然的脆弱，無情又敏感，而且無論如何都要冷靜。

如何做到這點？天秤座必須能辨識情緒失衡的初期癥兆。你開會已經遲到十分鐘了，電話已經響了很多次，但還沒出門，此時眼光掃到窗外，看到大學室友「苦瓜臉小姐」正走向你家的車道，想要來個驚喜拜訪。你現在還有時間深呼吸，還有五秒鐘冥想。這就是天秤座策略的核心，永遠不要讓緊張激發連鎖反應，要在開始之前就先阻止。

這裡當然還有其他方法，但這是**關鍵**。

看任何一本通俗占星書，你馬上會想到天秤座是藝術家的星座。這種說法的確是有根據的，但我們必須更進一步探討。這個星座的確會提升美學的敏感度，但外人比較不了解的是，欣賞和創造美麗的事物，都可以滿足天秤座的演化目標。這兩件事都有助於平靜。

你從山徑走來，踏出蓊鬱的松林，來到一片寬闊的草地，俯瞰綿延不絕的山嵐疊翠。此時正逢夕陽西下，你欣賞完美無瑕的日落，細緻的粉紅色、紅色和藍色渲染天際，感受這驚喜的美景，還有油然而生的喜悅。然後呢？你很自然地嘴巴微開，肌肉放鬆，發出驚嘆聲。當我們欣賞一位芭蕾女伶掂起腳尖不斷旋轉越過舞臺，或是看到一幅出色的畫作，又或是終於大掃除完畢看著自己的房間時，也會有同樣的心理和生理反應。

天秤座要把對外界的和諧的認知，轉化成內心世界的平靜，所以天秤座的演化策略的主軸之一，就是不斷地美化環境。學畫畫也許能做到這點，或是到令視覺驚豔的地方旅行，像是高山和畫廊，鋪床也是不錯的方法。

和諧不只能透過五種感官進入意識，也可以透過感覺，而感覺絕大部分取決於我們與別人的關係的品質。友誼和婚姻的問題對天秤座非常重要，沒有其他星座可以相比。天秤座是天生的一半，而他追求的平靜有部分來自於找到另一半。

通俗占星書暗示天秤座在愛情裡很幸運，但其實往往相反。對他而言，關係是強化成長的領域，這代表需要努力，而且可能很混亂。

天秤座的目標是建立深刻、和諧的連結。策略就是學習妥協自己的風格，但永遠不要妥協自己的本質。這裡的危險在於，為了關係中表面的和

諧變得非常緊張，反而失去了所有眞正的平靜。

天秤座的資源

　　和諧感是天秤座的資源，但這種和諧遠不止於顏色、形狀或個性。這是一種體認，知道所有的完整都是由兩個互補的一半構成的。女性讓男人完整，光明成就了黑暗，邪惡創造了善良，善良賦予邪惡的定義。

　　你只要一提出任何刻板又武斷的意見，天秤座馬上會有相反的觀點。你若跟他說，左派政治人物可以搞定一切，他馬上會讚頌右派的智慧。你要是說保守派可以拯救國家，他馬上會提出自由派的美德。沒錯，這個星座總是在平衡。天秤座憑直覺就知道金子需要與鉛平衡，每一個眞相都需要另一個平等且相反的眞相來平衡。

　　這是天秤座的寶藏，不只是藝術敏銳度，不只是彬彬有禮，不只是社交的優雅，而是一種更深層的東西，可以滲透這些優點，甚至還有更多的優點。

　　天秤座跟其他星座不一樣，**他們可以包容矛盾**。不需要全世界都覺得合理。對立的哲學、對立的人、相反的選擇，天秤座都能接受。

　　瑪莉認爲傑克很自私。傑克認爲瑪莉太愛算計。他們各有社交圈。其中一個人的說法是對的，但誰是對的？這種事只有天秤座懂。他們兩個都沒說錯。事實就是兩邊說法的平衡。對天秤座而言，每個眞相都包含了兩個一半的眞相。沒有人像他一樣，這麼不甘於一半的眞相。

天秤座的陰影

　　真相的本質是模稜兩可的。我們如果能接受這種說法，認知就比較清楚，比較不會受到蒙蔽。不過這種理解是很可怕的負擔。當我們走到十字路口，需要做個決定，但每個決定都要很明確。背後的橋已經燒了，已無退路了。

　　想上醫學院嗎？這意味著你不能在希臘克里特島寫詩。想結婚嗎？這意味著必須放棄單身。心智是寬廣的，可以包含兩種可能性，但生命其實狹隘多了，我們必須選擇。

　　在心智的領域裡，能包容矛盾是一種智慧，但是在日常生活中，這就會變成優柔寡斷。天秤座不能站在十字路口，他會非常震驚地發現，沒有任何一條路是百分之百正確的。如果選擇大馬路走，小巷的鬼魂會陰魂不散，但選了小巷走，又會遇見大馬路的鬼魂。

　　天秤座只能丟硬幣，然後採取行動，彷彿滿心熱切地相信已經沒有其他選擇。如果不做出承諾，生命就只是一場漫長的等待。我們不能永遠讓選擇保持開放性，但天秤座可能會嘗試這麼做，然後在過程中遇到自己的陰影。

　　他們一旦被陰影籠罩，就只能等待好時機。這些人會搖擺不定，會露出甜美的笑容，因為沒有立場，所以不會樹敵，不過在這種平靜的外表下，內心的緊張焦慮不斷攀升。有某種東西完全錯了。那是什麼？沒有威脅，沒有壓力，沒有問題，什麼都沒發生。

　　然而在某個地方，古老的時鐘還是在滴答作響。無論是否作出決定，生命都在繼續。

> 天蠍座：蠍子
> 元　素：水
> 模　式：固定
> 原　型：偵探、巫師、催眠師
> 標　誌：♏
> 我們必須與知道的真相的敵人成為盟友。——印度聖雄莫罕達斯・K・甘地（Mohandas K. Gandhi）

天蠍座的符號

你躺在睡袋裡，像屍體一樣僵硬。這裡是沙漠，不知不覺已經日正當中，炙熱的陽光虎視眈眈，威脅要把你補牙的填充物變成融化的金子。

你只要一動就死定了，有隻蠍子一動也不動地停在你背後。

婚姻的壓力，職場裡重要的拉攏人心……在前一天，你腦袋裡塞滿了這些事，繞著這些事打轉，但現在，有一隻蠍子停在這裡，那些事再也無關緊要了，有如遙遠銀河裡一顆黯淡的紅色恆星。

有隻蠍子在背後虎視眈眈，在此刻，你只剩下強烈的畏懼，所有的假裝、虛華和野心都被拋掉了，只剩下本質。而你此刻的心智，赤裸裸地，全面戒備，像被切割的鑽石一樣精準銳利，準備面對生死一搏。

這種態度，這種意識狀態，就是天蠍座。

天蠍座的終點

你坐在這裡讀一本占星書，全神貫注、心平氣和，十分愜意。你忘記了生，死也只是抽象的未來，只是在這兩者之間的某一處隨波逐流，接受來到眼前的一切，然後善盡其用。

想像一下，自己是活在一個會有人猛扔一顆巨大核彈的星球，數百萬噸石頭隨時可能以每秒一百英哩的高速炸開，只有一層薄霧般的氣體可以保護你。

在這層氣體保護罩裡，你跟一群亡命之徒窩在一起，有些人有口徑點三八的手槍，有些人有中子炸彈。即使你能逃得過他們，但其實沒差，因為你的身體注定像被一群水牛踐踏的蘭花，脆弱且無能為力。

這個認知令人害怕，我們寧願不去面對，所以會制定計畫、會買保險，避免去想這些難以置信的事。但如果我們勇敢面對呢？如果有勇氣解開死亡的禁忌呢？這又會如何？

這就像跟一隻蠍子在睡袋裡共眠，我們的優先順序會變得很清楚。未來消失了，過去也消逝了，完全專注在當下，其他都無關緊要。在當下這一刻，所有的故作姿態和禮貌教養，所有虛假和令人自在的答案都被撕下，只剩下真相。生平第一次，我們認清了自己，知道自己想要什麼。

如果這隻蠍子爬出了睡袋，回到沙漠裡，那麼這場夢魘就會變成祝福，讓我們為人生注入一些誠實、激烈和清晰，也許就比較不會為一段不可挽回的過去，或是一個空想的未來揣揣不安。

　　這就是天蠍座的終點。與這樣的激烈共存，燒掉所有的假裝，清空躲在恐懼背後的一切，讓無意識變成顯意識。

　　簡單地說，天蠍座的目標就是把每一分鐘當成生命的最後一分鐘來活。

天蠍座的策略

　　想像一下，你被醫生宣布只剩下六個月的壽命。你會怎麼做？現在我們砸下一百萬美元，讓這變得有趣一點。你現在自由了，不用煩惱錢，可以為所欲為，但動作最好快一點。

　　有人可能會瘋狂地安排一趟環遊世界的郵輪之旅，其他人也可能很瘋狂，想要彌補過去所有的疏失。不過對生命遊刃有餘的人都會做一件事，那就是安靜地坐下來，凝聚心神，試圖**感受**自己想要做什麼。他們不會去思考，而且憑直覺就很清楚，在此刻，邏輯、推論和理性都是錯誤的工具，這些東西很好，但不適合現在的狀況。

　　他們會如實依循天蠍座的主要策略，那就是依感覺而非理性行事。

　　為什麼？因為邏輯太通泛，太缺乏個人色彩。在生命的十字路口，通常有太多邏輯的選擇。舉例，按邏輯推理，我們都可以有許多不同的事業，和許多不同的人結婚。邏輯只有一個目的，就是除去不可能的、荒誕的部分。除此之外，天蠍座必須去**感受人生的路**。

　　幸福大部分來自於我們得到自己想要的，這永遠不是用推理，而是用

感覺決定自己想要什麼。天蠍座很清楚這一點。

這是不變的準則，而死亡只是更凸顯這件事罷了。因此如果天蠍座真的把每一分鐘都當成最後一分鐘來活，就必須在自己的感覺和行動之間建立完美的結合。如果要做到這一點，他必須摧毀任何阻止感覺進入意識的圍牆，必須有勇氣去**感受一切**，無論這些感覺有多恐怖，無論它們會為人生帶來什麼絃外之音。

思考死亡，可以讓天蠍座認識自己。死亡的驚嚇可以帶來對情感的清楚透徹。

對死亡的著迷不是重點，這只是扭曲了這個過程。這裡的策略是，要能在意識層面完全接受人終將死亡的事實。讓死亡成為心理諮商師，去感受這份恐懼，讓它翻攪情緒，然後問死亡一個重要的問題：「在我有限的生命裡，接下來該做什麼？對我而言，什麼才是真正重要的？我有哪些承諾和行為模式，是出自於荒唐地認定肉體是永生不死的？」

「天蠍座很性感」，這是通俗占星圈普遍的觀察。這種斷定的確有幾分道理，但常被誤解和誇大。這裡的關鍵在於，存放情感能量的巨大倉庫與性慾是緊密相連的，而我們必須用情感的、個人的方式來定義性慾，不能僅限於肉體。這比較像是需要強烈的情感經歷，而非肉體的高潮。

如果想把每分鐘都當成最後一分鐘來活，我們必須用這種極致的想法來影響當下，而且若是跟性慾斷了線，這是無法無法辦到的。這樣的話，就會有太多的情感需求，太多實際的心理現實，迷失在壓抑的背後。壓抑會導致行動與感覺之間的不和諧，這與天蠍座的目標是對立的。

　　接受自己的性慾，去感受對性慾的感覺，這是天蠍座的基本策略。別去管所有迷人的女孩和陽剛的男人告訴我們「去做這件事」，也不要聽所有傳教士和老古板叫我們別做這件事。天蠍座只需要得體地、敏感地展現性慾，這就是他的方式。

　　不過，性愛不是重點，感覺才是。不過我們接受了太多道德和性慾的訓練，這常會影響感覺，導致扭曲失真。我們如果想要在這個人人終須一死的世界，快樂又堅定地活著，那就一定要揭露這些感覺。

天蠍座的資源

　　在意識和無意識的邊界站著一位警衛，他的任務是守住覺察力，以防我們認清任何可能會令自己沮喪或破壞自我形象的真相。他很保守，喜歡評斷，也很謹慎小心。若是用心理學的語言來說，這個警衛會被貼上**潛抑機制**的標籤。

　　天蠍座的潛抑機制是有瑕疵的，還能運作，但不是很順暢。像是超出負荷的情感、破壞性的想法，還有對於事件震驚又痛苦的詮釋，這些東西常會猛烈爆發闖進他的腦袋。看來很古怪，但這個有瑕疵的潛抑機制是天蠍座的主要資源。若是少了它，他就不可能殘酷且清楚地分析自己，而這也是最重要的功課，他也不可能意識到這些粉碎性的、有時甚至是扭曲人生的感覺。

　　潛抑機制失常會讓心智充滿情緒，促使它向內探究。意識會開始無情又誠實地面對自己，不斷地勘測內心世界，尋找所有遺失的細膩覺察，想

要揭開一層面紗，露出我們隱藏的無法思考的事物。

沒有任何星座會這麼無情地內省。

這種對內的強烈，也會影響外在。天蠍座會深入洞悉自己的心智，也會用同樣銳利的眼神注視週遭。他天性質疑，能深入探究旁人的心理，掌握每個人最內在的動機和最黑暗的祕密，而且這些通常都逃不過他的眼睛。

天蠍座的資源是什麼？就是如匕首般銳利且無聲的心智，決心要毀滅任何舒適的謊言，每個令人寬慰的片面事實，還有所有宣稱人生有多麼風光明媚的虛假描述。他擁有的是一顆全然投入認識自我的心。

天蠍座的陰影

天蠍座被兩層陰影籠罩，就是太多的自我認識，還有太少的自我認識。兩者各有其陷阱，都像對方一樣致命。如果有任何一方屈服於對方，這個星座所有的志向、激進和智慧，馬上就會變成毒液。

是否投入太多精力去認識自己了？對天蠍座而言，這是很難輕信的概念。他很自動地，有時是盲目地，會去挖掘更深層的意識，總會試圖找到最終的事實，或是最極端的體現，進而改變自己的人生。

有時天蠍座會挖出太多東西，連他自己都無法面對。這就是為何要有潛抑機制的存在。當它有缺陷時，覺察力會面對巨大的危險，會被催眠，沉醉於太過複雜而無法被揭露的感覺。

　　當這樣的情形發生時，天蠍座會崩潰，變得喜怒無常。他的心智無法與深處切割，在心理上，會用錄音機一樣錄下各種不可能的、無法解決的狀況，然後一再播放，直到覺察力衰弱，筋疲力盡而陷入絕望。

　　太多的自我認識是很危險的，至少當這來得太快時，我們很容易失去觀點。但是太少的自我認識也很墮落，特別如果是因為我們刻意不去面對一些令人害怕或不悅的東西。

　　舉例來說，若是天蠍座選擇避免思考死亡，但他對於自己必然一死的本能理解並不會因此消失。相反地，他會被迫在意識之外運作，進入潛意識。這些感覺還是存在，持續對天蠍座的行為和態度施壓，但是他不再知道壓力到底來自哪裡。

　　這會發生什麼事？他會覺得「肯定有什麼恐怖的事即將發生」，導致心情沉重。意識會被漂浮不定的焦慮蒙上陰影，這些焦慮會依附在任何方便的目標上，像是「我的車就要拋錨了，老闆計畫要開除我，我想我長了一顆腦瘤」。

　　壓抑性慾也會造成一樣的結果，這些感覺還在，但我們找不到源頭。天蠍座若是屈服於這些陰影，就會發現自己永無止盡地飢渴，永遠都不滿足。但是心智並不知道自己想要什麼，它無法理解自己的飢渴，然後又會再選擇一個方便的目標，可能是金錢、權力，或一間乾淨無瑕的房屋。天蠍座會著魔地、強迫性地追求這些目標，最後仍是不滿足。

　　這是黑暗的，揣揣度日的，有時甚至是極其凶險的。當天蠍座走上了在自己的陰影下陰沉潛伏的道路，被永遠看不到的惡魔啃噬，就得等到死

亡來臨，才能爲自我沉溺和失望蓋上布幕。

射手座：弓箭手

元　素：火

模　式：變動

原　型：吉普賽人、學生、哲學家

標　誌：♐

我追求的不是娛樂，而是理解。理解、理解，更多的理解。我會用理解塞滿自己，用每個毛細孔嗅聞它，把它塞進每個小孔。有一天，這會得到回報。萬物都將在適當的位置落腳，而我，就終於能理解了。

——勞瑞爾・柯德曼（Laurel Coldman）

射手座的符號

　　射手座的符號不是弓箭手，而是箭。手指因爲緊張而顫抖，弓箭手放開緊繃的弓弦，彎曲的弓彈回，將羽毛箭桿向天空投射。

　　這支箭飛得比我們的視線還快，迅速劃過天空，疾速奔向雲朵。如果它有眼睛，就會看到弓箭手的身影越來越小，最後只變成風景中一個不顯眼的斑點。而它會看到風景像地圖一樣開展，十分簡單扼要。

　　如果我們讓這支箭擁有心智，它會想些什麼？它就像一個站在山頂的

人，充滿活力，想著遠景和經驗，想著是誰把我射向這片明亮的天空？這有什麼目的？我此處的位置在哪？我要去哪裡？為什麼存在？

射手座的終點

對於中世紀的占星師而言，射手座有三種命運，象徵了吉普賽人、學生和哲學家，三者是依照「好—次好—最佳」的階層排列，哲學家在最頂端。

就算我們先拋下哪一種射手座比較好的想法，但是這三種命運仍不失認識這個星座的意義和目的的好方法。

吉普賽人、學生和哲學家，他們有什麼共同點？如果他們各自都是射手座的一種表現，那麼共同的起源一定就是這個星座的本質。

無論哪一個，他們都會把心智向外投射到新的視野，就像飛出去的箭。在每一個身上，都可以看到他們**透過蒐集陌生的經驗來擴張覺知**。

擴張就是射手座的命脈。

在吉普賽人身上，擴張是來自於實際活動。他會在各地移動，進入嶄新的、異國的環境。學生會吸收事實和新的觀點，透過智力來達到擴張。而哲學家的擴張是憑直覺的，試圖擴張意識，不斷去試圖了解宇宙的基本法則。

弓箭手的終點呢？了解生命的終極意義，找到個人在宇宙萬物計畫中

的命運，並且找到真理。這些都是這支箭的目標。這的確是崇高的目標，而達到目標其實比爬旗竿還難。

弓箭手的終點落實在實際層面，這大概是十二星座裡面最難的。對於射手座而言，沒有清楚的終點，只有永無止盡的過程。這是一種移動的、流動的存在狀態。他的生命形象是永不停歇的追尋，必須認清人類最重要的功課就是尋找意義，並要明白在這短暫的人世間裡，在人類和永不停止的追尋之間，犧牲了任何的安全或保障都是毫無意義的。

射手座的策略

吉普賽人，學生和哲學家，這個中世紀的公式包含了射手座演化的編碼指示。這三種弓箭手的展現方式，並不是射手座本質的嚴苛分類，而是演化策略。

他的第一步就是要變成吉普賽人，要放下與某個特定文化的連結，這通常是建立在相關的價值觀和習俗之上。這裡的重點不在於多麼需要旅行，而是需要對外國思考方式保持開放性。實際的旅行只是一種方式，射手座可以藉此實現開放的人生態度。在印度待一個月，這絕對不僅是玩樂，因為當地社會的運作方式與自己原生的社會截然不同，如果能放下自幼薰陶的判斷和態度，旅行可以教導一個人從完全不同的角度看待人生，而對於射手座而言，這就像點燃了演化火箭的導火線一樣。

到東方旅行耗資不菲，有時也不實際。沒關係，吉普賽人的路遠比旅行社廣告更加寬廣。與旅居在自己國家的印度人當朋友也有同樣的效果。

如果你很富有，去親近窮人，或是如果你是白人，去親近黑人，也會有同樣作用。

吉普賽人的策略不只是蒐集很多異國的海關印章。這其實是一種意識的擴張，方法就是透過敞開心胸，與不同於自己的文化接觸，即使這趟旅程只是去城市的另一端。

至於學生的方法，你如果只看字面意思就會被騙了。當然，正式的教育可以擴張意識，射手座是被課程和演講養大的，讀書也有同樣效果，即使不是教育機構支持的書也一樣。任何強迫我們用全新眼光看待生命的經驗，也會有同樣作用。

你擺好姿勢站在沙丘頂端，背上背了滑翔翼，準備躍空一跳。這也是學生的方法。心智開啟大門準備接受新的經驗，這是全新的學習機會。

吉普賽人和學生的界線是很模糊的，學生跟哲學家也是如此，這裡發生的一切不過是另一個轉移焦點。我們現在只是把注意力從眼睛和耳朵，轉移到最深層的人類認知功能，就是直覺。我們會憑直覺地試圖理解生命的全貌，並在其中找到自己的位置。

哲學家必須仰賴吉普賽人和學生蒐集的洞見，若是少了這些，就不過是思緒枯竭的老學究，滿腦子都是毫無生氣的假設。哲學家必須透過經驗，才能激發直覺的跳躍，否則在現實世界中毫無根據。

對於基督教、佛教和存在主義，哲學家的策略是全盤接受，不過永遠不讓任何系統替自己思考。他必須不斷追求蒐集更多經驗，不斷地修正，加深對生命的洞察力。

　　簡單地說，弓箭手的策略就是把生命當成一場冒險，必須放棄所有安全的想法。他一旦發現自己躲在任何想法或意見背後，必須願意把它們擱在一旁，一定要毫不猶豫地往前走，期待奇蹟，永遠準備好施展射手座的經典神技，也就是放手一搏。

射手座的資源

　　弓箭手最重要的策略就是個人自由。吉普賽人如果沒有了自由，就會像鮮花一樣枯萎。學生就會被令人心智鈍化的日常規範綁架，淪為俘虜。哲學家不能有宏觀的觀點，也無法在不同的現實情況中加以確認。

　　我們可以說，特別熱愛自由就是射手座的基本資源，沒有其他星座這麼害怕限制。

　　熱情、雀躍的精神和冒險，這些也是射手座的資源。無論生命出什麼招給射手座，他永遠都準備好了。他很有應變能力，很有彈性，遇到任何逆境都可以復原。

　　如果一個人有強烈的射手座特質，就像為說廢話這件事買了萬全的保險。射手座也可能會難過和憂鬱，但都只是暫時的，只要暗示會有一場冒險或新的可能性，這些狀態馬上就煙消雲散。

　　射手座生來就不會用老套的角度來解讀生命，但他很確定，生命一定有某種意義，對於弓箭手而言，這是毫無疑問的前提。這就像他來到這世上，腦袋裡有一個空的聖壇，而他出自本能，就會開始在上面放上一尊聖

像。這可能是耶穌基督，也可能是文學，或是世界革命。他會自由地選擇
自己的神，無論外界施加任何壓力，他都會有所選擇。

　　射手座的資源是什麼？對於個人理想的信念。這種信念可能有一百種
形式，但是無論採取哪一種形式，這就是射手座賴以維生的養分。沒有任
何星座能在準則的層次上如此篤定，他會不計代價，無論多麼不可行，還
是堅持做對的事。這裡的「對」是個人定義，並非人人都同意。但是我們
一旦知道弓箭手的神，他的行為就會像繞著太陽運轉的行星軌道一樣，很
容易預測。

射手座的陰影

　　深謀遠慮有時可以成為人生的救贖。生命如此黑暗，有時還很棘手，
其中充滿了戴著天真面具的死亡陷阱。躊躇和懷疑有時可以救我們一命，
但是射手座對它們很陌生，就像愛斯基摩人看待泳裝的眼光一樣。

　　弓箭手總是眼睛發亮，充滿信任，滿腔熱情，但是常會闖禍，讓自己
陷入困境。過度樂觀、過度擴張，糟糕透頂的判斷，這些就是他的陰影。
他就像一隻友善的黃金獵犬，認為所有在高速公路上呼嘯而過的汽車都是
玩伴，然後常常被輪子輾過。

　　他可能太過信任這些不牢靠的步伐的力量，可能完全不減速地過了個
大彎，也可能會聽從一些自詡為上師的人進入集體墳墓，而這一切都是出
自信念。

　　射手座的莽撞帶來的人生陰影，在親密關係裡最爲明顯。**自由**對於射手座的演化而言十分可貴，但很少有星座會像他一樣，會爲了忠於永恆愛情的承諾，冒險捨棄自由，這又是信任天眞的態度，設了陷阱攔下飛在半空中的箭。「閃婚令人悔恨」常是許多不開心的射手座的墓誌銘。

　　充沛的信念，幽默感，願意縱身一躍，這些特質可以幫助我們活得更充實，而射手座全都具備。然而，他們必須知道生命有多麼脆弱，多麼稍縱即逝，意識到生命的火花有多麼容易熄滅，否則樂觀的射手座就會變成悲劇的星座。

魔羯座：海山羊

元　素：土

模　式：基本

原　型：隱士、父親、首相

標　誌：♑

當你是個男孩時，會認爲魔術師能爲所欲爲。我也曾經這麼想過，我們都一樣。但事實是，當一個人的眞實力量增加時，知識擴展時，能遵循的道路就會變得更狹窄。最後，他不再選擇，只是全心全意做自己必須做的事。──娥蘇拉・勒瑰恩（Ursula K. LeGuin）

魔羯座的符號

魔羯座的符號是海山羊，一隻長了魚尾的山羊。這是一種不可能存在的生物，只能活在符號的世界裡，其中一半下海只能游狗爬式，另一半在陸地上連蹣跚前進都顯困難。在符號的世界裡，海公牛再也不會笨手笨腳，也不脆弱，會變成最極致、最絕對的權力象徵。

在大海及岩石的高地，他就是王者。海山羊會爬上最危險的山峰，呼吸最稀薄的空氣，也可以在最遼闊的海洋游泳，沒有任何事物能阻擋他，一旦他強大的意志鎖定目標，就會不屈不撓。

他別無選擇，也沒有任何事物能與他對抗。

魔羯座的終點

野心勃勃、物質主義，渴望權力，通俗占星學中面無表情、一身灰色毛絨的魔羯座，其實是個害羞的惡魔，他工於算計操縱，能夠很快抓到弱點，是投機分子的典型縮影。

這種描述清楚呈現出魔羯座的陰影，但與他的終點沒有太大關係。

海山羊的確象徵世俗權力，但這不代表金錢，也不代表要成為新聞週刊的封面人物。很多看似有權力的人活得其實像個人質，會被自己的公共角色的苛評約束，他們的角色擁有世俗的權力，但他們本身卻沒有能量，這不是海山羊的道路。對於魔羯座而言，世俗權力有不同的意義，這不意

味著光榮，而是象徵自由。

在世界的競技場裡，海山羊只能根據基本個性的指令行事，**結合自己的本性和公衆形象**，就是他的終點。這是內在和外在的合一，必須在社會的領域中證明和表現。

簡單地說，魔羯座就是完整的象徵。這個星座的最高表現，就是沒有謊言，也沒有虛僞。這就是外顯的公共行爲和隱藏的個人本質的完美搭配。他的工作和人生變得無法區分，融爲一體。

若要做到這點，海山羊必須對掌聲完全免疫，絕不能迎合群衆，雖然他的工作和公共形象，一定會展現在一群人面前。然而，他如果執著於社會認同，就會失去所有。但他也無法逃避，鼓掌的人們永遠在那裡誘惑著他，跟他眉來眼去。

魔羯座如果要避免權力的誘惑，就要變成孤獨大師。這裡的重點不是他一定得獨處（雖然這也是很合理的策略），而是必須**向內尋求肯定**。若要做到這一點，他一定要對成敗和褒貶都無動於衷，走自己的路。

魔羯座的終點是什麼？誠實及孤獨，兩者都必須做到。若是少了其一，另一個也會跟著一敗塗地。

魔羯座的策略

獨處是魔羯座最有效的演化策略，特別是在人生早期。海山羊必須學會不需要任何人的肯定，就算沒有任何人欣賞或讚美，還是要能滿足於自

己所有的想法和計畫。

若說魔羯座是沒有愛或冷酷的星座，這就太偏頗了。海山羊可以去愛，也可以被愛，這絕不會違背他的策略，他只需要避免**需要**另一個人。

魔羯座的策略是靠著找到實際的支援，維持自給自足。孤獨地散步、私下做白日夢、一個人滑雪或駕船出海……任何能獨自進行的事都對他有益，像是讀書或冥想。或者像是任何嗜好或副業，能把孤獨從負擔變成機會或全心追求的事，也很有幫助。

海山羊必須先找到內在的孤獨，才能安全地把目光轉向外界。如果太早轉移焦點，他肯定會因外界華麗的魅惑而變得盲目，無法直視榮耀的核心。

魔羯座是攀登者，看著這個閃閃發光的世界如此誘人，充滿挑戰，就像雪巴面對聖母峰一樣。他知道自己必須登上山巔，但恐怖的是他可能會選錯山頭。

在海山羊的人生道路上，這是很關鍵的時刻。當這個世界對他張開雙手，展現所有的光彩和戲劇性，他必須回到自己的孤獨裡，找到力量轉移目光，與總統套房脫勾，向內檢視自己的根源。

別過頭去逃避是無法撐一輩子的，海山羊必須往上爬，必須面對這個世界。若是透過躲避外界來抵抗誘惑，終將一事無成。他必須轉移目光好一陣子，足以牢記不需要任何來自他人讚美的肯定。他已擁有自尊，知道自己是誰。

　　魔羯座對自己如此有信心時，就會冷眼看待名譽與聲望。他會投入其中，但很堅定只有一個目標，就是自在行事。**海山羊必須選擇一種公共角色，可以表現個人的價值、興趣和突發奇想。**這種角色也許是一份工作、一件自願的事或公共服務，也可能只是個人嗜好，像是在傳統爵士樂團演奏單簧管。無論是哪一種形式，人們會爲他歡呼、敬佩他，叫他大師，或認爲他一敗塗地。這都不重要。無論如何，魔羯座必須冷眼看待，就像銀河一樣不爲所動。唯一重要的是他有沒有「做自己」。

魔羯座的資源

　　一個人要與成功的機器接上線，並不是非常困難的事，必須先學些技能，向對的人微笑，然後堅持幾年。這麼做沒什麼好羞恥的，但這不是魔羯座的路線。

　　魔羯座在社會中開闢出自己的一條路，遠比這更具挑戰。失敗、不確定、長期只有微薄的酬勞，這些都是陰魂不散的挫折，但他有備而來。他擁有兩種資源，那就是**耐心**與**自律**，足以去對抗殘酷的壓力。

　　魔羯座跟其他星座不同的是，他可以等，但是這種等待不是猶豫不決，也不是搖擺不定。這是一種強烈的靜止，就像一隻貓靜坐不動，專注盯著八呎之外一隻毫無戒心的老鼠。

　　海山羊的**自律**也是無人能比的。無論有什麼壓力，一旦下定決心，他就會堅持自己的路。恐懼、挫折和抵抗，都不能動搖他。他可能會感受到這些影響，但是實際行爲永遠反映了自己的目的，而非情緒。

　　魔羯座還有另一種資源，就是天生的**務實**。二加二永遠都是四，無論他有多希望結果是五。他的世界裡的確有夢想，但必須是就邏輯而言，這個夢想有可能成眞。如果有這個機會，海山羊就會秉持著絕對的堅持，努力地工作，直到夢想成眞。但如果沒有機會，他就會把夢想像舊報紙一樣扔掉。

　　魔羯座的資源呢？概括來說，就是鋼鐵般的意志。他的孤獨、決心、內心和準確的邏輯，這些都能讓他度過日常生活的風暴和沮喪，而且永遠不會忘記自己的夢想。他可能很緩慢，可能看起來像是突然停下了腳步，但是到頭來卻總是能達到想要的目標。

魔羯座的陰影

　　海山羊的道路需要大量的自我控制。如果運用得當，他就能登上任何山峰。他會選擇，然後行動，如果遇到失敗，還會堅持下去。但是這份自我控制如果用錯地方，海山羊就會面臨災難。

　　魔羯座的自我控制，永遠都必須用在客觀的世界，這必須反映在**行動**的本質。但是他如果缺乏膽識，決心受到動搖，自我控制的特質也會被扭曲，無法再影響行動，反而只剩下主觀的表現，面對生命的課題和發展時，只會壓抑自己的情感反應。

　　海山羊可能變成鐵石心腸。

　　沒有星座可以像他這樣冷酷而不帶感情。當他的人生傾斜失控時，可

以看起來冷得像一塊黑曜石磚。接下來，他就會面臨自己最黑暗的陰影，就是孤獨天性的腐敗，就是**寂寞**。

　　孤獨、不流露情感的魔羯座還是令人生畏的人物，不過現在有些扭曲。當他迷失了自己的道路時，會想要去決定身旁所有的人的進展。他會變得專橫獨裁，對一些原本應該跟他平等分享人生的人，表現得高人一等。

　　他還會像禿鷹尋覓腐肉一樣，追求世俗權力，所到之處都想要放大自己的權威。

　　他應該追尋的是自我肯定，卻盲目地尋求外界的認同，但的確能稱心如意。他會用上所有的堅持和決心，就如一隻墨守成規的黃鼠狼，舉步維艱地登上高峰。不過登頂後，他仍不滿足，因此他會加倍努力，變成工作狂，殘忍地鞭策自己，不顧身體的怒吼，也無視心靈的痛楚。到了闔眼的那一天，他會是自己扮演的角色和責任的受害者，擁有權力，也許還很富有，但就像一顆沙粒，靜止不動地飄浮在群星之間的空虛之中。

寶瓶座：水瓶

元　素：風

模　式：固定

原　型：天才、革命家、說眞話的人、科學家、流亡者

標　誌：♒

你如果在路上遇到了佛陀，殺了他。——禪宗佛教語錄

寶瓶座的符號

寶瓶座的符號是兩條平行的波浪線條 —— 這常被誤解為水，其實並非如此。這兩條線是蛇，象徵知識。

在伊甸園裡，蛇誘惑夏娃吃下知識樹的種子。夏娃吃了，上帝就把他和亞當逐出花園，開啟了世界的歷史。

但是夏娃在獲得知識時，做的不只這些。他在這個叛逆的寶瓶座行為中，孕育了一種遠比安全更珍貴的特質，甚至比智慧還珍貴。

他孕育的是人類的自由。

寶瓶座的終點

自由就是寶瓶座的終點。什麼是自由？就是個體性，有能力選擇自己的路，可以隨心所欲。不用聽令於任何人，無論是父親、母親、總統、牧師或其他權威人士，都不用理睬。

說得比做得容易。

其實在這世上，會有龐大的力量凝聚成群，對抗個體性，如果願意的話，這些力量可能像壓路機一樣輾過我們，讓我們變成一隻跳舞的猴子。同儕壓力、合群、社會化、還有被接受的渴望，如果被它們控制，我們就會得伺候兩位主人 —— 自己的天性，還有旁人的異想天開。然後，馬上就

得妥協，放棄自由。

對寶瓶座而言，這就像被詛咒，**他的道德敵人是群體天性**。如果屈服，就一無所有了，就只是永無止盡的日常鬧劇裡一個再熟悉不過的角色了。

寶瓶座和合群，這種混合就像是把和平跟核彈頭放在一起。

如果想要打敗這種群體天性，寶瓶座必須對真相培養絕對的忠實，必須不計後果說出自己看到的。當自由受到挑戰時，無論是直接的強行壓制，還是越來越強烈的勸阻，他都必須非常堅定，必須願意接受自己的命運，這就是被放逐的命運，注定永遠無法與自己所屬社群的價值和動機同步。

寶瓶座的終點就是完美地、毫不妥協地表達自己，完美地展現個體性。

寶瓶座的策略

想像寶瓶座是舊約裡一座有圍牆的城市。當時很動盪，每個城邦都有獨立的文化，彼此之間持續處於緊張狀態。

若是寶瓶座的城牆在圍攻下倒塌，文化被摧毀了。戰勝的敵人殺死水瓶的國王，剷平廟宇裡的眾神，改為安置自己的神。

這裡可能沒有投降。敵人一旦通過城門就會展開屠殺，隨之而來就是

特赦。但對寶瓶座而言，只有唯一策略，就是不計任何代價維持原有的防禦。不談交易，沒有妥協，唯一百分之百確定的只有石頭和迫擊炮。

這個城邦的比喻十分恰當，不同的是，我們討論的不是一個有歷史的社會的文化整合，而是一個人的自由和個體性。

敵人已在城牆外擺出陣仗，在城門前集結，準備猛烈撞擊攻城槌。

對於寶瓶座而言，這個攻城槌有很多形式，但本質上就是其所屬文化帶來的合群壓力，要求他符合一種已建立的行為模式。

我們的內在都有一套特定的、獨特的偏好和價值，但社會對我們另有計畫。打從我們會說話開始，就被設定好達到成功、合宜和健全的程式，大部分人都會很自然地融入這些程式，甚至從中受益，但對寶瓶座而言，這是死刑。

寶瓶座必須抵抗攻城槌，必須抵抗自己的文化的強制。他的策略是依循自己的個體性的指令，做出自己的選擇，無論這些選擇會令旁人多麼憤怒，或是難以置信地斥責。

寶瓶座的座右銘就是：「我會很明智，即使這代表所有人都認為我很瘋狂。」

他如果按照這種策略行事，社會可能像看守所的獄卒，威脅強制奪走他的自由，但是這些是真實的攻城槌。文化的壓力通常是很細微的，像是「你如果再這樣做事，永遠都沒辦法保住飯碗。我們會讓你餓肚子，讓你不安全又不自在」或是「你再繼續這樣，我們就會笑你，把你貼上瘋子的標籤，永遠都不會認真看待你做的任何事」。

　　如果這些攻城槌還不夠，寶瓶座的敵人還有第二種計謀，他們已經在城牆內安排好內線，會有奸細從裡面把城門打開。對於寶瓶座而言，這些奸細會以「愛他的人」的模樣出現。他們是真的愛他，深刻且誠摯，但是很不幸地，若說他們了解他，那就差遠了。

　　這些奸細已經穿越寶瓶座的防禦，他們已經在城牆內，可能是丈夫或妻子，也可能是朋友，但是通常是父母。當寶瓶座做出自己的決定時，他們就會給他巨大的壓力，要他重新考慮，強迫他符合他們的期望。

　　結果如何？他們的用意可能是對的，但可能不知道這些方法是很危險的。這些奸細正在引導寶瓶座相信，他有責任背叛自己，彷彿他如果真的愛他們，就不能在全是圓孔的社會裡堅持當一個方形的釘子，因此招致各方批評，讓他們看得心煩意亂。

　　面對這些奸細，是寶瓶座最大的考驗，遠比抵抗攻城槌更困難。他為了捍衛自己的自由，必須如鋼鐵般堅強，去面對一些令人心寒、通常也很難受的挑戰，那就是準備好讓愛他的人傷心。無論他們有多失望，多痛苦，都只是因為無法如願把他塞進一個一點也不合適的模子。他們真的很受傷，而寶瓶座只要一個妥協，就能讓他們滿足。不過他不能妥協，不能假裝成一個不是自己的人。

　　寶瓶座很冷酷嗎？不，但看起來常是如此。他的路是嚴峻的，會向上通往真實個體性清澈且稀薄的同溫層。如果提升，讓地上的人們失望，他有時就必須學會與傷害共處，必須尋求慰藉，知道這些心碎是自由無法避免的代價。

寶瓶座的資源

「我們每年在種植穀物之前，會把一名處女獻祭給雨神，雨神會賜予雨水。不過你說，今年我們不能獻祭任何人，雨水必須自願降下。」

有些寶瓶座在一萬年前聽了這些話，無論如何都會堅持信念。他如果沒有因為個人的信念被殺，那他的堅定就會改變人類歷史的歷程。

為什麼？因為他會看到真相，也沒有任何人可以說服他並非如此。他會看到很明顯的事實，而且會看到別人看不到的事物。

這裡有一個字可以形容心智的決定獨立性，也可以形容寶瓶座最重要的資源，這個字就是**天才**。

根據我們受的教育，會認為天才代表極高的智力，但這其實是誤導。智力只是天才的工具之一，而少了它也無妨。天才能用新方法思考，用新方式看待舊問題，這是一種能力，可以用自己不曾學過的方式思考。寶瓶座就擁有豐沛的天才特質。

「那今年不要用處女獻祭吧！」第一個提出這種反抗想法的女人，馬上就會面臨毫不寬恕的壓力。這個村落若是有一千人，那其中九百九十九人都會認為這種想法很瘋狂。但是這位寶瓶座女英雄知道這才是真相，而且會一直保有這種確信，至今完全沒有改變。寶瓶座知道自己的選擇是對的，即使沒有人認同。

寶瓶座還有第二種資源，就是無法退讓的、無法妥協的固執，若是少了這一點，天才就無法派上太大用場。光是知道，無法以一擋千，應付眾

人的指控。他的第二種資源是堅定的、無法妥協的固執。一旦堅定立場，有本事讓馬特洪峰看起來像是早晨微風中的灰塵而已，沒有任何事能動搖他。

寶瓶座的陰影

這樣的固執可以成為寶瓶座的策略。他如果要抵抗群體天性拔山倒海而來的重量，必須對自己非常篤定，毫不畏縮。而他的內心深處有種不可動搖的信念，知道自己的認知是有根據的，無論敵人如何激烈又滔滔不絕地跟他爭論。

不過同樣的固執也會毀了他。

寶瓶座會為自己的獨立增添一些矯揉做作的說法，然後會使出所有的固執來捍衛它，就像參與阿拉莫（Alamo）戰役的美國政治家大衛‧克拉克（David Crockett）一樣。他可能除了藍色牛仔褲，拒絕穿其他衣服，也可能堅持在牧師面前說髒話是個人權利，或是明確表態除了古典樂其他都不聽。這些古怪對他自己無害，但恐怖的是，這會改變了另一個更根本的寶瓶座過程，就是**個體化**。

這種古怪的固執是寶瓶座的陰影。他不會捍衛計畫自己人生的權利，反而會順從社會壓力。他會遵從一條非常傳統的道路，迴避合適的自我發展課題，所有這個星座的反抗和自由都會被犧牲，最後進入一些本質上很安全的領域。

這時天才就消失了。當中沒有反抗，也沒有革命性的思考，只剩下群眾裡面另一張沒有名字的臉，過著可被預測的人生，頂多添加一些惱人但終究無害的怪僻。

但寶瓶座的陰影還能更黑暗。

傳統不是罪過，絕大部分的人本質上都很傳統。當我們與社會一致時，也是在與自己達成共識。不過對寶瓶座而言並非如此，對他來說，傳統只是個面具，可以選擇戴上這個面具，不過若真如此，就必須付出恐怖的代價，那就是過著不屬於自己的人生。

這些在黑暗道路上行走的寶瓶座，可能披著成功的外衣，可能泰然自若，很優雅，也可能很富裕，十分機智。但他總覺得自己是局外人，就像外國特務完美無瑕地扮演假身份。

這樣的寶瓶座覺得很**疏離**。

即使最親近的人也不認識他。他們跟他經歷關係的種種，但總覺得他有點冷漠，也有些遙不可及，也許是冷漠或無感。他說的話都沒錯，也很負責，還會對適當的笑話噗哧一笑，甚至會揶揄自己。但這些都騙不了任何人，大家都知道，他有某種本質沒有顯露出來。

眾人的眼光如破冰的匕首般銳利，毫不含糊，而在這背後其實空無一物，只有一個迷失的人而已。

雙魚座：魚
元　素：水
模　式：變動
原　型：神祕主義者、夢想家、詩人、表情舞者
標　誌：♓

我們都是發光體，都是感知者。我們就是一種意識。我們不是物體：
不具有固態。我們是沒有界線的。──巫師唐望（don Juan Matus），
引述自卡羅斯．卡斯塔尼達（Caros Castaneda）

雙魚座的符號

　　雙魚座的符號是海洋，不是魚，而是魚的故鄉，即海洋之母，海底鋸
齒山脊、發光浮游生物以及遺失城市的國度。海洋是生命之源，也象徵了
孕育所有無法穿透的、只能被感覺卻無法理解的事物。

　　人類的海洋夾帶著國與國之間的藝術和思想、戰爭、疾病和瘟疫、酒
和食物、詩人和音樂家，還有地球文化永無止盡的混合與交融，不斷地刷
洗陸地的海岸。

　　而雙魚座的海洋，則是清澈且流動地象徵了所有無法言喻的神祕，將
萬物連結在一起，而這就是生命的象徵。

雙魚座的終點

西藏的佛教高僧教導學生要把世界當成一場夢。人、事件和關係，甚至是高山，眼睛所見盡是海市蜃樓，只是腦海中上演的幻覺而已。

西方世界常誤解這個佛教的想法，我們會以為這代表世界不是真實的，原子和分子都是虛幻的。這是很難接受的想法，特別當你的腳才剛剛撞到「虛幻的」床腳。

對這些佛教高僧而言，這個世界到底是現實還是非現實的，其實不是重點。這裡有更深層的意義，那就是認清我們並沒有直接體驗這個世界，只是經歷了這個世界的一種意識。

一種意識，就像是某種大腦結構，就在我們的頭裡面。我們認知的世界其實是一種發生在腦部皺褶和褶層之間的電化現象，只是一種影像的展現，一場夢而已。

對於大部分的人而言，這種認知沒有實質作用。我們一點也不關心，到底是被一隻狗咬了，還是被一隻狗的幻影咬了，無論如何，我們都受傷了。

但是這種認知對雙魚座而言就是一切。為什麼？因為雙魚座就象徵了意念本身。在傳統上，這與神祕主義有關，雙魚座的演化道路代表徹底改變心智的運作方式，就像汽車換檔，雙魚座不會觀察世界，反而會觀察心智如何觀察世界。客觀的宇宙消失了，只剩下主觀反應構成的巨大網絡。

但這一切仍只是一場夢。

雙魚座的終點是什麼？領悟，一種心智層面的微妙的重新適應，這無法改變任何事，但也能改變所有一切。我們會知道，無論去哪裡，無論做什麼，無論看到了什麼，我們都只能面對一個無法逃避的現實，就是自己的意念。

雙魚座的策略

生命中的事件會不斷地逼迫我們相信，世界「就在那裡」，這裡有一個獨立於心智外的主觀現實。寒風會呼嘯穿透衣服，讓人冷得刺骨。爐子上熱燒的鍋子會噴油，在手肘留下一個疤。愛人會消失，令人作嘔好幾個月。

行動，然後有反應。

每一個雙魚座的策略都是圍繞著顛覆客觀宇宙的信念打轉。魚兒們必須失去他們的安全感，必須對這個世界放手。

這要如何做到？策略之一，就是每天花幾分鐘專注在心智上。閉上眼睛，放慢呼吸，停止思考，只要去感受意念。不是要感受意念的內容，不是平常腦海中塞的憂慮、理論和噪音，而是意念本身。空無一物，沒有形式，非常平靜。

這個過程有一種名稱，就是冥想，但這個字已經變得太沉重。這會讓人聯想到蓄長鬍的印度紳士，面露神祕的微笑，置身於焚香之中，禁慾苦行，但是這些都不是必要的。對於雙魚座而言，冥想是自然有機的功能，與神學、形上學都無關。我們也許可以只把這稱為「發呆」。

　　無論我們把這稱爲什麼，冥想都是雙魚座基本的演化策略，心智可以藉此意識到自己，可以不再執著於密集的資訊，這些會不斷透過五種感官將它淹沒。

　　創作也有同樣功效。當雙魚座釋放創造能力時，外面的世界都得讓出舞臺中心。下一個詩句，奏鳴曲下一個音符，還有畫裡的下一個影像，都會浮現在雙魚座的腦海中，而不是現實世界裡。他們會把注意力從物質現實轉移到覺察本身。

　　那演化的策略呢？雙魚座必須發揮創作靈感，無論是以藝術的形式，或只是私密白日夢的幻想。爲何要如此？因爲當我們自由發揮想像力時，就會覺得內心世界是如此堅固且眞實。我們會賦予自己的主觀世界現實存在，無論有多短暫，這就跟平常依循的、充滿事件和際遇的現實一樣。而這對雙魚座而言就像賦予盲人視力一樣。

　　在現實生活中，我們不能永遠活在想像的世界裡。我們有人際關係，也有責任，必須維持身體健康，但是雙魚座跟其他人一樣，也必須活在這個世界，而且不能放慢工作。活活潑潑過日子，讓生活多采多姿，也可以是雙魚座的演化策略。他們不需要隱居在西藏的僧院，**只需要改變看待世界的方式**，其他什麼也不需要改變。

　　那麼苦行禁慾的生活呢？雙魚座並不需要如此。苦行禁慾只是對外的表現，雙魚座可能以爲這麼做有任何意義，但從中獲得的好處卻遠不如其他星座。他們只需要避免一種心態，認爲物體和事件是獨立於心智而存在的。雙魚座若是能維持同理他人、樂於助人以及不與人競爭的態度，平靜地觀察個人俗世財富的衰退與流動，那麼最積極、最刺激的生活將有助於他們的演化策略。

　　雙魚座的策略是什麼？就是對這個世界放手，認清意念是我們唯一能碰觸到的現實，也是唯一永遠需要調整的現實。

雙魚座的資源

　　如果我們放手，那要往哪裡去？這個問題足以讓所有人絕望地緊抓住現況和想像，瘋狂試圖做一些不可能的事，為自己在這個如雲霄飛車般的存在裡，創造一個安全的、穩固的屈身之處。

　　但雙魚座不會如此。他們天生就很清楚，人格只是在浩瀚大海載浮載沉的軟木塞而已，而這就是意念之海。無論何時，他們只要感受到一股推力，就能深呼吸，縱身躍入這片領域，沉浸在心智之中。

　　對雙魚座而言，心智本身就是最主要的資源。這是他們的庇護所，避開生活的辱罵和壓力的逃生路線。這是他們的仙境，一個充滿神奇和平靜的世界，充滿無限的吸引力，令人沉醉。

　　這個世界永遠存在，還會向他們招手。

　　影像還會自然地從心靈最深處浮現，充滿想像和發明的覺察力。雙魚座的想像力是獨一無二的。無論這個想像是用在藝術創作還是白日夢，這些都不重要，因為無論任何一種，他們的注意力都會被往內拉，放下天生對環境的全神貫注。

　　同理心和**溫柔**也是雙魚座的資源。雙魚座的性格很彈性，可以彎曲，可以流動，適應變動的環境。了解或同情別人對他們來說很容易。他們就

只是設身處地，想像別人的處境，而且能輕鬆地在自己流動的覺察中，找到不屬於自己的其他主觀意識，彷彿自己的意念能同時包含人類所有可能的觀點。

最後要說的是，雙魚座天生就能覺察更高層的意念。他們自小開始，就忙著規畫心智的領土，朝著靈魂的前線延伸。有些人會篤信宗教，其他人會著迷於心理學。也有很多人會對靈視及其他異常現象產生興趣。

無論是哪種形式的探索，都代表了雙魚座另一種主要資源，就是**感受到自我超越的可能性**。他們可能用無數種不同的方式來表達自己，但是所有方式都會進入同一個世界，其中包含三種洞見：生命是神祕的，情境是它的面紗，而意念就是揭開面紗的關鍵。

這三種資源是天生的，有此作為依據，雙魚座就能獨立更生了。

雙魚座的陰影

雙魚座必須沉醉於自己的意念之中。若是少了這種魔力，所有的演化功課都會受阻，但是只有沉醉是不夠的，這必須是有方向、有紀律的。若做不到，結果會很恐怖。

雙魚座可能會受到極度驚嚇。

此時的心智充滿了畫面和印象。如浪潮般的情緒令人無法負荷，其中帶有恐懼和空虛的夢想，急速淹沒了覺知，戰勝自己的性格。而雙魚座只是坐在那裡，目光呆滯，當心智的地窖和土牢突然爆裂時，自我就被粉碎

了。

雙魚座如果不能將這種內心深處的爆發，安全地引導到創作和冥想上，就會比斷頭臺還要命，比自己的緩慢更致命。

首先，雙魚座會漫無目的，花很多力氣維持性格正常的假象，但很少有人生的策略和承諾。他們會接受一份工作，建立人際關係，之後就會選一條最不費力的路走。

生命很快就會找到自己的邏輯，就像受到驚嚇的種馬一樣，跟著雙魚座狂奔，只希望不要被扔下而已。慢慢地，雙魚座會像第三者一樣看著自己的人生，彷彿自己只是這一齣無法理解的戲裡面的配角。

這種空虛，伴隨著雙魚座的敏感，會導致最恐怖的陷阱，**他們會試圖逃避客觀世界，進入主觀的國度**。沒有任何洞悉能力，也無法認清生命裡面的夢想特質，只是在追求麻木而已。

他們可能會開始喝酒，可能會依賴鎮定劑或迷幻藥。通俗占星學的文獻裡，記載了很多這種雙魚座的陰影。

但這裡還有一些人們比較不了解的陰影。

雙魚座會用書、電視或音樂來淹沒自己，也可能變得很迷戀食物或性，或是一天可以睡上十幾個小時。

這些活動都沒有錯，但重點不在這裡。他們只能用這種方法激發自己的主觀到某種程度，足以暫時模糊客觀的現實，但是理解或認知過程沒有轉變。這所發生的一切只是把演化的課題逼到牆角，用陰影和毫無意義的

替身來取代。

　　雙魚座的陰影是什麼？那就是**逃避主義**。心智會用上所有的想像和創造力，逃避這個世界，等待時機，躲避每一個挫折，等待命運用最後的爛招來解決一切。

第六章

行星

牡羊座、處女座和寶瓶座，我們將這些星座放在一起，然後回到最原始的符號——完美的圓。但這個圓是被動的，就只是在那裡，像天空一樣永恆。

如果要讓星座觸動我們，就需要引進一股積極的力量，必須有一些中介者站在天地之間，把天上的語言轉換成人類的話語。

這就是行星的作用，它們可以啓動這個系統。若是沒有行星，就沒有占星學，只剩下抽象和死氣沉沉。觸動我們的是行星，不是星座，是行星把黃道的能量帶到我們身上，植入細胞和組織，塑造人生。

但這是如何做到的？就表面上來看，這種想法很瘋狂。巨大的木星距離我們五億英哩遠，當一個嬰兒誕生時，連醫生對他的重力作用都遠勝於木星。一個行星怎麼可能對我們有任何影響？它怎麼可能**象徵**任何事？

占星學如何運作？這是很難解的問題。我可以清楚解釋滿月和犯罪衝動之間已被證實的關係，也可以提出令人印象深刻的統計研究，證明事業

的選擇與特定行星的升起及落下有關。如果有興趣，你可以在附錄找到相關文獻。但本書的目的不是要證明占星學的可信度，希望你在讀過這本書之後，能自己找到答案。

　　不過，當有人說行星不可能影響我們時，我還是有些困擾。姑且先不論科學，至少有一種方法可以證明行星與我們的接觸是真實又無可否認的。找一個清朗的夜晚，看一下天上的金星或土星，凝視它一會兒。實際上發生了什麼事？電磁波俯衝穿越數百萬英哩的虛空，以每秒十八萬六千英哩的速度命中我們的視網膜，在眼睛和大腦創造生物化學改變。至少在視覺上，行星每一天都能接觸我們。我們太過習以為常，反而看不見這個過程的神奇。

　　光不是唯一從行星來到地球的能量形式，還有電磁波、微波、X光和紅外線等。這些最後都可能被證明夾帶了改變心智的占星力量。這些力量也可能具有完全不同的本質，只是我們不知道。不過，從古至今，針對天體的影響力，我們還沒有找到一致的理論。少了理論也不會對個人有太大影響。即使不了解這個過程的運作機制，一次犀利的星盤解讀還是能對一個人帶來非常寶貴的實際幫助，去面對生命的改變。

　　如果我們無法精準知道當下發生了什麼事，這又有什麼關係呢？在自然科學裡，這種不確定是完全可以被接受的。就像物理學，至今還是沒有一個無懈可擊的理論解釋重力的作用。直到目前為止，物理學家頂多能非常精準地描述這個現象而已。占星學也是同樣的處境。我們無法理解這些行星如何運作，但已經學會預測和描述它們的影響。

　　而且這些影響非常真實，行星就像連接我們的電力線路，用某種尚不

了解的方式推動我們。每一個行星都會過濾光的鏡片，但也會替光增添顏色。火星會增添某種色調，水星則會增添另一種。當一個行星通過一個星座時。會把**某樣東西**傳達到地球上。不過，這樣一定會導致**這樣東西**的本質被扭曲了。行星會影響它，改變它。我們無法透過任何一個行星直視一個星座。居中調解就代表扭曲，我們一定得透過這些有色的鏡片凝視星座。

行星如何運作？我們還是不知道，但是有一種想法可能與事實不遠了，這個想法目前只有概略架構，也許在我們步入垂暮之年前，科學仍會堅持以事實和觀察為內涵。

黃道帶就像巨大的光輪，一個有十二種色調的稜鏡光譜，像一個光環圍繞著地球。行星在這個光環下移動，每個都有不同色調的染色鏡片，並以不同的速度通過星座，有時會停止，有時候還會向後退，但總是會接收黃道帶的光，將光集中並傳送到地球，就像小孩用一面放大鏡點燃落葉。

但是在傳送的過程中，這些光會被破壞，行星會將它扭曲。

這遠比「紅色代表牡羊座，綠色代表金牛座」來得複雜多了。土星可能會替紅色添加少許灰色；木星則會為綠色加入幾縷紫色。

這裡有很多光流，我們最常聽到的就是太陽、月亮和八顆行星，當然可能還有更多。所有的光流都會與地球融合產生影響，就像用數個不同色調的泛光燈照射單一色調的舞臺。

而行星是永遠不會止歇的，這些光流會不斷地變化，永遠以黃道帶為背景，持續不斷傳送不同的色調。

最後傳送到地球上的是所有行星融合而成的彩虹，每一分鐘都在改變顏色。而且這種不斷改變、永遠在更新的色調，會在我們出生的那一刻凝結在體內。那一刻的色調是獨一無二的，也無法重複的，稍縱即逝。這就像我們的身份，我們的目的，會透過一輩子來揭露面目。

兩種太陽系

我們講的太陽系跟天文學家描述的太陽系沒有太大的關係。就像有兩種截然不同的行星系統，一種是天文學家用的，另一種是占星師用的，兩種都由同樣的元素構成，就是水星、火星和木星等行星，但因為觀點不同，就會讓兩種系統看起來截然不同。

天文學家不是用地球的觀點，而是站在太陽上方十億英哩外一艘星艦的觀察臺上來解讀太陽系。從那裡來看，太陽系就像在小學六年級科學課本裡攤開的表格一樣。換句話說，天文學家是用客觀的角度來看太陽系，而他眼中看到的是一個井然有序的系統。所有行星都是以同樣的方向運行，每個都有一定的路線，或多或少與太陽維持一定的距離。每顆行星都會以相當固定的速度移動。靠近太陽系的中央，有四個「類似地球」的世界（類地行星），就是這些岩石構成的小行星，以相對較快的速度在各自的軌道上急馳而過，也都十分貼近太陽。小行星帶外，會有一個非常寬廣的間隔帶，其中只有朦朧不明的石頭，也就是所謂的小行星帶。而在這些小行星之外，天文學家會看到另一個四重奏的世界，這些就是「氣態巨行星」，體積遠比類地行星龐大，就像由氫和氦組成的巨大糊狀球體。這四個氣態巨行星在太空裡占據了龐大的空間，遠勝過最靠近太陽的行星，而

且它們的步調也比較不錯亂。最後，在太陽系的邊緣（以我們目前所知）有冥王星。這就像行星撲克牌的鬼牌，一個巨人之間的侏儒，行進的軌道飄忽不定。

占星師則用不同的角度來看太陽系，不是看行星原本的樣貌，也不是以自己想要的方式來看，而是只看到這些行星**表現出來的樣子**。

占星師的觀點，跟那些盤旋在獵戶座腰帶半空中的星艦不同。占星師就是站在地球上，而這會看到另一個不同的事實，不像天文學家那麼抽象，而是一個能體驗到的事實。不是事情的本質，而是它們看起來的樣子。

那占星師看到什麼？混亂。有些行星會急馳通過黃道帶。月亮是最快的，會在兩到三天內通過一個星座。但對很多行星而言，圍繞黃道帶的行程可能要耗上數十年。例如冥王星要兩百四十八年才能環繞一圈。

各種不同的行星運行速度，導致太陽系永遠不斷地在變化中。

在某一刻，我們會看到土星在處女座，冥王星在射手座。土星這個帶環的行星需要另外一個二十九年才能完成繞太陽一圈，再回到處女座，但這時冥王星頂多移動到寶瓶座。土星在處女座時會有某些特定的意義，不過跟二十九年相比，冥王星已經在另一個不同的星座，所以兩種狀況就會顯著不同。我們如果再等兩百五十年，就會發現冥王星和土星又會到原本的位置，不過那時天王星和海王星也已經改變位置，所以又有另一個獨特的狀況。

一種特定的行星配置若是要再次出現，必須經過數千年。即使到那時

候，行星的軌道也會因爲太陽系內種立場的交互作用慢慢改變，這也會導致些微的變化。就所有實際的目的而言，我們可以說在任何一刻太陽系內行星影響力的排列，都是全新的事件，都是史無前例也無法重複的。

我們的地球觀點會讓太陽系顯得更混亂。地球是第三個靠近太陽的行星，還有兩個行星更靠近太陽系的核心，其他則在更深遠的太空裡。地球大概以每小時六萬五千英哩的速度在它們之間疾走，而且還會完美無瑕地繞著自己的軸心旋轉。站在地球上一個平臺上看行星，好像從雲霄飛車上看芭蕾舞表演。天文學家眼中的太陽系有令人寬慰的秩序，這時全都不見了，全都被毫無意義、困惑和不合邏輯取代了。

逆行（Retrogradation）

我們不斷移動中的平臺還會製造看起來更古怪的幻覺，彷彿行星會走走停停，改變軌道，還會自行倒退。當一個行星看起來在倒退時，我們稱之爲**逆行**。

爲什麼會如此？一個行星爲何看起來會在自己的軌道上轉彎？

想像一下，我們正在開車，往正前方看，路旁有一隻馬在奔跑。當我們遠遠落後牠時，眼睛很清楚地告訴我們：這隻馬在往前移動。但是超過牠後，一切都不一樣了。會有幾秒鐘的時間，我們會看到景色中的馬正在往後退。這只是眼睛對我們玩的伎倆，但這就是我們看到的。

太陽系也會出現同樣的幻覺，但這跟馬的狀況不一樣，我們無法這麼

快就理解實際的情形。地球就是我們開的快車，只有水星和金星比地球移動得更快，其他的行星都是比較慢的馬。當我們超越它們時，它們看起來暫時停止了，而且往後退。

即使是金星和水星這兩個快車手也會出現逆行，儘管原因不同。它們跟地球一樣，會繞著太陽運行，只是更靠近太陽。不過，我們的眼睛看不到軌道，只看到光在天空中移動。當這兩個行星繞著太陽運轉時，我們會看到它們左右兩邊搖擺不定，有如一個小孩在騎旋轉木馬。當我們跟著他時，頭會先往右偏，然後右往左偏。金星和水星也是如此，當它們在太陽之前時，看起來是朝同一個方向移動，但到了軌道的另一邊，變成在太陽的後面時，方向也就改變了。所以即使原因不同，但基礎還是一樣的，水星和金星跟其他行星一樣，都會逆行。

只有太陽和月亮不會逆行。

太陽永遠不會逆行，這很簡單，因為它是這個系統的核心。我們永遠朝著同一個方向運轉，會造成幻覺，以為是太陽繞著我們轉，而且還是同一個方向。

月亮在太陽系的地位特別重要，因為只有它會繞著地球運轉，在太空的軌道永遠不會改變，而且我們是從一個穩定的平臺上看著它，因此不可能有逆行。

逆行代表什麼意義？這我們之後會介紹。現在的重點是，對於占星師而言，太陽系是不可預測且無規則的地方。想像一個鏡面迷宮裡的機械射擊場，就很貼切了。行星會無預警地加快或減慢速度，當它們接近我們時，會亮得刺眼，然後又漸漸消逝在遠方。它們會在自己的軌道上停下

來，也會向後退或向前走，會集結成群，然後又在天空裡展開。我們看到的跟天文學家截然不同，他們眼中的宇宙是井然有序的，依循不變的法則。

占星學和天文學誓不兩立嗎？好像常常如此。聲譽良好的天文學家會上全國性電視臺，從一些愚蠢的報紙占星專欄唸幾個幾句，目的是要揭開占星學的假面具。占星師當然也會報復，輕視天文學的「冷感」，暗示這門學問落入了一群使用微處理器的人的手中，卻沒有用心去感受。

這種狀況實在令人羞愧，即使天文學家和占星師常常扮演敵對的角色，但其實是系出同源，他們運用的原始材料是一樣的，都是太空和人類的心智，唯一不同的是，對於占星師而言，太空會影響地球上的我們，更明確的說法應該是，其中包含的行星會影響我們。占星學只是把天文學反向操作。

占星學不用心智理解這個宇宙，反而把宇宙當成一把鑰匙，用來打開認識心智的大門。這看起來很奇怪，但的確有用。至於為什麼有用？我們還不知道答案，但是能證明它，只要學習占星學的語言，你也可以辦到。你要先相信，吸收這些單字，再造成句子，然後自行判斷。

介紹玩家

每顆行星都有獨特的性格，都象徵人類意識中一個特定的區塊。智力、個人力量、情感的連結，還有自我超越感。

　　沒有人會少了任何一個區塊，每張出生星盤都有十顆行星，只是每個人重視的區塊不一樣，會用不同的方式來展現。我們必須敞開心胸，願意去面對這些行星代表的課題，它們才能引導我們。它們可以教導我們如何過得更快樂，但要是我們抗拒學習，它們就會像強風凍雨拍打在光溜溜的身體上，嚴酷至極。這要看我們如何面對。我們的確有個內在軌道，如果選擇學習它們的語言，就必須研讀課程，也就是出生星盤。

　　我們現在只知道太陽系裡有十個行星。隨著軌道望遠鏡的進步，可能還會發現更多。但到目前為止，十個已經很多了，讓我們來認識它們吧。

太陽（The Sun）

符　　號：☉

功　　能：發展一致的、能運用的自我形象。將個人意志力和能力聚焦於正面的行動。自我的創造。

功能失常：自私、遲鈍、粗暴對待其他生命、虛榮、自大、缺乏彈性、專制。

關鍵問題：我是誰？哪些經驗可以幫助我加強並釐清自我形象？我可以在哪裡找到並擴張自己的力量？哪些無意識的偏見影響了我的世界觀？

　　溫暖帶著鹹味的海風迎面吹來，玩了一小時的衝浪後，我們現在躺在沙灘上。陽光有如蜜糖傾瀉，讓人全身放鬆。這個太陽代表什麼意思？你不需要去西藏的洞穴裡冥想，甚至不需要讀這本書，只要在八月找個大晴

天，躺在沙灘上，就知道答案了。

　　太陽的意義是什麼？很簡單，就是**生命**。我們憑本能就知道答案，完全不需要科學的爭論。這是很明顯的事實，所有人都能**感受**到它。賦予生命的太陽是太陽系的核心，所有一切都圍繞著它運轉。太陽巨大的質量創造了重力，足以讓所有行星都維持在軌道上。

　　在占星學裡，太陽的作用也是一樣，代表人類性格的重力中心，是我們每個人內心共存的各種不同力量的中心點。它也代表了我們的身份意識，感覺自己獨一無二，會用特定的方式去感受、觀察，規畫人生。

　　若是沒有太陽，一個人就會迷失自我，對互相矛盾的怪念頭感到麻痺，只能眼神空洞地望著宇宙。

　　聚焦和組織，這就是太陽的任務。但太陽要如何組織整合其他九個行星的功能？要如何讓這些如此敵對的特質湊在一起，就如我們對掌控的需求，還有對夢想的需求，同時還要讓它們在同一個性格裡面和平相處？其實這就跟太陽對太陽系裡九個行星的做法一樣，都是透過**重力**。只是在占星學裡，重力是以心理的形式展現，這也就是存在於我們每個人的核心的機能，即所謂的**自我**，具有無窮的魅力，無法抵擋的吸引力。自我是心智的焦點，就像太陽是太陽系的焦點。這兩種機制是完全相同的。

　　太陽會把一套設想悄悄置入我們未言明的意識區塊，依此創造自我。這是關於生命目的的設想，是我們從來沒有承認過的設想，卻深藏在每一次呼吸之中。

　　我們都面對同樣空白的頁面，有生、有死，但兩者之間空無一物，只

有問號。每個人會用不同的方式填滿它，有人用工作和事業，有人駕船環遊世界，也有人用對海洛因上癮，或是去修道院修行。

為什麼？其實每個人都反映了自己對生命的無意識設想，一些自認理所當然且明顯的設想。每個人都反映出自我的形式，反映了太陽。

這些塑造自我的設想都有自以為是的色彩。

這些設想會很明顯地因人而異。但對每個人而言，這就像事物的自然秩序，一點也不自以為是。商人非常無法理解毒癮者的動機，喜歡冒險的水手抓破頭也想不透，怎麼會有人想要在修道院的小密室裡待上三十年？我們總認為這些設想非常合理，但這是對自己而言。我們無法理解為什麼別人看不明白。

太陽在創造自我時，也會創造盲目和遲鈍。

我們會陷在自己的個體性裡，彷彿與世隔絕，無法接收到一連串難以抵抗的生命選項帶來的禮物。**但是太陽會讓我們採取行動**。如果沒有太陽，我們會像是一塊凝結的果凍。意識本身無法與這個世界產生互動，它的功能只是觀察，然後主觀地反應，無法積極尋求一種明確的經驗，也會擋開其他經驗。這些是自我的領土，是做出選擇的心理成分，而且沒有選擇，什麼都不會發生。

但要讓選擇發生，自我首先必須聯合起來。性格必須帶著自己的所有渴望和夢想具體成形，實際展現出來。這還必須創造一個神話，一個能讓我們深信不疑的神話，這就是太陽的工作。

　　從某些宇宙的觀點來看，我們的太陽自我可能是很虛幻、不合理的故作姿態。這可能是個神話，但並非毫無根據，它是來自我們的內心深處，是有根源的。

　　在出生星盤裡，太陽的狀態能幫助我們看到這些根源，但即使看到了，還是必須滋養它們。自我會虛張聲勢，但骨子裡其實很膽小，還會躊躇不前。太陽需要被小心滋養，必須覺得安全。我們必須一直嚴加守護，讓它用宏偉的錯覺掩蓋自己的不確定。這個過程非常脆弱，我們如果出錯，就會用錯誤的方向放縱太陽，而生命終究會出手糾正。不過，如果我們無法自信地、有活力地展現自我，所有一切都沒了，只剩下一些雜亂無章的心理碎片，缺乏統合、意志和目標，只有一片空白。

　　我們要如何感受到太陽？之後會詳細介紹，現在先看一個簡單的例子。假設太陽在射手座，之前提過，這個星座代表打破常規的能力，可以跳脫習慣的環境向外搜集經驗。當一個人的太陽神話深耕於射手座時，必須透過追尋射手座類型的經驗，像是探險、放手一搏和旅行等，對幸福和心理的健全有更深刻的感受。即使星盤中其他元素都意味著這只是達格伍德 巴姆斯代特（Dagewood Bumstead，美國漫畫《白朗黛》的主人翁，與妻子過著平凡日子）的熱情和吉普賽精神而已。

　　其他十一個星座也是同樣的運作方式。每個星座都會勾勒出某種特定的經驗「維他命」，確保能讓靈魂充滿活力。只要吞下這個維他命，太陽就會更加閃耀。想知道誰有一肚子的廢話嗎？誰會不斷看電視嗎？誰的行為就像全自動電梯一樣制式化，枯燥無味？因為太陽枯竭而陷入痛苦的人就會有這些症狀，他們沒有滋養自己的太陽，精神也隨之衰亡。

月亮（The Moon）

符　　號：☽

功　　能：發展感覺或情緒反應的能力；培養主觀、易感和敏銳；發展所謂的靈魂。

功能失常：情感的自我耽溺、羞怯、懶惰、優柔寡斷、想像力過度活躍、猶豫不決、情緒化。

關鍵問題：對我的幸福而言，什麼樣的經驗是最重要的？當我被情緒和不理智掌控時，會有什麼表現？哪些無意識的情感需求會激發我的行為？

只剩半瓶的波爾多葡萄酒在火光中閃閃發亮，沒有人發現。你和新歡坐在壁爐前的沙發上，已經無話可聊，氣氛有點尷尬，但又有些期待。兩人目光相遇，又各自閃躲，然後再次對望。就在此時，月亮從烏雲背後探出頭來，月光傾瀉在玻璃窗上。這景色讓你們驚艷不已，眼神滿映著柔黃月色，情不自禁地靠近對方。

你們還沒有正式戀愛，但這也增添了五秒鐘的美好。這是月亮這位神祕之后的魔力，我們都知道月亮具有哪些浪漫內涵。在占星學上也是如此。

月亮象徵感覺。如果想要認識月亮，就要像認識太陽一樣，一切都從眼睛開始，之後就像一加等於二那麼簡單。我們是在解讀宇宙的詩。這差不多就是古代占星師一開始做的事，所有的線索都在這裡了，我們只需要找到它們，將它們結合在一起。

　　月亮除了是一個全然的發光體，最明顯的線索就是它的**變化性**，它總是在變化，永遠處於改變狀態。月亮跟太陽不同，我們永遠無法精準知道它的形狀，也不知道能在哪裡、何時看到它。月亮會出人意料，我們有時抬頭望天，會看到它就在那裡，像鬼魂一樣蒼白地掛在明亮的藍色夜空裡，或是在清晨四點，會看到月光穿透松樹灑落一地。有時月亮就是躲起來了，無論什麼時間，任何地方都看不到。月亮總是在回應外界的事物，而這些反應會在自己的外表留下記號。

　　太陽會主宰它的環境，月亮卻不是如此。月亮會調整，然後回應，永遠在付出與接受。

　　月亮象徵意識中反應和回應的部分，對環境很敏感。它會融入環境，而不是去改變或抗拒。它代表心理的基調、生命的感受，也代表心智的易感、不合理及情感基礎。**心**就是月亮的關鍵字，這是純然的情感，把「頭腦」的理性留給其他的行星功能。

　　月亮遠比太陽易變。月亮會為想像力施肥，讓覺察充滿了意象和幻想。太陽如果要執行顯然比較有活力的功能，就必須遮蔽大量無意識的內容。太陽必須捍衛自我，但月亮不是。月亮會從無意識冒出來，在膨湃的內心狂歡作樂，不會進行任何審查。但有時月亮創造的感覺太強烈了，令我們無法負荷，導致我們變得情緒化和沮喪。

　　確實的、線狀的、「星期一早上」的現實，對月亮沒有什麼吸引力。它的功能是感覺，不是行動，不是做決定，所以它可以看起來跟石頭一樣懶惰。如果把月亮單獨放在那裡，能做的不只是做夢。做決定代表不留後路。月亮寧願活在想像裡，只要不做出任何選擇，就能一直保有所有的可能性。

　　但是，月亮仍然是生命的靈魂，少了它，所有的經驗都像是機械，只是一堆零件糾纏在一起，不得要領。是月亮給了我們幸福和成就感，但就像銅板的另一面一樣，失望和倦怠也是它的禮物。

　　月亮是愛、是恐懼、是人類的溫暖，也是墮落。太陽可以建造金字塔和太空梭，但是月亮可以讓我們在注視它時眼神閃閃發光。

　　我們如果想要感到幸福，一定要賦予月亮活力。就像太陽一樣，月亮也需要被滋養。而出生星盤給了我們滋養的公式。儘管我們之後才會介紹星盤解讀，但這裡先簡單看一個例子：

　　想像一個人的月亮在獅子座，我們稍早已經知道，這是一個自我表達和創造力的星座。當月亮在獅子座時，會有表演和贏得掌聲的情感需求。這種配置不意外地會顯示出玩樂、愉悅和迷人的特質，但也可能有反作用。表演的活力和喋喋不休可能會遭人拒絕，這樣就不會得到掌聲，而沒有了掌聲，月亮的怯懦就會冒出來。此人就會覺得不被欣賞、不被愛，因此非常受傷，雖然是毫無根據的。他會覺得生命很空虛，毫無意義，無論表面上看起來有多麼充實。

　　月亮並不理智，也不在乎這件事。月亮只是一種情感，一種愛和被愛的需求。如果月亮枯萎了，生命的核心就是一片黑暗，只像是隨機宇宙裡一個心碎的齒輪。月亮是最稍縱即逝又脆弱的造物，它是我們的喜悅。

逆行的意義

太陽和月亮永遠不可能逆行，這個概念與我們對它們的理解無關。從現在起，我們會觀察到，行星可以在它們的軌道上暫停，而且看起來確實會逆轉，反方向地通過天空。在我們更深入之前，要先理解這個天文現象的占星意義。

行星是星座**表達**的管道。依此來看，行星都是外向的。但是當一個行星逆行時，就會與正常的**趨勢**相反，它的兩極會對調。這時行星的能量不會依循正常的外向模式向外流動，反而會有一部分的活力更加深入心智，更貼近無意識，遠離外面的世界。

傳統的占星師常宣稱行星逆行是「壞事」，在這段期間很難表現自我。這種說法的確是以真理為核心，雖然我們任何時候聽到一個星座的狀態與「壞」有關時，都應該馬上質疑。占星師常說，行星逆行會讓一個人個性的某一面向，帶有害羞或退縮的色彩，但這只說了一半。這樣的行星功能通常都會特別深刻，也特別敏感。

逆行最終會帶來**獨**立。

當行星的力量被引導遠離這個世界時，其實不會消失。它會繼續發揮作用，強度絲毫未減，只是轉換領域而已。逆行的行星會安全地躲在內心深處，與大部分形塑比較外向的行星的社會既定模式隔絕，它會像一個野小孩長大成人，會完全地獨立存在，而這可能是危險的。問題在於，如何誘哄這個野小孩離開森林，他對文明很懷疑，也很不自在，如果帶著自己的天賦離開森林，也是自己的選擇。

　　逆行的行星也代表一個人在某方面缺乏自信，覺得很笨拙、沒有安全感，沒有價值，而這些感覺可能會穿上逞能和防衛的斗篷。

　　當你看到一個逆行的水星或海王星，或是其他任何逆行的行星，要像看到外國人。記得，它會覺得不屬於這裡，很害怕做錯事。它是新點子的金礦，但被埋得很深。如果要把它挖出來，需要耐心和技巧。

　　這裡的重點是要記住，不要忘記逆行行星的重要性。它當然還是很重要，帶來的影響的基本意義也沒有改變。水星還是水星，不會因為逆行就變成土星，只是主要影響力的音量變小，變安靜了。

　　還有一個重點，當一個行星即將逆行，或是即將恢復正常的方向時，這時會有**停滯**時期。停滯對於行星的核心意義的改變絕對小於逆行，它只會把影響的音量轉大。這個人有一部分的心智正在應付超高的電壓，這常會成為個性的主要特徵，而且總是很頑固。

　　接下來，讓我們一起來認識更多行星。

水星（Mercury）

符　　號：☿

功　　能：智力。資訊的傳遞。說話、教學、寫作。資訊的接收、聆聽、學習、閱讀和觀察。

功能失常：緊張、強辯、擔憂、反覆無常、唯智主義、喋喋不休、善變、過動。

關鍵問題：我的智力和溝通的強項為何？我的智力和溝通的弱點為何？

逆 行 時：心智會轉向內在，用獨立、有想像力的、創新的方式自由思考。可能有自我表達的困難，文字表達沒有組織。

　　好運從天而降，你被選中參加電視機智問答節目，如果能把握好運，離開時可以帶走一輛漂亮的轎車，還能免費去夏威夷度一個星期的假。若是沒能把握好運，你就會在一千萬人面前表現得像個笨蛋。你已經準備好了，妝也化好了，走上舞臺站在鎂光燈下，像美國小姐那樣微笑，非常緊張，就像太空人在等發射倒數計時一樣。

　　你應付完跟主持人的輕鬆對話，像是「你從哪來？」、「你從事什麼行業？」，然後和對手打招呼。現在壓力來了。在電影《夜長夢多》（*The Big Sleep*）裡，誰是亨弗萊‧鮑嘉的女主角？滴答、滴答、滴答……你最好趕快想出答案……時間到！如果再不快一點，你的對手就會把那輛新的雪佛蘭跑車開回家。塔斯馬尼亞州在哪裡？什麼是圓蛤？比基尼這個字源自哪裡？問題一個接著一個。你汗如雨下，不斷思考、思考、思考。誰是第一個踏上月球的人類？他叫什麼名字？計時的鐘繼續響著 ……想到答案

了！你馬上按下搶答鈴！

　　準備打包去夏威夷吧！水星已經在最後關頭替你站出來了。這個行星主宰我們存放在腦袋裡的圖書館，它的功能就是去思考、理解、推論和推理。所以當它站在舞臺中央時，我們的心智會很清楚，很敏捷，智力發揮到極限。我們會提心吊膽，像個吸菸的人在看介紹肺癌的影片。

　　行星越靠近太陽，運行的距離就越短，而且會越走越快。即使是最遙遠、速度最慢的冥王星，也會一秒移動三英哩，大多數的太空交通法庭都會判定這是違規行為，不過一般行星在移動時幾乎慢到像是呈靜止狀態。相較之下，地球每秒鐘平均移動略超於十八英哩，這等於是冥王星速度的六倍，不過冥王星的軌道長度是地球的四十倍。

　　沒有任何行星比水星更靠近太陽，也沒有行星的移動能像水星這麼敏捷，以每秒三十英哩的速度在天上呼嘯而過。它只需要八十八天就能繞完軌道，相較之下，冥王星需要兩百四十八年，等於比冥王星快上一千多倍。

　　你如果已經開始頭暈了，很好，你已經跟上水星的波長，這是心智的行星，代表線性的、邏輯的功能。正是由於它比其他行星移動得快，所以也代表了保留心靈速度紀錄的意識區塊，即你的「想法」，有如我們心理電路系統分秒不停的燃燒。

　　在古老的神話裡，水星是眾神的傳訊者。就傳統而言，它與演講及文書溝通有關。這些關連性是有根據的，但是純粹的水星能量其實更原始。它是混亂、毫無關聯的心智象徵，也代表對於感官刺激的意識反應，之後才出現文字。文字是文化的加工品，只是一種把秩序強加在混亂之上的理

解方式。

　　語言只是水星的遊樂場，但是被水星強烈影響，通常代表一個人善於談話，也代表思想家。這些想法可能很崇高又空洞，或者只是焦躁地背誦心智雜貨店的清單。無論是哪一種，都會以非常危險的速度狂瀉灑落在心智裡。每秒三十英哩，但常常只是在兜圈子而已。

　　你看一下水星型的人，常常覺得他們以七十八轉速的速度活在這世界裡，但其他人只有三十三轉速而已。

　　這種速度既是水星的長處，也是它的致命傷。它比其他行星更快吸收印象，而且對這個世界的形狀、聲音和想法都深深著迷。它也能清楚地、不帶批判地處理這些印象，就像一面鏡子一樣。

　　不過這些理解可能會未經消化就通過心智，像一個不識字的中世紀男爵收藏了一堆書，堆在內心的書架上，跟其他繽紛的、毫無意義的物品沒有兩樣。

　　你是否遇過這種人，能告訴你貝多芬寫每一首交響樂的年份，但從來沒有看到他聽這些音樂時會露出微笑，或是用腳打拍子？他肯定有一個脫韁奔馳的水星。這個行星可以加速活躍到超標極限，但沒有太多東西可以證明，只有一堆話而已，很多時候都只是簡潔有力的一句話而已。這可能會讓一個人只執著於旁枝末節，見樹不見林。

　　水星還有另一個危險，就是我們的思考和理解很容易被深藏在自我中的恐懼和偏見扭曲。

　　天文學就已經警告過水星的缺點。他們是怎麼發現的？就視覺而言，水星緊貼著太陽，在天上，它們兩個從來沒有分開過。天文學家在好幾千年前就知道這個現象，但直到十六世紀才知道原因，因為水星的軌道比地球還貼近太陽，所以兩者相距不可能超過二十八度。我們距離它們很遙遠，所以總覺得它們緊密相連。

　　心智會圍繞著自我運轉，就像水星圍繞著太陽運轉一樣。

　　若是少了關懷和謙卑，我們只能看到自己想看到的，會選擇性地搜集自己的認知，永遠選擇能支撐小我舒適度的類型。

　　這種合理化和捍衛是水星的另一個陷阱。這個行星可以用事實來證明任何事，但即使做不到，仍會講得口沫橫飛，非常激動，讓我們看不到它論述的漏洞。這個時候，只有緊張可以拆穿它的篤定是假的。水星造成的神經兮兮，是其他行星無法相比的。

　　我們必須有認知，這是心智的食物。水星在出生星盤的位置可以幫助我們知道磨練它、提升它的最佳方法，但也警告我們會有哪些偏見和盲點。水星的任務是從太陽唯命是從的侍從官，變成太陽的總理。水星不需要知道人生的意義，它關心的是更眼前的事，只需要搜集原始資料，然後提供給太陽。觀察、傳達資訊，這些就是水星的功能，僅此而已，其他都不需要了。

金星（Venus）

符　　號：♀

功　　能：讓紛亂的敏感恢復平衡；讓支持的情感連結的關係維持穩定；培養具有審美觀的回應能力。

功能失常：懶散、操縱、虛榮、沒骨氣、長期耽溺聲色。

關鍵問題：我如何靜下來？我對伴侶的需求是什麼？我能為一段關係帶來什麼？

逆 行 時：可能會害羞或社交退縮。在所有可能談戀愛的對象身旁會有些「傻氣」。對身為伴侶的價值感到懷疑和不安。心智擁有自由的、具有新意的創造力。

　　落日即將融入這片冰雪大地。空氣中所有的濕氣都凝結成冰，天空就像吹玻璃一樣清朗透澈，遠方樹木的枝枒張揚彷如浮雕。我們凝視這景色，灑落在骨白色雪地上那耀眼刺目的陽光逐漸黯淡。這時，陰影出現了，線條銳利，有稜有角。灰黑色調開始狡猾地掌控大地。泛藍明亮的天色轉暗成墨藍，色澤層層褪去，只剩下紫羅蘭和靛青色為初登場的夜空定妝。

　　突然之間，它出現了，在環繞落日的藍色極光中，如鑽石般閃耀，明亮奪目。它的光澤很快就會映照在微弱的陰影上。它是已被人們崇拜了數千年的夜星，至今還是美得令人屏息。

　　如果太陽是國王，月亮是王后，那天空裡的公主非金星莫屬。跟日月相比，她的光略為暗淡，但是比天上其他所有行星都要明亮。想像將一顆

珍珠加溫到熾熱發光，這就是金星。她像閃電一樣白亮，卻比較柔和。她是金色的，是天上倉庫裡最精美的寶石。

如果你被這些文字的詩意感動，就如同觸碰到內心中的某一部分，那就是占星師說的金星。她是美的女神。**平衡、和諧、對稱**，這些都是金星共鳴的關鍵字。她可能引導我們在色彩、形狀和聲音之間創造和諧，也可能回應已存在的和諧。她賦予我們對美的理解，是她讓我們在看著雪地的日落時熱淚盈眶。

當然，金星在出生星盤扮演要角的人，不一定都是米開朗基羅（Michelangelp）或莫內（Claude Monet）。不過他一定會在客廳掛一些畫，或是喜歡蒐集音樂。當金星人被問到個人的創作時，他們可能會說自己沒有音感或笨手笨腳，不過在他們家閣樓的某處一定會有一套詩集或一把老吉他。如果你會灌迷湯，讓他們露一手彈奏一曲，一定會嚇一跳，彷彿第一次看到他們真正的模樣。

說金星賦予藝術傾向，這還不完全，這仍只是算命的層次。更有幫助的說法應該是，**在金星影響下誕生的人，一定要積極發展自己的創造力。**他們越能接受自己的「藝術家」形象，就越能與自己、與世界和諧共處。他們是能帶給人們喜悅的畫家、音樂家、演員和詩人。他們如果否認這一點，那就如同偏離了自己內心深處的停泊碼頭。

金星不只是宇宙的藝術家，也能為個人內心所有交戰的部分找到和諧，內在的寧靜是她帶來的天賦。在古老的傳統中，她也是和平女神，這不只是心情平靜，也是國與國之間的停戰。金星在出生星盤上的位置永遠代表了能讓我們平靜下來的經驗類型，她是來自天上的安神劑。

　　如果想要更認識她，我們就必須回頭看一下天文學。金星是最靠近地球的行星。我們的另一個鄰居火星，跟我們最近的距離是金星的兩倍。金星與地球的親密還不僅於此，要是從質量和直徑來看，她可說是地球的雙胞胎。若是不論她製造的濃厚硫酸空氣，以及華氏九百度的高溫，金星其實很像是地球的熱帶版本。

　　這些代表什麼？讓我們概括整理所有線索，可以歸納出，金星是最靠近地球的行星，外表跟我們很有「共鳴」，也許是天上最可愛的行星。

　　依此來看，金星理所當然象徵了我們建立關係的能力，非她莫屬。除了她，誰還可以自稱是愛的女神？

　　若講到關係，我們所有人都覺得自己天生不完整，只有一半。終其一生的許多時間都在尋找另一半，或是一旦找到另一半，就忙著處理關係。其實對所有人而言，關係都是很重要的生命課題。正如金星是天上最明亮的行星，她代表的課題，也許也是我們最被迫面對的問題，同時也最令人迷惑。

　　在學習愛的路上，若沒有外力參與，就無法有太多進展。我們必須有夥伴，金星很清楚這點，所以她會為我們宣傳，通常會賦予我們美麗的外貌，對外公告我們正在做關係的功課。如果沒有給我們如電影明星般的美貌，她起碼也會讓肉體散發無法抗拒的優雅，同時也會賦予性格某種吸引力。

　　禮貌，優雅的言行舉止，金星永遠不會咄咄逼人，而是像潮水般洗刷我們。我們還來不及留意就已被她淹沒。

　　既然我們與心愛的人的互動，是如此重要的發展課題，金星在出生星盤裡的狀態就是很重要的資訊了。她落入的星座可以提供一些概念，知道這個人的需求，以及他會被什麼吸引。金星如果在雙子座，最基本的需求就是來自伴侶的心智刺激，這不需要躺在床上聊哲學家齊克果，但必須是新鮮的、令人興奮的對話，並要願意嘗試新經驗。他也需要各種不同的夥伴，如果不是愛人，那就是朋友。當金星在巨蟹座時，情況就完全不同了，這裡的需求是比較安靜的，比較單純是情緒的需求，很容易發展一對一的關係，也比較能接受一夫一妻的觀念。

　　金星就像水星一樣，是比地球更靠近太陽的內行星。這代表在我們看來，她永遠不會偏離太陽太遠，兩者最遠相距四十八度。而她也像水星一樣，跟自我是相連結的。

　　她可能淪為虛榮和冷靜，把人類的愛變成一連串肥皂劇插曲，她的優雅也可能敗壞成為膚淺，吸引力也會淪為操控。可能是花花公子或紅顏禍水，不斷地蒐集戰利品，也可能變得充滿懶散、被動，沉溺於奢侈淫逸的感官享受。

　　金星最糟的狀況，我們可以把她想像成是一位過氣的影后，躺在家裡的長沙發上，四周是發黃的宣傳照，身型臃腫，性格虛榮又自負，還喜歡狂吃巧克力。

　　我們生來飢渴，雖然不太容易知道解渴的療法，更不用說找到它了。滿足這種胃口是金星的技能，儘管只是暫時的。她有各種不同的方法，但是目標都是一樣的，就是幫助我們找到片刻的平靜。這可能是在愛人的臂彎裡，也可能在弦樂四重奏的慢板裡，或是在登上雄偉的高山時，瞬間產生的超驗悸動。無論這存在哪裡，金星都會引導我們，只要我們願意聆

聽。我們可以依循她的建議，也可以把她的話當耳邊風。選擇永遠在自己
的手中。

火星（Mars）

符　　號：♂

功　　能：發展意志；擴張勇氣；「建立自信心的訓練」。

功能失常：易怒，狂暴、自私、冷漠、殘忍、虐待狂、誇張、暴躁、
　　　　　懷恨在心。

關鍵問題：我必須面對哪種戰役？如果我不想因為無意義的衝突和紛
　　　　　爭受苦，必須在哪些地方更堅定？我如何強化自己的意
　　　　　志？我該如何表現侵略性？

逆 行 時：巨大的持久力；對於堅持自己的權利或作出要求會有所遲
　　　　　疑；被動的舉動；能控制憤怒，但會向內壓抑。

你心花怒放地坐在那裡，手裡拿著這本書。你這個笨蛋！我現在可以
跟你說了，你已經付錢了。我跟編輯準備去吃魚子醬，狂飲慶祝了。多虧
了你，我能喝到法國聖埃米利翁的美酒！一個笨蛋馬上就要跟他的錢說拜
拜了……

覺得有點生氣嗎？有些驚訝嗎？要接受一個全新的、讓你倍感威脅的
事實？我希望是如此，因為果真如此，你就已經順利踏上認識火星的路。

再提醒一次，我們現在遇到的這個符號，應該沒人會感到陌生，只有

標籤是外來的，僅此而已。我們對這個感覺，還有它所代表的意識面向，就跟對地心引力一樣熟悉，那就是「**侵略**」。

火星是地球軌道後方的第一個行星。水星和金星比較靠近核心。就某種意義而言，我們是圍繞著它們轉。就視覺而言，它們是與太陽綁在一起的，永遠不可能離太陽太遠。但火星這顆紅色行星就不是了。只要它高興，它可以去任何地方，完全不受其他作用的影響。

光是天文學的觀察，就能告訴我們很多關於火星的事。這是象徵自由的行星，也是代表獨立和自決的行星。夜空中一顆血紅的眼睛，古人馬上就能掌握它的意義。他們知道火星是戰爭的天神，因此心生畏懼。他自負又易怒，一有動作，人們都隨之顫慄。

千年歲月已過，現在已有新的現實模式。我們現在知道，火星是微小的第三世界，一個冷颼颼的沙漠行星，受到一片沙塵大氣保護，沒什麼好害怕的。這種景貌的證據非常有說服力。人類現在已經有探測器登陸火星，也傳回影像，毫無證據支持火星是戰神的家的說法。那裡沒有大二頭肌的巨人士兵，也沒有亞馬遜女戰士，渠道裡沒有男性荷爾蒙在流動。事實上，根本連渠道都沒看到。

不過對占星師而言，火星還是決斷和侵略的象徵，代表「戰神」。為什麼？完全是因為我們觀察到他帶來的影響力。即使只是隨機研究幾張火星扮演重要角色的出生星盤，都可以看到好鬥又直接的性格。

傳統占星師的觀點又回到古代，迦勒底神父只要一看到紅色的行星顫動時，就連忙祭祀一隻羔羊。在他們看來，這是完全「有害的」影響，絕對跟不愉快的事物有關。衝突、不和、敵意和恐怖，這些都是火星的事

實，無庸置疑。但是如果把這些放在第一位，那就會錯失重點了，其實最重要的是，火星象徵人類的**意志力**。這個行星賦予我們精力為所欲為，可以打造自己的人生，毀滅所有阻擋我們的事物。

這顯然是在跟一種危險的能量打交道。當火星使壞時，沒有行星比他更恐怖了。呈現出來的可能是無法言喻的殘忍，無法寬恕的自私，或是難受的冷漠。如果有所謂的「殺手本能」，這絕對是火星的象徵。

為什麼這本書裡沒有「讓我們用核武攻擊火星」的按鈕？因為沒有火星，我們就死定了。如果火星受到破壞，所有人都只能去睡大頭覺了。這是象徵熱情的行星。是這個行星讓年老男性眼神發光，讓年老女性精神一振。是火星，讓馬拉松選手在最後半英哩衝刺。是火星，讓小提琴家在演奏帕格尼尼如閃電般快速的曲目時瞬間爆發。是火星，讓人們在德國納粹達豪集中營、在傷膝河大屠殺、在印度加爾各答的大街上靠意志撐著，活了下來。

殺戮的本能呢？這只是偶爾。生存的本能？想要活下去的意願？這些才是肯定的。

火星不能忍受當一個懦夫，有一種方法肯定可以讓火星變調，那就是交由**恐懼**做出決定。火星需要冒險，需要壓力，需要機會活出自己的極限。他是兇猛的、沒有受過教育的戰士，當我們晚上在街上被流氓攔下來，被逼著掏出一塊錢時，他會是一個好朋友。但是我們不會找他去圖書館，享受一個安靜的午後，他可能會開始把韋伯大字典當鉛球扔，讓自己熱血起來。

我們要如何確保火星會是倖存者，而不是殺手？方法就是提供他需要

的滋養，而食譜就在出生星盤裡，等著我們解讀。

　　想像一位女性的火星在魔羯座，這是象徵自律和野心的星座。她有一個祕密夢想，獨自駕著狗橇橫越加拿大偏遠地區拉不拉多，然後寫一本探險書。這將是一個火星型的經驗，非常多采多姿，令人驚慌，需要高度集中意志力。這也是魔羯座的行為，因為需要持久的組織能力，同時也很孤獨，並且與事業有關，就是她為這場探險寫的書。

　　她應該放棄工作，開始物色合適的哈士奇嗎？沒有占星師可以回答這個問題。但我們很肯定，她的天命必須去經歷一些火星在魔羯座的探險。這可能不是加拿大的拉布拉多，也可能是。她如果骨子裡很清楚必須去那裡，卻沒有針對這種感覺採取行動，那麼她的火星就沒有健康的出口，會被逼到絕路。這時我們就會看到殺手出現，她會越來越暴躁、易怒、好辯，為了雞皮蒜毛的小事爭得死去活來。當然，她身旁的人無法忍受這種狀態太久。他們會開始氣自己，而她種了什麼因，也就得到什麼果。也就是說，她會得到自己的壓力，但不是她想要或需要的那種。她最好還是去面對那些北極熊。

　　面對自己的野心，這就是每個想了解火星的人該做的事。

木星（Jupiter）

符　　號： ♃

功　　能： 保持信念；培養活力和自信；提振精神。

功能失常： 過度擴張、過度樂觀、浮誇、炫耀、否認負面的事實。

關鍵問題： 哪些經驗可以幫助我更相信自己，對生命更有信心？我可能把哪些事情太視為理所當然？

逆 行 時： 隱藏在內心深處的信念；外表可能非常嚴肅；可能會壓抑表露情感。

北風颼颼，這雨已下了十天，又濕又冷，放眼望去一片霧濛濛地，四處都是泥濘。

羊毛襪和毛衣好像漁網一樣，擋不住寒氣，冷得刺骨。鼻水流個不停，但身體只有微微發燙，還不夠糟到能躺在家裡。每天早上睜開眼睛，總是試圖望穿陰鬱的簾幕，獵捕陽光，但都只有黯淡的灰澀，死氣沉沉。三天、五天、八天，人們都不再說話了。沒有笑聲，只有無盡的等待。

突然間，太陽露面了，晴空萬里，一片完美無暇的蔚藍。南風捎來暖意，拂過臥房的窗臺。鳥兒歡唱。小孩嬉鬧。樹木閃閃發光，每片葉子都有如綠寶石般。而且今天是星期六！我們有什麼感覺？天賜之福，感激、解放、滿足和勝利……這所有感受的就是木星在占學上的標籤。

木星是眾神之王，太陽系裡最龐大的行星。我們如果把太陽之外的所有衛星、小行星、流星和彗星都集合起來，揉成一個球，加起來的重量還不如木星。

天體物理學告訴我們，當一個行星形成時，如果要變成恆星，唯一需要的東西就是更多質量。如果星體夠重，核反應過程開始，一個太陽就形成了。這幾乎就是木星形成的過程，我們的太陽系差點要有兩個太陽。

太空船還更進一步填補這個畫面。航海號探測器飛行經過木星，傳回一些資料，至今仍讓科學家不得其解。這個行星散發大量能量，遠超過人們預期。彷彿木星不願意承認自己沒有成功變成恆星，即使過了五十億年的今天，它還在努力用自己的光發亮。

一個如主角般裝模作樣的行星，就是木星。他就像一個流亡的國王，創建了一個小型帝國，與真正的權力核心保持安全距離。他在這個位置主宰太陽系的外緣，支配一群巨大的衛星隨扈，它們的體積都跟水星一樣大。但木星不是暴君，這不是他的精神。他比較像是天上的盧森堡王朝的溫塞斯拉斯一世，是一位好君主，很坦率、慷慨，開心愉快，被傳統占星師認為是最幸運的行星。

有一個字可以呈現木星的本質，就是**信念**。木星最重要的象徵就是，它是代表信念的行星。這裡指的不是「我相信聖父、聖子與聖靈」的那種信念，不是那麼正式的，比較像是更原始的信念，對生命的信念，篤信生命是值得活下去的。下了十天的雨，然後太陽就露面了，這代表木星的電路在嗡嗡作響。當木星在一個人的精神結構中扮演主要角色時，他通常都精神奕奕，舉手投足帶著一種真正貴族會有的天生優雅。木星人總有一種無法定義的特質，某種更勝於生命的東西。在我們面前的是一顆如太陽般的恆星，但很不幸地，他自己可能都不知道。

木星是故作姿態又浮誇的行星，可能只有華麗的外殼，吹捧自己幻想

的光榮；也可能很苛刻又專橫，就像被廢位的沙皇支配著一群鬼魂。當這群鬼魂不配合時，就可能像一個被罵的小孩一樣發怒，但他不會生氣太久。木星有彈性的精神，總是能恢復。他是宇宙的小丑，對生命的信念是用之不竭的，無人能摧毀，而且他的字典裡沒有「失敗」一詞。

但失敗存在於生命的字典裡。我們所有人遲早都會面對一座太高的山脈，無法克服的疾病，無法繼續的關係。這些都是木星無法自行對抗的魔鬼，無法優雅地撤退。這也不是某種半自殺性質的冒險，這種心態比較像火星。木星就是無法想像輸掉這回事。

這個被矇住眼睛的傻子很有福氣地站在斷崖邊緣，這就是經典的木星畫面。這個行星無論在星盤的哪一個位置，就會在那個生命領域有種無法否認的幸運，而且我們必須提防，不能把幸運當成理所當然。過度樂觀、過度擴張和不切實際的期望，是所有君主會面臨的陷阱，而木星可能會做個花式跳水，然後奔向它們。傳統的占星師把木星稱為「更大的福祉」，非常鍾愛，卻沒有看得非常透徹。當他們說，木星讓我們感覺良好，這的確沒錯。但他們也常忽略了它會讓我們受騙，以為前方的路風光明媚。國王和傻子只有一線之隔，木星要平衡兩者，而這就像丟硬幣一樣充滿不確定。

土星（Saturn）

符　　號： ♄

功　　能： 培養自律；培養自尊；培養對命運的信念；與孤獨和平共處。

功能失常： 沮喪、憂鬱、憤世忌俗、冷酷、無反應、隨波逐流、苦工、缺乏想像力、情感壓抑、唯物主義。

關鍵問題： 我該在哪個生命領域裡面學習獨自行動？我在哪個領域如果缺乏自律，馬上就會後悔莫及？我的夢想能力和信念在哪個領域最容易受到嚴厲的考驗？

逆 行 時： 根深蒂固的自給自足；可能代表「孤僻的人」；擁有巨大的內心力量；情感上的自律；可能很難說「不」。

想像一位年輕女性，一位夢想家，擁有英文碩士學位，但很少派上用場，過去五年都只坐在桌前等待一切。她的野心是當作家，但到目前為止都只是幻想，一個字也沒寫。

直到有一天，終於有些不一樣了。她越來越老，有點害怕，知道現在不做，就永遠都不可能了。她開始寫一本小說，反映自己的本性。這是一本哥德式的夢幻浪漫小說《荒野的熱情》。然後突然間，就像被雷打到一樣，她賣出了手稿，最後在全美所有雜貨店的平裝書書架上，都有她寫的四本小說。

又過了三十年。這三十年期間，又有另外十五個版本的《荒野的熱情》問世，每一個都有不同的書名。她現在名利雙收，上過《人物》雜誌

封面。這些年她變了很多，不再是那個迷糊的純眞少女，而是有遠見、有自信的成熟女性，但是這在她的書裡看不出來，她也很清楚這點。

　　她現在有靈感寫一本新小說，非常不一樣的風格，更深刻，也更嚴肅，一個自己能引以爲傲的作品。出版社對於她要改變作品風格這件事，簡直嚇壞了，但她很堅持。當她寫到一半時，身體不舒服去看醫生，結果診斷是癌症，只剩三個月的生命，但這本書需要兩倍的時間才能完成，這根本是不可能辦到的事。她傷心地哭了，於是寫下遺囑，計畫要搭郵輪環遊世界。過了一個星期，她跟自己進行了很長的一場對話，聳聳肩，決定什麼都不管了，坐回到打字機前。她生是作家，至死也要是作家。她永遠沒有完成自己的鉅作，但誰在乎呢？這根本不是重點，重點是這個過程。

　　在那一刻，這位女性通過了最嚴格的行星考驗，成爲土星大師。

　　傳統占星師有時會把土星稱爲撒旦，稱它是「更大的惡」。直到今日，這個帶環的行星常被視爲宇宙的科學怪人，與沮喪、憂鬱、失敗、寂寞和挫折有關。這些都沒錯，也正確地描述了當我們惹惱土星時，它會有的表現，但這不是它的目的。沒有行星的存在是要傷害我們。

　　土星教導我們一個最重要的優點，就是**自律**，這是了解土星的關鍵字。土星就像同樣被稱爲凶星的火星，追求的是集中意志，教導我們一門最難理解的功課，就是如何隨心所欲，如何讓意圖戰勝恐懼、懶惰和情感。木星被稱爲信念的行星，但就某種意義而言，土星才眞正值得這個稱號。木星提供的是信念的感覺，但是常常只是提出一千種靠山支持我們：「沒問題的，我有信念。生命很棒。看看我的銀行戶頭，我性感的另一半，全新的賓士車……」

　　土星的信心不是如此，他會拿走所有靠山，向我們展現黑暗、不可能，還有深刻確鑿的失敗。然後它會問：「你還有信念嗎？」再次提醒，這裡的信念跟宗教無關，而是對生命、對自己的信念，對於自己的夢想、願景和理想的信念。這裡說的信念是，每個人都有自己的路要走，都有自己的命運。唯有當我們孤獨一人，沒有外援，面對絕對的不可能時，這些願景還能存在，我們才能說心中真的有種信念。不過即使到這個地步，我們還是在騎學步車的階段。

　　故事裡的那位女性知道自己是個作家，那就是她的命運。逃離這條路，就像逃避更深層的自己。她不可能完成那本書，但這無所謂，無論成功或失敗，光是寫作這個行為就已足夠。

　　人們常用隱士比喻土星，這是十分貼切的形象。土星是孤獨的行星。無論土星落在出生星盤哪一個位置，都代表我們在這個生命領域裡必須獨自採取行動，在這裡，一切都要自給自足，只能依靠自己，不能仰賴任何人。甚至是獎賞，也能是自己提供。

　　死亡這件事，讓這位女性無法因為這本書得到任何讚美或金錢，永遠沒有人會看到這本書，它不會問世。對於這個世界而言，彷彿她從來沒寫過一個字，不過她還是寫了，這純粹只是一種滿足，因為她完美無瑕地做自己。我們還是要說，她是土星的主人，她的孤獨非常完美。從現在開始，她只會為一個人表演，就是自己。她可能反而很喜歡這樣，但無所謂，她再也不需要其他人的認同。

　　我們如果沒有學會交織在出生星盤中的土星功課，就會迷失方向，找不到自己的軌道。生活會變得很空虛，毫無意義。我們也會變得憤世忌俗、絕望，不過雖然理解了這門功課，我們還是不會在大街上手舞足蹈，

這不是土星的方式,但這個唯一帶環的行星可以帶來深刻的滿足,一種自知和自尊的滿足。沒有了它們,我們可能仍然很歡樂,但是這種歡樂就像飄在風中的紙,沒有寄託。

肉眼無法看見的行星

兩百年前,占星學經歷了一場巨大變動。人類發現了一顆新行星。兩百年後,占星學還因餘震不時顫抖,現在只是開始恢復平穩,重新適應。

一七八一年冬末,英國人威廉・赫雪爾爵士(Sir William Herschel)透過望遠鏡研究已知恆星的地圖,做了一件從未有人做過的事,那就是發現一個新的世界。他有很正確的政治態度,但是對詩的品味不太好,將這個微弱的光源以國王喬治三世命名為「喬治之星」(Georgrium Sidus)。感謝老天,這個名字沒有一直沿用。英國人有時還把它叫做赫雪爾星。不過到最後,勝出的是天神而非人類。如今大部分的人將它稱為天王星,以希臘天神命名。

為什麼發現天王星會如此令人震撼?

過去數千年來,占星學一直是個封閉的系統,只有七個行星,包括太陽和月亮。七一直被視為神奇數字,彩虹有七種顏色,八度音階有七個音符。一個星期有七天。在神祕學的傳統裡,七一直很顯眼,像是七個脈輪,或是七個肉體能量中心,啓示錄裡有七個教堂。所以天上有七個行星,這是很正確、也令人安心的事。過去幾千年來,這個簡單的觀察快速「證明」了占星學的可信度。

當赫雪爾宣布他的發現時，這個簡單又嚴密的系統馬上被粉碎，突然間有八個行星。而且如果有八個，為什麼不可能還有更多行星呢？當塵埃落定後，占星學看似就已走到盡頭了，科學的年代開始了。

占星師顏面盡失，但也獲得一個前所未有的機會，去釐清一個全新的符號。無可否認地，天王星就在那裡，這一定有某種意義，但到底是什麼意義？就在六十年後，海王星被發現時，這個答案仍是難以捉摸。直到了一九三〇年，當冥王星被發現時，答案還是很模糊。這些新行星到底意味著什麼？七個行星的系統看似完美呈現了人類的心智。一切都已經具足，有身份意識、感情、邏輯、愛和恐懼，沒有什麼遺漏的。從太陽開始，這是生命力的基本象徵，最終的頂點是土星，象徵了死亡和終結。土星是自然的終點，生命的循環用這個帶環的行星畫上終點，再也沒有其他的可能性了。不過，在宇宙深處，還有另一個世界的藍綠色球體在空中盤旋，有如第二次機會在撩撥著我們。

占星師花了一點時間才找到正確的角度來認識天王星。當他們終於成功時，占星學的理論有了重大進展。土星代表的功能之後還有什麼？也就是說，在人格最後的、自我實現的形式之後，還存在著什麼？或者更簡單的說法就是，人死後還有什麼？

人格之內的結構，就是七個可見的行星的領域，它們在此繪製了完美的地圖。當出現了新的行星，我們只好打破自然、自我和常態的界線，遊走到人格之外的領域。它們的意義是什麼？我們的確有一個線索，就是看不到它們。只有透過望遠鏡這種人為的方式來提高感官能力，才能意識到它們的存在。而觀察是象徵性的，這就是關鍵。

　　天王星、海王星和冥王星只代表可能性。它們象徵了唯有透過自我有意識的努力，才能達到超越的、後天的特質。跟古典行星不一樣的是，它們的功能的正面表現不會被自動觸動。除非我們刻意地改變自我，否則只能看到它們的陰影。若是不努力，這三個神祕的符號還會維持在我們肉眼無法看見的狀態。現在就讓我們再靠近一點，觀察這些率先登場的宇宙局外人。

天王星（Uranus）

符　　號：♅

功　　能：發展個體性；發展質疑權威的能力；超越文化和社會的設計。

功能失常：愛唱反調、固執、缺乏彈性、易怒、含糊其詞、不可靠、冷漠、自私、對別人的感覺不敏感、無法向別人學習，刻意作怪。

關鍵問題：我在哪一個生命領域最願意不顧社會認可行事？我在哪裡必須學習打破規則，走自己的路？我在哪裡最容易不斷接收到最誤導人的建議？我注定要挑戰和冒犯哪種權威？

逆　行　時：個體性可能消散在幻想裡，對外的行為仍很安全，不具爭議；可能象徵了天才，這不是所謂的高智商，比較像是心智的自由，可以跳脫文化認定的「明顯的真相」。

　　當電影《飛越杜鵑窩》（*One Flew Over the Cuckoo's Nest*）的男主角和那群極具魅力的精神分裂病友們逃離精神病院，指揮一艘漁船時，我們都拍手叫好。每個人都喜歡魯蛇翻身，特別是當他挑戰帶頭者的意志時。

無論目標如何落敗，「我再也不要忍了」這句口號，在每個人的心中激起共鳴。

　　階級、權威、規則和條例，這些是每一個文明的基礎，若是沒有這些，我們還只是一群拿著石頭互砸的尼安德塔人。然而在我們心中的某一部分都很討厭這些限制，都無法忍受聽令於人，總是寄希望於亡命之徒、反抗者和打破規則的人。

　　這些無法馴服的特質就是天王星在占星學中的標籤。它是代表個體性和自由的行星。沒有什麼比期待反抗更令人開心了。它是獨立的、造反的、任性的，多采多姿的。如果物理學家要用一個占星符號來代表不確定原理，非天王星莫屬。沒有行星比天王星更難以預測了。

　　天文學的觀察支持了天王星的占星意義。大部分行星的赤道或多或少都在太陽系的平面上。換一種說法，這代表地球的北方就是木星的北方，但天王星可不是如此。這個行星不會在自己的軌道裡旋轉，而是翻滾。它的北方幾乎與我們的北方垂直。即使是在太空裡，這個代表個體性的行星也是根據自己的旋律跳舞。

　　什麼是個體性？語言、哲學、幽默和風格，這些特質都不是個體性，只是源自於文化和經驗的面具而已。我們生在美國，會看幾部克林‧伊斯威特（Clint Eastwood）的電影，替幾個芭比娃娃穿衣服，讀幾本阿嘉莎‧克莉絲蒂（Agatha Christie）的小說，懂一點大眾心理學。你瞧！這樣就形成人格了。這是一種附加物，只比投胎這件事多了一點可能性而已。

　　個體性是更深層、更狂野，更發自內心的，是心智結構固有的東西。這是我們的一部分，無論是出生在紐約布魯克林還是非洲波札那共和國，

這點都不會改變。我們的這個部分會對原生社會的神話完全不買帳，也不遵守任何規定，不尊重任何像是祖先、牧師或總統這類權威，只以不虛偽矯飾爲榮。

當我們展現並發展個體性時會遭到斥責，因爲文化和個體性，社會和天王星，自上帝點亮類星體以來，就已經是不共戴天的敵人。

在這場戰役裡，沒有英雄，也沒有梟雄，充其量只能說任一方都在糾正對方的過度之處。如果文化是贏家，我們所有人都會變成機器人，這一生永遠只能活出兩或三種的基本故事。如果天王星占上風，我們就可能徹底淪爲野蠻人。

天王星會刺激我們去擁有自由，它在出生星盤落入的位置，代表在這個生命領域，我們的心理電路會充滿極戲劇性的反抗能量。它象徵在這個生命領域，我們的本質會與文化加諸的限制宣戰。爲了忠於自己，我們必須打破規則，然而一旦犯規就會惹上麻煩，會被迫發展、捍衛自己的個體性。

稍後我們會學到如何解開交織在出生星盤中的天王星線索。這裡有一個作戰計畫，而且如果我們選擇不開戰的話，還會有一堆關於投降的恐怖描述。但現在，我們只需要掌握原則：天王星是內心拒絕被禮貌先生輾過的一個角落。

以一個「肉眼無法看見的行星」來說，天王星算是非常高調張揚。爲何反抗這件事這麼至高無上？

跨越土星界線的第一步，不是一般認爲的「靈性的」一步，這是超越合群，超越非個人的，超越無意識行爲的。人格必須要先到達極致，才能

被超越。我們必須向外表現自己內在的東西，不去顧慮榮辱、毀譽。我們必須以一些微小的方式，接受身為革命者和天才的寂寞包袱，必須**脫離社會**。

還有幾種可能的發展比較恐怖。我們可能大聲抱怨工作、婚姻、無聊的生活，但是赤裸裸地站在這恐怖又殘忍的宇宙裡，捨棄所有的支持，還**能做出明智的、一致的人生選擇**，這需要最大的勇氣才能辦到。這種精神的轉化，就是天王星**躍進**的本質。

我們如果不這麼做呢？這是我們的選擇。就如同其他所有肉眼無法看見的行星，我們如果不努力，天王星不會為性格帶來有用的貢獻，不過它也不會就此消失。

若用軟弱的方式回應天王星在星盤的配置，通常都會出現空虛、象徵性的戰役。想像一位男性的天王星在星盤中的位置，與事業領域有關。他在內心深處渴望當個挖牡蠣的人，但卻是個律師，出身律師世家，踏進了「不擇手段往上爬」的神話。無論他多想要遵循天王星的呼喚，把法律學位文憑扔出窗外，買一個挖牡蠣的耙子，但就是無法鼓起勇氣這麼做。

然後發生什麼事？他最後把所有天王星的爆發性，都安全地投資在一些怪僻上，像是堅持穿牛仔褲上班，堅決地不願意打領帶，同時非常激動地解釋自己這些毫無意義的古怪行為，宣稱這樣才能更有力地捍衛活出自己人生的權利。這就是天王星鞭策我們的方式，如果沒有通過他的測試，就會很像在別人的電影裡面跑龍套，而我們被要求演出的角色通常無害，但有點像荒謬的提線木偶。

補充一下，天王星和其他肉眼無法看見的行星都有一個迷人之處，就是當我們發現它們的存在時，也找到其象徵的心理意義。天王星在一七八

一年被發現的,正值全球意識劇變的時代,美國大革命才剛剛發生,法國大革命才剛落幕,科學的「啟蒙時代」正要開始。這個行星渾身象徵的**個人尊嚴**,以及**質疑權威**的權利,全都被塞進集體的覺知裡。

這是巧合嗎?也許。但是試想一下,天王星的光雖然非常微弱,但在某些時刻,肉眼的確可以看見。我的眼力不是特別銳利,還住在潮濕、時常起霧的北加州,但的確看過天王星,就像一英哩外的貓眼那樣黯淡,但我還是看到了。為什麼迦勒底人、埃及人和中國人會沒看到呢?早在電燈光和空氣污染模糊了我們的視線之前,曾有好幾百年,人類很勤奮地觀察如水晶般澄澈的天空,但都沒有天王星的紀錄。這是否意味著,我們還沒準備好要看到它?

海王星（Neptune）

符　　號：♆

功　　能：去除自我形象中的自我中心;在自我之外,創造一個觀察自己的觀點;減少意識和無意識、自我和靈魂之間的隔閡;培養對所謂的神的覺察力。

功能失常：迷惑、懶散、做白日夢、恍惚、逃避主義、漫無目的、依賴藥物和酒精,缺乏現實感,誘人的迷惑。

關鍵問題：我在哪個生命領域必須學習不要強調邏輯,憑直覺行事?在哪個生命領域裡,狹隘的自我利益對是最不恰當的,最有害的?我在哪個領域,最容易誤解對現實的願望和恐懼?

逆 行 時：心靈的敏銳度與外在現實脫離;很容易被主觀的意識扭曲,但相較之下,也不會受到邏輯的干擾。

有一位男士自以為是拿破崙，把棲身的收容所想像成聖赫勒拿島，衣著打扮像拿破崙，吃的東西、說話的方式，都與拿破崙神似。他也渴望見到約瑟芬，並為滑鐵盧之役感到悔恨。他的幻想毫無漏洞，百分之百地相信這一切，無懈可擊地活出它。

另一位男士相信自己是美國總統，每天都跟幕僚顧問開會，做出重大決定，所到之處都被隨扈包圍。他的幻想也毫無漏洞，看起來如此完美，他做什麼我們都被說服了，相信他真的就是美國總統。

瘋狂和理智的界線就像髮絲般脆弱。這條線是存在的，也很真實，但是兩者之間的重疊其實遠多於我們能看到的。

「拿破崙」創造一種心理形象，象徵他是何方神聖。這位男士相信這個形象，根據它做決定，總統也是。上述兩者都有非常深層的、難以想像的複雜心理，有如把自己當成一個紙娃娃。身份認同是一個多次元存有戴上的三次元面具。瘋子的面具無法像理智的人的面具妥善發揮作用，無法好好地抓住週遭的實際機會。但是兩種過程的相似之處是無庸置疑的，兩者的心智都是圍繞著一種神話，依此自行建構。兩者的意識都進入了世界的劇場，入場的代價就是徹底的簡化。我們都必須扮演其中一個角色。

我們每個人內心深處有某一部分都非常理解這個道理，永遠不會陷入這種神話，永遠不會忘記這個世界就是一個劇場，也不會認同「身份意識」。這個部分是分離的，只是站在旁邊觀察。占星師把這部分的心智稱為海王星。

它就是**意識本身**的行星，不是意識的內容，不是身份意識，也不是哲學，更不是智慧。它也不是人們常聽到的習以為常的事物。它就只是意

識，只是一片空白，僅此而已。

對於海王星的看法，傳統的占星師會分為兩派。有些人很喜歡它，有些人則不然。有些常自稱是「祕傳占星師」的人，視它為一種神祕的影響力，充滿熱情和願景。另外一些比較抱持懷疑態度的占星師，把它視為削弱的力量，有酗酒和幻覺的傾向。

這兩派都有其真實性，指的都是當意識擺脫自我盔甲後出現的行為。這時敏銳度升高，與世界一體的感覺甦醒了，能洞穿地位和身份的虛構面貌。我們的虛偽和憂慮，野心和恐懼、風格和自以為的了不起，全都顯得很古怪，可笑至極。

我們能如何運用這種覺察力？有些人只是被嚇壞了，與它共處，被動地不採取行動。他們可能會變成夢想家。所有的意志和方向感都消失無蹤，只能發呆，也沒辦法認真面對自己。自我會拒絕連結，所以毫無動作，遲早會找方法麻痺自己。

有些人的反應比較有創意，會有目標地探索這個新領域，不時突襲造訪正常身份意識界線之外的領域，從那裡帶回豐富的洞見，充滿生命一體的感受，還有對於隔離及個體性的面具的懷疑。而這些東西都傳達了同一個訊息，就是所有的身份意識都被誤解了。

有些人把這些海王星式的突襲稱為默想，也有人稱之為禱告或冥想。對海王星而言，宗教語言是很自然的，但並非必要。心理學家也可能會討論到這個意識區塊，稱之為自我催眠的過程，而對一個牛仔而言，這就只是凝視火堆而已。這個過程是舉世皆然，充滿生機的。

　　無論海王星落在出生星盤的哪個位置，我們都可以在相關的生命領域找到一條暴露的神經，一個特別敏感又脆弱的地方。這塊心智領域會拒絕接受現實世界的限制，這裡也常是一個受到啟發、夢幻的領域，但這個人也必須在此對抗混亂、一廂情願的想法，還有逃避主義。

　　這裡的課題都是一樣的，海王星要求我們超越自我、渴望和侵略的領域，但不能犧牲展現人格的能力。前者相對容易，但後者就是另一回事。

　　妄想、夢想和幻想，這些都是海王星的領域，而這也反映在這個行星的科學歷史上。海王星是在一七九五年，由天文學家傑羅姆・拉朗德（Jérôme Lalande）發現的，當時他認為只是看到一顆恆星，沒什麼特別。他被海王星戲弄了，至死都沒發現。之後，天文學家注意到新發現的天王星的行徑很怪異。有某種東西在擾亂它的軌道，懷疑是來自一個更遙遠的行星的重力影響。之後，在巴黎有一位數學家奧本・勒維耶（Urbain Le Verrier）曾經計算出這個干擾力量的可能位置，而到了一八四六年，終於有一位德國人約翰・伽勒（Johann Galle）在該位置發現了海王星。

　　正如海王星是因為對天王星的干擾影響才被發現，**我們也只能透過自我和自我防衛的漏洞，注意到海王星代表的經驗**，只能從精神的擾亂感受到它們。我們有夢想，有超感經驗，會受到藝術或詩意啟發，也會被精神分裂的幻想入侵。這些海王星型的心理事件會間接點出一個更大的意識架構，就像天王星軌道的震動會間接揭露海王星的存在。它們點出了一個巨大的心理次元，在這個次元裡，我們的覺察力就像軟木塞一樣漂浮在大海上。

　　在海王星被發現後的數十年，它的價值和關注的事物就像風暴般狂掃人類。這包括藝術界的羅馬運動，唯靈論的興起，像是降神會和催眠術；

神祕組織的出現，像是神智學學會；大英帝國爲歐洲與印度建立連結，帶來第一批印度教和佛教的大師抵達西方世界；紅十字會和救世軍的成立；關注貧窮、女權、童工和奴役的社會意識急遽升高。神祕的海王星式哲學，以及熱情的理想主義，以前所未有的方式擄獲了普羅大眾。人類這個物種已經準備好發現海王星，而我們又再次發現，原來發現一個行星不僅具有科學上的奇特性，也是具有深度象徵意義的事件。在占星師的世界裡，就跟海王星的世界一樣，所有認知都跟更深層意識的事件有關。

冥王星（Pluto）

符　　號：♇ 或 ♇

功　　能：體現個人的命運；認清所有狹隘追求的荒謬性；發展辨識真相的能力。

功能失常：妄自尊大、浮誇、暴力、說教、教條主義、刻板、專制行爲、渴望權力、無意義或荒謬感、爲達目的不擇手段的思維。

關鍵問題：我在哪個生命領域可以找到持久的意義？我可以在自己的哪個部分發現週遭世界需要的智慧？我在哪個生命領域必須抵抗教條式的、不擇手段的，甚至是暴君式的行爲？

逆 行 時：對於個人無力的恐懼感；遲疑說出看到的眞相；會在巨大權力的運作下表現謙卑。

希特勒（Adolph Hitler）和甘地（Mohandas Gandhi）都是人類歷史的大人物，也是善與惡的象徵。他們在集體心智有如兩尊巨象，在大部分

人們模糊不明的生命中留下明顯的陰影。天空之神「巴力」（Baal）、古埃及太陽神「拉」（Ra）和希臘太陽神阿波羅（Apollo）的神廟都已經崩毀，再也沒有羔羊、烏鴉和血奉獻給祂們。如今我們崇拜人，在新聞和社論裡效忠示誠。

甘地和希特勒有什麼共同之處？都有眼睛？都有耳朵？都會頭痛？我們可能很抗拒看到一個事實，那就是他們除了肉體之外，就某種更深層的意義而言，其實是兄弟。他們都塑造了歷史，都觸動了一個世代的覺察力，並將這些與自己的夢想和願景交織在一起。他們也都成爲了個人權力的象徵，並用世人永遠不會忘記的方式行使權力。

我們所有人都會做夢。到底是什麼力量能承擔一個人的夢想，並讓它如此誇大，足以改寫歷史？是什麼力量可以驅策一個人走出安全感和匿名的保護，變成改變世界的人？只有在太陽系冰寒黑暗邊緣打轉，有如瘟疫病毒般渺小、散發不祥氣息的冥王星，才知道答案。

如果站在這個前哨星球的甲烷凍原上，太陽是如此遙不可及，只能享受如星光般微弱的照耀。這個觀察是有象徵性的，若從冥王星的角度，我們的實際感受是太陽並不特別，地球只是塵埃，而我們就像微弱爭取一刻生存的微生物。我們如何接受這個事實？如何接受這種認知，卻不會因此崩潰？這只能透過徹底轉化存在的狀態。如果辦不到這一點，冥王星就會強迫我們直視自己的生存，最終其實是毫無意義的，根本沒什麼重要，怎麼可能有任何要緊的事？我們只是在一個冷漠世界裡等待滅絕的寄生蟲。

面對冥王星，就是要面對生命本質的徒勞無益。冥王星是在一九三〇年被發現的。大概在同樣時間，我們正在探索存在主義，而這並非意外。冥王星領導我們進入這個荒謬的劇場，勇敢面對銀河和超級新星，還有無

盡的永世。而它會直視護我們，宣布最後的判決：「你一無是處，你的人生只是一場笑話。」

要帶著這個殘酷的事實活下去，我們就必須跳出人格的情境劇，必須認同一個更龐大、永恆的事物。在我們絕望逃離這種荒謬之際，只有一條逃生路徑，就是必須在永恆上留下印記，必須改變這個世界。

冥王星是代表廣大夢想、願景、征服和轉化的行星。它會被空虛驅策，被沒沒無名困擾，試圖在安全的日常規律中鑿開一條路，衝刺進入一種帶有某種任務和宿命的意識狀態。只有生存是不夠的，光是活著也是微不足道的。我們一死，馬上就會被世人遺忘。我們必須像甘地和希特勒一樣，渴望把自己的名字刻在歷史的樹上。

印度獨立，非暴力反抗，這些都不是甘地自己的理想。納粹主義也不是希特勒發明的。如果這些虛構的觀點沒有更深層的根源，這兩個人就只會是理論家或無害的學者罷了。而當一個理論家說話時，這世界是不會隨之震動的。

冥王星怎麼賦予這些人神的權力？就是藉由他們說出已經存在於人們靈魂之中的呼喊。

冥王星就像穿透國家核心的主根，會把全人類徘徊不去、沸騰翻攪的力量直接灌輸到個人的心理層面，這裡有所有的夢想，所有的夢魘，還有所有的天使以及惡魔。但是冥王星不只讓我們的心智充滿千變萬化的幻影，它是積極主動的行星。它跟海王星不同，會透過行動和改變興盛茁壯。透過它，我們可以**實現**人類的憧憬及恐懼，就像某些共同需求或恐懼的活招牌，而在這個過程中，文化會把力量全部投資在我們身上。我們的

生命會被賦予超個人的意義，不會因此失去個體性，但會加上第二層次的身份，這並非另一種人格，而是魁儡。

這就是所有改變世界的人的祕密，他們施展的並非自己的權威，而是我們的。他們敲動人們的心弦，但我們才是產生回音和共鳴的大教堂。他們的力量並非來自個人，而是集體的。希特勒和甘地只是催化劑，僅此而已。他們的力量，其實是我們反射到自己身上的力量。

歷史沒有替很多希特勒或甘地製造空間。那冥王星如何在更貼近我們自身的生命裡顯現？其實沒有太大的不同。它仍然提供了一個任務，仍然會刺激我們去改變這個世界。我們仍會因為自恃非凡遭到嘲弄，仍然會被濫用權力引誘，這裡的根本課題並沒有變，無論我們是上了新聞週刊的封面，或者只是高中畢業紀念冊的風雲人物。

冥王星代表每個人擁有的特殊智慧。這是一份珍貴的禮物，我們必須找到它、培養它，勾引它出現，不要再隱藏。

我們可能會發現自己無意中表達了一些關於死亡或消逝有關的洞見，或是與一段婚姻中的事物有關，也許這麼做能給予失落、找不到方向的朋友帶來些許啟發。這份智慧的本質端看冥王星在出生星盤的位置。但無論是何種配置，當我們根據自己的冥王星意識說話時，人們都會聆聽，彷彿那是燃燒樹叢發出的聲音。

很少有經驗會比萬眾矚目更加美好，這就是冥王星的恐怖之處。它的催眠力量可能會被拿去服務我們的虛榮心。我們可能會變得浮誇又專橫，彷彿自己是天選之人，必須對這個世界說教，傳達或實現某種訊息。然而該訊息的本身並不具有神性，只是我們自己的意見，由自己的不安全感和

個人過往經歷構築而成。不過很恐怖的是，只要被冥王星猛烈的故作姿態推波助瀾，不斷強化，還是具有動搖別人的力量。

希特勒就是這條路的守護神。

甘地守護的是另一條路。他是用一種更純潔的方式回應冥王星，這並非因爲他是「好人」，而希特勒是「壞人」。這些概念對於冥王星這個冰冷的行星而言毫無意義。甘地的方式比較好，只是因爲它奏效。他眞的超越了自己，而解放印度這件事只是他的工具而已，此處也完全不涉及他個人的虛榮心、私心的夢想，一點也不荒謬，他在**變成自己的任務**的過程中，沒有爲冥王星存在主義式的嘲弄敞開大門。他不再是箭靶。

冥王星這個冷淡的空虛之王，這個毫無同情心的騙子，面無表情地、冷漠地俯視甘地，而甘地就像銀河、就像十億年的原子一樣回視。甘地和冥王星用一種有些冷酷、無法理解的方式凝視彼此，對彼此了然於心。當冥王星用故作姿態、令人畏縮的目光盯著希特勒時，並沒有看到六百萬人被屠殺，也沒有看到令人畏懼的納粹軍力，只看到可笑的驕傲、豪言壯語和昂首闊步，還有那虛榮卑微的木偶，試圖逃離自己絕望的渺小，但徒然無功。最終，冥王星放聲大笑，笑聲響亮穿透歲月的曲徑。對冥王星而言，希特勒不是現代的路西法，既不是惡魔，也沒什麼好光榮的。

在冥王星眼中，他只是一個傻子而已。

冥王星之外

　　我們可以預見，很可能可以在冥王星的軌道之外再發現一個行星。也許還沒等到本書泛黃之前就能發現另一個行星。關於這個問題，天文學家和占星師是沒有異議的。有些占星師甚至已經搶先一步，篤定有一些冥王星外天體的存在，還替這些天體命名，甚至發表了星曆表，試圖為它們定位。不過這些資訊通常都是「來自其他世界」。

　　就個人而言，若是這些天體名冊是正確的，我會非常吃驚。天王星、海王星和冥王星會被發現，單純是因為全球意識已經到了一個臨界點，準備好能理解它們的意義。發現它們，是具有象徵性的事件，所以就算未來有更進一步的深太空探索，它們也不會有什麼不同。至於冥王星之外的行星？當我們準備好時就會發現，在此之前，我們無論如何都不可能理解它們。

第七章

宮位

日和年，就是我們人生的空白頁。自古至今，行星不斷地圍繞著軸心自轉，又繞著太陽運轉。這些地球的韻律塑造了阿米巴原蟲和原始蕨類，至今仍與每個人的內在一起脈動。這就像大城市裡永無止盡的交通喧鬧，已被我們視為理所當然，就只是背景噪音而已。不過它們總是存在，為我們的經驗劃定界線。這兩種地球的韻律就是占星師的基礎。我們已經研究過「年」，這是由季節標記，而太陽的軌道就是十二星座的來源。

我們現在準備好要研究第二種重要的行星律動：日。在這過程中，我們會介紹第三類和最後一類的占星符號。它們會隨著行星和星座就位，這就是宮位。先不顧一些微調，加入宮位後，占星的系統就已經完整了。

宮位就像星座一樣，是另外十二個符號的循環，另外十二種基本的人類歷程。不過現在的焦點不一樣了，一切變得更直接、更明顯，也更具體了。

宮位其實就是我們地平面之上和之下的空間分配。就像第二章提過的，它們會以分鐘為基礎，確定行星的位置。我們先放下星座這個偉大的

銀河背景，只關心一個行星**會出現**在哪裡。是在我們的頭頂？還是正在西方落下？這些就是宮位回答的問題。

　　就象徵意義而言，**宮位代表特定的活動領域**。它們是生命的舞臺和競技場，也是明確的劇場，在這裡，**身份意識可以透過行動變得明顯可見**。其中一個宮位代表事業，另一個代表口語技巧，還有一個代表婚姻和深交的友誼。即使沒有宮位，行星和星座也能提供一張完善的心智地圖，不過這就像博物館地圖，是沒有生命力且抽象的，也與日常現實脫離。宮位增添了**經驗**的次元。在綜合分析時加入宮位，占星學就不僅是一種心智的模式而已，進而變成一種生命的模式。

日的循環

　　我們都知道，地球就像一顆潮濕的石球，會繞著自己的軸線運轉，並且環繞著一顆黯淡的恆星，還被一層薄薄的氣體圍繞，在絕對零度以上幾度的位置盤旋。不過，它看起來並非如此。從我們的觀點來看，地球是廣闊平坦的平原，看起來像是圓形，有個發光的藍碗倒扣在上方。恆星和行星每天都會從平原的東方邊緣升起，在上方如輪子般滾動，然後消失在西邊盡頭。就我們看來，我們是固定的，是它們在移動，事實當然並非如此，這些現象全都是因為地球在轉，但這的確就是我們看到的。

　　而我們所看到的一切永遠都是占星學的核心。這是眼見的事實，而非心智的事實。那科學呢？客觀的事實呢？難道過去五百年來天文學的進展都不算數嗎？轉動的是地球，而不是行星。

　　占星學當然不會跟天文學矛盾，只是兩者提出的問題不同。天文學研**究事實本身**，但占星學不是如此。**占星學研究的是事實與觀察者之間的空間，也就是反應、感覺和外貌。**

　　占星學的一切都是相對的，一切都是個人的，而非事實。這裡出現的不是十億個微小的事實，而是十億個有限的存有，與自己的人生和平相處。這就是爲何占星學必須以地球爲中心。我們關注的是自己抬頭看到的天空是什麼模樣，而非天空「實際」的模樣。如果要讓占星學變得客觀，就像用天文學主宰一切，這等於讓占星學失去人性。占星師並不會直接關切太陽系，而是只想知道太陽系與我們的**關係**。而這種關係，就是我們要看的東西，完全不需要抽象的推測。

　　沒有任何假設可以像宮位這麼清楚明瞭。宮位就是我們站的地平面的上方和下方的天空區塊而已。如果說，一個行星位於一宮，就代表它剛好在東方地平面之下。若是在七宮，代表它在西方天空、靠近地平面的低處。這些觀察完全是根據我們的觀點。

　　我們甚至只要移動幾英哩，一個行星所在的宮位位置就會改變。同一時間在美國，水星是在頭頂；但在倫敦，水星可能正要落下；而到了印度的新德里，水星早已在地平面之下。水星的星座位置不會變，但是每一個地方都落在不同的宮位。一個新的觀察點，就會有一個新的宮位，而一個新的宮位就意味著一組新的經驗，一張新的出生星盤。

地平線

十二宮位連結起來就會形成一個環狀，圍繞著地球，就像十二星座一樣。現在再回到占星學的基礎，回到最原始的符號「圓」，這個象徵無限、完整和絕對的符號。不過我們現在要從一個新的角度看這個原始符號，不要用年或以季節來區分，而是用更直接的方式，把它依照我們所站的地方分成兩半，把無限也分成兩半。

其中一半的天空是看得見的，一半是看不見的。在上方，有六個宮位代表明顯的、公有的、共享的事實，所有人都看得見。在下方也有六個宮位，象徵只有深入才能看見的事實，只有在想像中才能遇到的現實。

主觀就是這些隱藏宮位的主題，這指的就是在地平面下的宮位。它們代表了感覺、祕密和內心世界。我們會在這裡形成反應，但總是在黑暗裡，肉眼無法看到。

當大部分的行星都位於地平面之下，不代表此人就是內向性格。當一個太陽射手的人，月亮在水瓶座，還有一個顯眼的木星，那麼即使他的行星都落在地平面之下，也絕對不會是害羞的人。

我們看的東西更細微，他的認知都會帶有感情和直覺的色彩，與人交談時傾向強調對於事實的感受，而非事實本身。人生就是在追尋一種內在狀態，而當他踏出重大的演化步伐時，不會在外面的環境模式裡製造一絲漣漪。

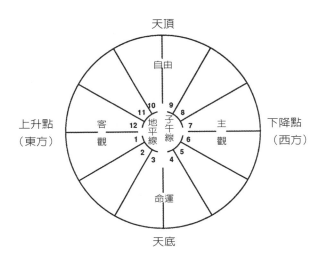

地平面之下最偉大的工作不是實現抱負或讓夢想成真，並非這麼具體的表現，它代表**領悟**，而領悟總是發生於無形。

當行星主要占據星盤的上半球時，涵義剛好相反。在地平面上的宮位強調具體的、可察覺的經驗。所有人都能共享頂上的天空，它可被所有人看見，無法隱藏任何祕密。客觀的結構和公眾事務會變成焦點，平衡下半球的隱私、神祕主義和無邏輯。

一個人出生時大部分的行星都在上半球，不一定就是外向性格。再次提醒，這裡的課題是更細微的，是當事人出生星盤中突顯的星座和行星決定了其性格調性，而非宮位。然而無論星盤主是書呆子還是脫衣舞孃，他的人生一定很忙碌，人生道路上都會有**一個明顯的事件**，標記著每個重要的發展里程碑，可能是搬到另一個城市、結婚，或是一趟遠赴東方的旅遊。

我們無法知道是什麼事件，但一定會被看見。對當事人而言，會有**可以覺察到的生命儀式，標記每一個重要的演化進展**。每個重要的改變都伴隨著通過的儀式，就像天空一樣可見。只有領悟是不夠的，他必須透過事件來投射和實現自己變化的個體性。

這個球體空間的第一個區分對我們來說很明顯易懂。地面本身就是一條分隔線，把空間分或客觀和主觀兩個平行世界。接下來這個區分就比較難以捉摸了。

子午線（Meridian）

日出和日落，這是很清楚的標記，但是每天太陽在天空至少還有另一個明顯的里程碑，就是當它到達每天弧線的最高點時，即「正中午」，此時太陽停止上升，開始往西方的地平線降落。如果仔細想一下，就會知道太陽還有另一個里程碑要通過，那是在地平面之下，從那個點開始，太陽要停止降落，開始升起，這個時間點就是午夜。

地平線是實體的線，連接正午與午夜的線則是想像的線，但它的影響卻是貨真價實。這條垂直的分隔線是**子午線**，把出生星盤分爲東半部和西半部，各自包含一半可見的天空，還有一半不可見的天空，各自擁有明顯不同的意義。有六個宮位是在子午線的東方，而在東方的正中央，我們可以看到象徵性的事件，揭露了這六個宮位的意義，這就是**日出**，黎明破曉的時刻。

即使徹夜未眠又宿醉，連一杯咖啡都沒喝，誰看到日出不會感到一絲

可能性和希望？**希望**這個字掌握了日出和東方宮位的精神。嶄新的一天就像一張白紙，上面還沒有寫上任何東西。我們可以荒廢它，也可以讓它充滿恐懼、害怕和懶惰。但此時我們什麼都還沒做，我們也可能不會選擇這麼做。

當然我們隨時都可以說同樣的話，生命並不一定是要在日出時改變，隨時都可以改變。但早在時鐘、夜班和電燈照明出現之前，日出代表一天活動的開始，這顯然是一輪新選擇的開始，新的一章的開始。就占星學而言，日出包含了這層意義。

希望、可能性和再次得到機會，這些詞彙有什麼共通點？共通點可能是自由，這當然是其中一部分，但是什麼決定我們要如何展現自由？什麼是主觀的要素？答案就是宇宙最脆弱也最不可靠的力量。這股力量的發展必須仰賴建設性利用占星符號的核心，這是虛無縹緲的、不確定的、長期處於沉睡狀態的力量，即**人類的意志**。

日出象徵了意志，這是我們作出選擇的能力，有目的地追求特定類型的經驗。在日出主宰的一半的天空裡，我們找到了自由。在這六個宮位，我們作出改變人生的選擇。

當大部分的行星都出現在星盤東半部時，自我決定就是一切。這個人未必是受過自我肯定訓練的奇才，但是他的個人行動或是無所作為，是打造人生基調的重要因素，很少會有純粹的環境因子成為他人生中決定性的一擊，或是提供一個改變人生的重要機會。在他的字典裡，沒有幸運或不幸。所有一切都是有目的地圍繞著自己的選擇發展。

那另一半的天空呢？薄暮和黃昏呢？就攝影的角度而言，日落跟日出

沒有差別，但日落的意義是完全不同的。此刻，一天正要結束，對於人類遠古的祖先而言，這代表一個活動的循環要畫下終點。這是睡眠、安靜與等待的時刻。我們會對日落有種完成、終止的感受。我們擁有的一切已經結束，永遠成定局。生命給了我們一張自由牌，這張牌已出手。也許明天，我們又會拿到另一張自由牌。

比起東半部的宮位，西半部的宮位更有種**限制**的意味，它們代表已經建立的力量，無法改變的權力，還有木已成舟的事實。我們可能會想討價還價，但永遠無法推開它們。

在西半部，自由遇到了對手，遇到了限制，那就是命運、業力、機會和神蹟。無論我們如何稱呼它們，它們就在那裡，而我們必須學習跟它們共處。一個人的出生星盤中，如果西半部是重點，他不應該怯於做出選擇和承諾。但若是看他的生平，會有很多證據顯示，有些看似隨機的力量發揮了**關鍵**作用，像是豐厚的遺產、結識重要人物，還有酗酒的父母。

這都是命運的轉折。

在框架內生存的人必須培養警覺心和適應能力。他必須學會讀懂預示，從糾結的夢想和環境中理出命運的路線。他跟東半球的人不一樣，人生是在一個更大的模式裡開展，而他的道路可能用一句成語作為總結：「隨波逐流」。這不代表懶惰，也不是毫無方向，而是在個人意志和週遭現實之間建立合作及順應的關係。

大十字（The Great Cross）

　　地平線和子午線這兩種自然的切割，各自劃分了原始符號。兩條線都把天空切成半球體，各自具備一種不完整的整體性，然後再把這分爲完整的二元性。地平線給我們帶來主、客觀的區分，即區分了內在世界與對外的世界。子午線給我們自由和命運，也就是絕對的意志力，還有和這股意志必然反向的對立，因爲它也同樣自由又充滿力量。

　　地平線和子午線合在一起，就形成大十字，這是生命的大十字。密契主義者（Esotericists）把這稱之爲「將靈魂釘在十字架上」。這種比喻有點駭人聽聞，但很貼切。這個十字架創造的對立性，會讓我們的心被進退兩難的生命處境撕裂，就像自由對上愛、夢想對上現實、享樂對上責任，諸如此類。

　　這個十字架上掛了十二個宮位，每個都是一個戰場。在每一個宮位，個體性都會從隱密處冒出來，全力對抗。在每一個宮位，日常經驗的奇蹟和恐懼，都會與星座和行星象徵的原始心理機制產生互動。在遇到宮位之前，這些機制都還沒有調整好，也沒有經過試煉，安全地躲在我們的腦袋瓜裡，只是夢的內容而已。但這些心理機制遇到宮位就會被轉化。它們終於從理論的子宮裡冒出來，會因爲經驗、勇氣和愛留下創傷，會在希望、耐性和熱情中學習。它們會變成身份意識的活象徵，也就是人的象徵，讓我們變得更有人性。

宮位和星座

　　十二宮位和十二星座，這兩種符號系統是並行的。牡羊座是第一個星座，它的戲碼也就是一宮的戲碼。金牛座和二宮、雙子座和三宮，所有對應的星座和宮位，直到雙魚座和十二宮，都是同理而論。只要學習了其中一個系統，就很容易了解另一個，它們各自都是十二個符號的循環，彼此的階段都是相互呼應的。

　　星座和宮位的差異只有一個。星座是心理過程，是發生在你的腦袋裡的事件；宮位是經驗性的，顯示你腦海中上演的事如何被迫呈現在生命舞臺。我們就是自己的星座，並在宮位**採取行動**。

　　舉個例子，寶瓶座會賦予一個人叛逆性格，若這是在事業宮，叛逆性格可能會用自己當老闆的方式實現，因為他受不了任何一位老闆。如果是在伴侶宮，這個寶瓶座課題就不會表現在工作前線，展現的重點會變成擔心自己被愛掌控的另一半吞噬。

　　遇到一個你對對方有感覺的人。對方是內向還是外向？他是豪爽、肆無忌憚的，還是嚴謹自制的？此時你就是在認識他的星座結構。

　　現在**觀察**一個人的行動，看看他總會為什麼事情煩惱？是關係間的緊張，還是老是在為錢煩惱？不用擔心他的個性，只要看他的行為。他生命中的哪一部分需要他持續關注？是事業嗎？創造嗎？家庭生活嗎？下一次去歐洲的旅行嗎？他的生命發生在哪裡？此時，你所感受到的是他的宮位結構。

一宮（上升點）

傳統定義：人格宮位。

對應星座：牡羊座。

相關行星：火星。

領　　域：建立個人的身份意識。

駕馭成功的表現：對自己的行動很清楚，很果決；能控制自己的人生方向；非常明確專注在身份意識。

駕馭失敗的表現：恐懼和缺乏自信，因此對於別人的意願，顯得很苛刻或缺乏彈性，或是會自我抹滅，對於目標很模糊，總認為自己會失敗。

　　我們每個人都是矛盾感覺交織而成的一片網，會因記憶和徵兆陷入苦惱，會被夢想引誘，會愛、會恐懼，也會創造。我們也知道生命的悲劇，當在限速二十五英哩的地方開了三十五英哩，被交通警察攔下時，實在沒辦法向他表達一切的感受。我們如果想在這世界有效率地活著，就必須把自己簡化，必須把豐富的心理轉譯成線性形式。這種轉譯可能會平板地反映真實的模樣，但我們別無選擇。

　　這跟真實的自我比較起來顯得如此呆板，只是二次元的呈現，但生命需要我們擁有一種**人格**。人格是我們一直在扮演的角色，總是比真實的模樣少了一些，人格永遠只是個面具。

一宮象徵我們的最佳面具，**最有助於實現內在需求的外在表現方式**。我們越能敏銳地回應，感覺就越強烈、越聚焦。這帶給我們一種自治和自我認識的感受，覺得能主宰自己的人生。

上升點並沒有創造外在的人格，它是由一些力量凝聚而成所產生的，而這些力量遠比我們想像得更複雜。

它的作用比較像是將出生星盤的一切引入行動的世界，表達更深層的內容，增加特色。

假設一位女性有一張害羞的、內向的星盤，太陽巨蟹座，土星發揮顯著的作用力，雖然上升點是射手座，但光憑這一點無法讓生命成為一場派對。不過，初次相遇時，不會明顯感受到她節制天性的深度。由於星盤中其他一開始的疏離特質，她的一宮會創造一種疏離但活潑的姿態。你如果把上升點射手座改而搭配強力版的獅子座人格，她就有本事在喪禮上講笑話。

我們如果認為心智健全，就是有能力產生一套合理且有目的的行動模式，那麼上升點就是瘋狂的解毒劑。若是無法充分反映上升點，這個人一定會覺得瘋狂，與外界失去連結。他會陷入角色衝突中，試圖同時扮演許多不同類型的人，沒有辦法整合，覺得自己笨拙又迷惑，就像忘了臺詞的演員一樣。

為什麼？因為他沒有面具。站在世界的舞臺上，一個沒有面具的人只能沉默，就像是不會被人看見的局外人。我們如果無法創造有效的一宮面具，會看不清自己是誰，覺得生命失去控制。而當生命失控時，我們會很害怕。當一個人有未解決的一宮問題，代表他的身份意識和方向無法聚

焦，此時就會像一個暴君對待其他人，不時流露自己的恐懼。這是一種自我中心感，當他無法控制自己的人生時，就會試圖控制其他一切。

　　一個駕馭不成功的一宮，到底是會製造一個暴君，還是一位懦弱的夢想家？我們必須全面理解此人的出生星盤才能找到答案，但現在還不是時候。我們現在只要記得，每個人都戴著一張面具，也都有社會身份，就是「人格」。

　　我們都需要人格，若是沒了人格，我們只能雙眼無神地朝著天空發呆。不管是什麼風格的面具，都是在上升點產生。而當我們看到一個人能與世界和平相處，散發自信和鎮定，沒有錯誤的開始，也沒有做不必要的行動，那麼我們就是親眼見識了一位一宮大師。

二宮

傳統定義： 金錢宮位。

對應星座： 金牛座。

相關行星： 金星。

領　　域： 對自我價值的挑戰、金錢和財產。

駕馭成功的表現： 根據具體的自我調整建立的自信和自尊；自我發展；有效率地、無憂地管理資源。

駕馭失敗的表現： 物質主義；把自我價值和個人財產劃上等號；缺乏自尊；害怕冒險；意志力崩潰，導致物質生活的失敗；只狹隘地關心物質安全感。

　　一個青少年開著車從街頭呼嘯而過，明亮的橘色火焰烙印在邊牆，空氣中只有消音器的餘音。請先放下所有批判，他要傳達的訊息其實很簡單也很悲哀，他只是在懇求我們認清他的存在。他內心有某種衝動催促著自己，硬把自己存在這件事塞在我們面前，無論激起任何反應都好。憎恨、嫉妒、擔心和憤怒，只要我們有反應，他就滿足了。當任何一個人坐在街角，看著他怒吼狂飆時，只要有絲毫的心理知識，就能意識到，此人缺乏自我價值，這個觀察很可能是對的，這種喧鬧的唐突行為，根源都帶有自我懷疑的成分。

　　但是這個街頭飆車手會如何解決缺乏自信的問題？他企圖透過讓自己跟某種令人印象深刻的物品畫上等號，來消除自己的不確定感，「我就是這輛拉風的車，你一定會注意我，你別無選擇」。這是老把戲。有些商人總要提醒別人自己賺了多少錢，還有鄉下婦人不停提到自己買了多少昂貴的衣服時，就是在玩這一套。

　　二宮的影響力會導致自尊危機。根據相關的星座和行星，我們可能很麻木、笨拙或毫無吸引力。而我們選擇用什麼方式解決這種不安全感，就會變成重要的人生主題。

　　如果採取負面的方式，我們的意識就會因為強迫性的物質主義出現扭曲。我們不會去直接解決問題，反而會透過操縱實際的經濟狀況來減輕自我懷疑。有時，金錢會變成我們需要的自信象徵，汲汲營營追求金錢。我們會張揚自己累積了多少金錢，但是內心的痛苦依舊。

　　二宮的課題並不一定是透過銀行存款，或是用錢買到的車子和衣服來解決。我們也很容易透過結交有頭有臉的朋友或值得炫耀的愛人，甚至是物化自己的身體，來回應二宮。迷戀把身體曬成古銅色或是迷戀健身的

人，通常都反映了出生星盤中二宮的緊張狀態。不斷照鏡子的人也有這個問題。

若是能成功駕馭二宮的領域，一定與自我證明有關。我們會透過有紀律的努力和具體的成就來彌補內心的懷疑。若是透過適當的控制，不安全感可以驅策一個人朝著成長的極限邁進。

很忙碌的二宮可能會是最弱的占星結構，也可能是最有彈性的，一切都要看這個人如何應付二宮產生的壓力。

當一個人積極有力回應二宮的課題時，通常會去**刻意改變某些令人尷尬的個人特質**；若是軟弱回應，通常會企圖**用金錢、魅力或安全感來隱藏這些特質**。金錢只是用來轉移焦點而已。

三宮

傳統定義：溝通宮位。

對應星座：雙子座。

相關行星：水星。

領　　域：蒐集資訊；分享資訊。

駕馭成功的表現：清楚、正確和公正的理解。願意包容感知的模糊和不確定；可以透過言語或智力探索世界，獲得更多資訊。

駕馭失敗的表現：渴望保護某種世界觀，這會導致防禦心、唯智主義和誇張的言辭；漫無目的、沒有重點的好奇心；導致長期浪費時間，雜亂無章。

　　說話、教學和寫作，這些是傳統上與三宮有關的活動。的確如此，但三宮的領域遠甚於此。每當我們用這些方法表達想法或感覺，讓另一個人解讀並了解，就啟動了三宮的電路。姿態、有意義地掃視，還有肢體語言，這些表達方式在三宮的地位，不亞於言語。而以上這些項目其實只涵蓋了三宮領域的一半。我們都知道溝通是雙向的，所以三宮也代表**聆聽**、**閱讀**和**學習**，當中不一定涉及言語。就像天空向我們傳達藍色，夜晚向我們傳達黑暗，這個世界用永無止盡的密集資訊淹沒了感官，而我們會「聆聽」，照單全收。

　　三宮是溝通宮位？沒錯，但這種說法會造成誤導，也太狹隘。讓我們把三宮稱為**感知宮位**，而且永遠別忘記了，感知是**雙向**流動的，我們從這個世界蒐集資訊，也會再傳回去。這裡有兩個過程，我們察覺，然後讓別人可以察覺到我們的感知，兩者對於三宮而言都是很基本的象徵。我們如果想要順利遊走在三宮的領域，兩者都必須發展。

　　一個人到哪裡都只看到衝突，說話都誇張又挑釁，總像是在吵架，即使根本沒有人提出異議。為什麼如此？他可能有火星在三宮，或是有行星落在三宮牡羊座。另一個人可能怒不可遏，但是溫柔的金星落在三宮，即使是爆炸性的能量也會被溫和地釋放。他會選擇有禮貌的、安定的，甚至是刻意討人歡心的字眼。對他來說，表現感情和支持是很容易的事。當他不滿時，最重要的選擇通常都與學習如何更直接表達有關。

　　每個行星和星座也會為我們與世界之間的資訊交流染上色彩。射手座會添加擴張的、哲學的特質。土星會帶來紀律、結構和務實。寶瓶座象徵原創性。而每個星座和行星也會創造偏見和盲點，扭曲資訊的交流，導致我們有一部分會與外界隔絕。去了解、用清楚準確的角度去看待事物，這

就是三宮的主要目標。我們週遭有一個物質世界，而我們會在大腦的神經細胞和突觸之間，根據物質世界創造第二個世界，而這第二個世界才是眞正的棲身之處。

我們如果想清楚地感知，必須將這兩個世界校準一致，要如何糾正這些扭曲？**只能跟其他感知者對照、記錄**。其他人也可能是扭曲的，但是他們的扭曲跟我們不同。我們必須盡可能對他們表達清楚，分享內心所有站不住腳的偏見和瘋狂的看法，而且還得眞正吸收他們想要說的話，無論這些東西在自己的內心世界架構裡顯得多麼無法理解、冒犯，或是具有威脅性。

精通這些微妙技巧的人，就是三宮領域的主人。他們的駕馭非常成功，比大部分的人更能看到眞相，這裡說的是「實相」。這種眞相永遠不會在我們身上，但永遠存在於我們之間。

未能順利通過三宮領域的人，一定是活在夢想和夢魘的世界裡，現實永遠在轉變。他們的選擇可能是根據事實、恐懼或宣傳，但永遠不知道是根據哪一個。他們的人生會反應這種不確定性，可能喋喋不休，做事蜻蜓點水，換來換去，意見變來變去，不時從這個事實跳到另一個毫無意義、沒有重點又不相干的事實上面，到最後就只是盲目地在原地打轉而已。

四宮

傳統定義：家庭宮位。

對應星座：巨蟹座。

相關行星：月亮。

領　　域：人格的無意識、情感的和直
覺的基礎；「英雄」和「陰
影」；家庭生活；住家。

駕馭成功的表現：徹底認識自己的動機、
需求和恐懼；以住家、家庭和聆聽內在自我的形式
來建立根基。

駕馭失敗的表現：缺乏基本的自我心理認識，導致神經質、不滿足和
痴迷的行為；過度關心自己、過度自我剖析，導致
縮回自己的世界；害羞。

　　這裡是天底（nadir），一個行星能到的最低的地方。當太陽走到這
裡，大概是午夜十二點。

　　這是黑暗的時刻，神祕，也許還有些恐懼。漆黑中有朦朧的影子慢慢
浮現。我們費盡心力想讓他們現身。到底是朋友還是敵人？還是根本就是
個家具？眼睛在這裡不管用。我們費力地用眼睛、用伸出去的手、用直覺
來「看」，搞不好這根本都只是想像。在午夜時分，實在很難分辨虛實，
我們的希望和恐懼，看起來就像實際可碰觸到的物品一樣。

　　在十二個宮位裡，四宮是最主觀的，代表一個祕密的競技場，只有自

己可以看見。而當我們進入這個朦朧、不確定的領域時，就會消失無蹤，所有的注意力、能量都會從外面的世界縮回，往內轉向自己。這是關於感覺的宮位嗎？沒錯，但是這個字眼太平淡、太膚淺。這是無意識心智（unconscious mind）的宮位嗎？這麼說也沒錯，但是我們如果想要覺得滿足、完整，就必須能意識到鎖在這裡的東西。

我們如果想要掌握天底的意義，就必須徹底領悟一個重點，就是**四宮的內容完全與外界隔離**，它們只存在腦袋裡，而我們時常使用的「現實」一詞，跟它們無關。這些內容會用自己的邏輯成長發展。你有一個祕密的幻想嗎？當你在辦公室做白日夢時，其實正在默默地駕駛一艘星艦？正在送食物給窮人？正在拉斯維加斯首演？或是正與**英雄**相遇，這是天底的其中一個極端。

這個英雄是一套浮誇的、想像的自我形象，會受到四宮的星座和行星影響。雖然這些形象總是不切實際，令人尷尬，但是它們在心智的生態系統裡辦演非常真實的角色。它們會激發我們，並且幫助我們了解自己真正想要什麼。想要在賭城首演？那麼也許你的四宮正在告訴你，你在家需要更多掌聲，或是你現在應該清理一下老吉他的灰塵了。英雄會透過我們一再出現的幻想出現，總在告訴我們自己需要什麼，進而**才能在真實本性和對外的面具之間創造平衡**。

為了平衡這個英雄，我們會在四宮找到對立的極端，就是陰影，會在這裡儲存所有糟糕的、貶損的、可怕的自我形象。噩夢會遇到陰影，一些長期的、不合理的擔憂也會遇到陰影，就會變成過度害怕癌症、變態殺手和精神錯亂。

　　陰影就像英雄一樣，也在試圖向我們傳達訊息，但是很難解讀它。總是很害怕變態殺手？也許你累積了一些憤怒，害怕表現出來。陰影會告訴我們自己在怕什麼，但遠不僅與此。陰影會畫出我們害怕去感受的恐懼圖案。我們要解讀它、面對它，才能在內在自我和對外呈現的人格之間，再次建立平衡。

　　你得花些時間才能領悟英雄和陰影，這也需要平靜和自由，避免過多的外在刺激。儘管四宮的主要意義是情感的、直覺的，不過古代占星師強調四宮的內縮特質，把它稱為家庭宮位。到目前為止，他們的看法是正確的，四宮的確描述了我們會用什麼態度面對自己遠離外界紛擾而建立的避風港。如果我們想要觸及天底，就必須創造這個避風港。

　　成家只是手段，不是目的。若只是盡可能地躲在家裡，等於無法成功駕馭四宮，只看了英雄和陰影的字面意義，沒有努力解釋它們的訊息。無論你用了哪一種方式，內在生活和外在生活都切斷連結，互不相干，兩者都像是四歲時說的生平第一個謊話，空洞又虛假。

五宮

傳統定義：小孩宮位。
對應星座：獅子座。
相關行星：太陽。
領　　域：享樂、歡樂、創造性地自
　　　　　我表達、戀愛。
駕馭成功的表現：開心地期待每一天。

培養一個創意出口，表達內心歷程的有形證據；與有趣的陌生人打成一片的能力。

駕馭失敗的表現： 對於特定的樂趣過度耽溺、無法控制，同時帶有自我破壞的色彩；創造的瓶頸；無法放鬆和玩樂。

我們是多麼需要喜悅啊！少了喜悅就像要禁食十年，或是一個月沒氧氣一樣，會出人命的。生命沒有火花，我們就會枯萎，會失去對生命的興趣，變得冷漠，像具行屍走肉，如同沒有空氣的地球繞著一顆死掉的恆星運轉。

但我們要如何灌溉喜悅？如何維持喜悅？在大部分的時間，生活幫不上太多忙。我們的身體會承受病痛，帳單不斷累積，愚蠢的戲劇化事件讓關係變質。還有那些對權力飢渴的國家領袖們，策畫發動核戰，彷彿這只是某種新推出的電玩而已。

面對這些兇惡險境，在我們和絕望之間只有一種力量，那就是**享樂**。就某些無法否認的、直接的層面而言，享樂的確是讓我們能活在這世上的力量，而享樂就是五宮的重點。

對於五宮的傳統描述，讀起來很像快樂主義者的購物清單：派對、放蕩、戀愛、賽馬、賭博、遊戲和奢侈品。這些當然都是享樂，當然可以帶來喜悅，讓我們能帶著相當的優雅，遊走通過五宮的領域。但想像一下，當米開朗基羅第一次退後一步，讚嘆自己在西斯汀小堂創造的穹頂畫時，感覺有多麼美好；或是想像一下，當佛陀坐在菩提樹下，心終於靜了下來時，會有什麼感受。這些也都是享樂，只是比較微妙難言而已。它們都來

自於一個人的想像和個體性。

五宮是享樂的宮位，但如果要成功駕馭五宮，我們就要記得，享樂不全是感官的。創造是一種喜悅，冥想也是，與一個頭髮斑白的九十歲老船長墜入愛河，也是一種喜悅。這所有的活動，像是創造藝術、平靜地坐著、建立新的人際關係，都是五宮的一部分。

無法成功駕馭五宮，通常都是只沉溺在單一的享樂上，忘記還有其他更多的享樂。每年跨年夜都喝得酩酊大醉，你的人生沒有比這更糟的事了。如果你有類似傾向，你的享樂行為可能還更豐富。但要是每天都喝醉，狀況就大不同了，你的人生就會毀在自己手裡。

而你甚至還沒感受到任何樂趣。

影響五宮的星座和行星，可以提供維持喜悅的處方籤。它們象徵一些範圍明確的享樂，有些是集中在身體，有些則是心智，也有些是純精神層面的。我們要學習享受**所有的**喜悅，培養它們需要的技能和習慣，要預防對任何一種過度需求。你如果都能做到，那麼即使即將死去，任誰也無法抹去你嘴角的微笑。你臉上這些細小的喜悅紋路，就跟鼻子和眼睛一樣重要。

如果沒有做到，那麼即使好事到你門前都沒有用。你盯著它們，卻無法理解，也不會準備好要把握。或是你會奮不顧身撲向它，努力要讓它們變得更好，卻毀了一切。無論是哪一種，都是一場空，只有生命的痛苦而已。而喜悅就會像魚一樣溜過你的指尖。

六宮

傳統定義：奴僕宮位。

對應星座：處女座。

相關行星：水星。

領　　域：責任、技能與勝任、奉獻
與自我犧牲。

駕馭成功的表現：透過培養對個人有意
義、也對別人有價值的
技能，獲得成就感。

駕馭失敗的表現：永遠忙著不具個人意義的任務；苦工；薪水奴隸；
在重要關係扮演恥辱的隸屬角色。

　　一個朋友打電話來，聽起來很心急。他有個工作面試在兩百英哩外，必須在一個小時內上路，但是車子發不動。我們開車到他家，打開車蓋檢查一下，發現是舊電池的電極腐蝕，馬上掏出鉗子和童軍刀，測試電線，再刮清電極。三分鐘內，他的汽車引擎就轟轟作響了。

　　我們有什麼感覺？開心，驕傲，嘴角忍不住上揚。我們有得到什麼好處嗎？其實沒有，至少表面上是如此。從純自私的角度來看，只是浪費了半小時的時間，但我們卻不這麼覺得。我們完成的其實只是一次成功駕馭六宮的體驗，用這樣的方式展現個人技能，幫助另一個人。而且無論何時這麼做，我們都能得到這種特有的滿足。

　　在中世紀，占星學認為六宮是奴僕宮位。你想了解任何問題，只要問

一下馬廄小廝或廚房女傭，就知道答案了。不過到了二十一世紀，顯然需要徹底重新思考六宮的意義。奴僕宮位告訴我們的，不再是僕人。現在，我們自己就是僕人，但沒有任何貶低或卑賤的意思。在六宮，我們會認清一個基本的人類需求，就是渴望表現勝任並獲得認同，這可能是修車、拉小提琴、有建設性地詮釋星盤……勝任的形式有很多種，也非常廣泛，但我們如果沒有發現自己具備的特殊技能，或是沒有盡力發展它，人生就會有種空虛感，好像少了什麼基本的東西。

我們如何找到這種技能？答案就在六宮。這裡啓動的星座和行星，可以揭露性格中的哪一部分最適合去發現這種技能。它們也會提供一些線索，讓我們知道，當這種技獲得培養，更加精進，同時可以供世界運用時，會是什麼模樣。

當我們不能成功駕馭六宮時，還是需要擔負有意義的責任，但卻沒有東西可以付出。沒有技能、沒有特殊的勝任能力。我們會開始變得爲工作而工作，爲一堆瑣碎的、與自己無關的工作做牛做馬，淪爲薪水奴隸或社畜，祈禱週末早點到來。

我們很快就會發現自己活在一個充滿老闆的世界，當對自己的勞動缺乏內在方向感時，外在的方向感馬上會替補，此時對於自己決策能力的信心馬上就會崩潰。

這不只是專職工作會受到影響，當我們漸漸不尊重自己的能力，友誼、愛情和家庭關係，全都會受到影響，也會對自己失去信心，走到哪裡都好像在懇求別人給我們一點事做，而對方也會這麼做。當我們去做時，只會感到怒火中燒，因爲人生就此屈服於一堆無聊的麻煩，沒完沒了。

七宮（下降點）

傳統定義：婚姻宮位。

對應星座：天秤座。

相關行星：金星。

領　　域：親密關係、別人的認同感。

駕馭成功的表現：

關係會有下列特色：

1. 伴侶之間的平等。
2. 開放式，意味關係可以撐過環境的改變，繼續延續。
3. 特殊性：獨特的共鳴；「魔力」。

駕馭失敗的表現：親密關係中有長期屈服或命令的模式；無法形成穩定的情感連結；害怕親密性；極度依賴或極度恐懼依賴。

電影才開始二十分鐘，你就已經希望能省下這張電影票錢，別坐在這裡浪費時間。角色很空洞，沒有說服力，他們的價值觀、動機，甚至是個性，都像那些你已經留在十四歲生日那天的戲碼。

一個小時後，你還坐在戲院裡，電影還是很難看。突然間，你發現自己眼眶泛淚。發生了什麼事？就某個層次而言，你有點尷尬，覺得要是有人知道你竟然為了這麼蠢的電影快要哭出來了，實在太幼稚了。但就另一個層次而言，此刻你已經進入七宮的領域，已經把批判、嚴厲和驕傲都放在一旁，已經遠遠離開那些限制，實際去**感受**電影角色的感傷，雖然很抗拒，但你已經**認同**他們了。而這種認同感，就是我們能成功駕馭七宮的關鍵。

　　所謂的認同感，就是設身處地站在別人的立場想。這是所有戲劇性藝術的基石，像是電影，小說、戲劇，甚至歌曲。這也是任何親密關係的基礎，如果腦袋裡沒有設定基本的「我等於你」的公式，沒有任何電影和人能感動我們。

　　不過，設定這個公式就很難了，別人不是我們，跟我們不同。他們就像是外星人，就像電影裡的角色一樣，動機和價值觀都跟我們衝突。如果要認同他們，換句話說，就是要愛他們，我們必須**暫時放下自己的觀點**，必須把自己的個性擺在一旁，透過他們的眼睛看人生。這是很危險的過程，我們如果沒有處理好，就沒有辦法建立持續的親密接觸，可能結婚，可能有朋友，但還是有隔閡。要是真得說實話，我們必須承認，自己的世界裡只住了陌生人。

　　我們如果成功設定這個公式，放下自己個性的限制，又會面臨另一種危險，就是也許無法再找回自己了，可能迷失在關係中，被對方的世界觀左右，因此失去了自己的身份意識，變成了對方的陰影。我們會緊緊抓住這段關係，心中充滿了絕望和憤怒，因為自己的身份意識都依靠這份關係而定。

　　如果要成功通過七宮的領域，這裡必需具備一個最重要的特質，就是能夠感覺與伴侶是**平等的**。沒有人總是主控一切，沒有人是老闆，這裡的確有依賴，但這是雙向的。平等意味著互相依賴，這也是開放式的關係。老套的婚禮儀式，有一句誓言其實有抓到這個概念，「至死才會分開」，我們當然不用到這個程度，才能成功駕馭七宮，但是必須對對方**許下承諾**。這份關係不能只建立在方便之上，而是要有一種感覺，即使週遭一切徹底改變，這份連結仍不會受到影響。為什麼？**因為關係不是建立在環境**

條件之上，而是源自於雙方天性的本質。

　　最後要提醒的一點，也是最重要的，雙方必須有一種特殊的共鳴，這裡必需有**魔力**，也就是來電。我們可以把這稱爲浪漫，或是心理對稱，也可以稱之爲業力、命運或上帝的安排。什麼字眼並不重要。但是沒有這些神祕的火花，我們就永遠無法衝破自我和恐懼的高牆，踏進婚姻的宮位，只敢在長廊裡獨自徘徊。

　　即使以上的條件都滿足了，駕馭七宮還是很棘手的事，不過七宮的行星和星座會指引我們。它們描述了某種類型的人，最容易跟我們一起成功駕馭這個領域，而我們如果想要知道，當遇到這個人時必須如何相處，它們也點出了必須演化的性格面向。

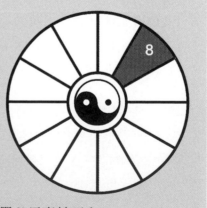

八宮

傳統定義：死亡宮位。

對應星座：天蠍座。

相關行星：火星、冥王星。

領　　域：普遍存在於人類意識中的
　　　　　　本能的行爲決定因素。

　　　　　1. 本能的慾望，想要建立性
　　　　　　關係；交配的本能。

　　　　　2. 本能察覺到生命有限，我們必須應付死亡。

　　　　　3. 本能意識到現實裡隱形的、超越的面向；死後的生命，
　　　　　　「超自然的」。

> **駕馭成功的表現：**健康的、流動的、自然的性慾；接受死亡，並將其
> 　　　　　　　　融入日常現實生活裡；感受到個人意識的不朽。
> **駕馭失敗的表現：**性功能障礙或性慾過度；對死亡過度恐懼；否認死
> 　　　　　　　　亡的存在；堅決否認「宗教的」、「超自然的」或
> 　　　　　　　　「神祕的」感覺。

　　性、死亡和超自然都是如此令人不安的事物。為什麼這三個看似截然不同的領域，會集合在一個宮位裡？它們之間有什麼共同點嗎？

　　它們的共同點就是讓我們面對生命基本的已知事實。在八宮，每個人都會面對一套眾生都有同感的需求和課題，會釋放強烈、混亂的情緒能量進入顯意識裡，而每一個課題和需求，都會讓我們看見一種本能。

　　想像一下，最好的朋友宣布要離開家鄉，去南美帕塔哥尼亞高原工作，我們會有什麼感覺？難過是肯定的，但還是會表示支持，深感不捨，因為這是一段很珍貴的友誼。不過當配偶或愛人也做同樣的事時，又有何感受？我們可能會崩潰，心如刀割、憤怒，覺得被拒之門外。

　　這兩種情境的差異，正是七宮和八宮的不同。若要了解我們對關係的需求，七宮是很重要的，但是在八宮，才會面對性關係獨有的本能感受，而這些感受會像洪水淹沒我們，動搖性格中日常的平衡，而且一旦被挑起，幾乎就停不下來了。

　　遭遇死亡時也是如此，此時，自我會經歷一些**無法理解、無法控制**的感受，同樣令人無法負荷。當兄弟意外離世，當被醫生告知得了不治之症時，當孩子被酒駕的人撞死時，在這些情境中，我們的人格會瓦解，淹沒

在本能的反應裡。

　　當人們在非學術性的情境下裡提起死亡的課題時，馬上就會面對另一種本能，會開始討論來生。根據大部分調查，絕大多數的人都相信，人的意識在死後會以某種形式延續。冰河時期的尼安德塔人下葬死者時，會用食物和武器陪葬，以供在下一個世界使用。從那時起，幾乎每個文化、儀式和宗教都會圍繞著同一個概念，即「只有肉身會死亡」。

　　若是擔心這種概念是否正確，這已超過本書討論的範圍。對我們來說，最重要的就是**對來生的信念普遍存在於人類的心智裡**。無論在任何時空背景下，都會提到這件事。這不代表全世界都接受來生的概念，並非每個人都想要一直活下來，但我們可以很肯定地說，每個人都有求生本能。對於來生的信念，還有大部分的「神祕」現象，都反映了這種本能。人們很自然就會相信這些事，就像是生理機能一樣。

　　看到鬼、記得前世、觀察友人在死前一分鐘突然出現的平靜神情，或是在起風的夜晚散步經過荒涼的墳墓……這些經驗都會讓心中充滿情緒，都代表我們正經歷**人格正常限制之外**的某種東西，在過程中也都喚起了一種本能。

　　這是一個縈繞不散、充滿爆炸性的領域。我們要如何成功駕馭它？若想順利穿越八宮，就必須**接受人格之外出現的感受**。

　　或是換一種說法，我們必須接受**不合邏輯**的感受，也就是違反對這個世界慣常描述的感受。這些感受會暗中破壞自我形象，威脅我們失去控制。這不代表我們一定會針對這些感受採取行動，只是會感知到它，並且願意去體驗。當我們承認這些本能感受時，就能獲得一些智力無法提供的

認知，如同在學習如何隨著一股不時潛伏在心智結構裡的「神祕力量」起伏流動。

　　就像四宮一樣，八宮有如一扇窗，自我可以透過它看到更廣大的意識結構。不過兩者還是有些差別。四宮是非常個人的，但在八宮，我們如果能信任、能勇敢地敞開心胸，就能超越個人領域，有機會體驗融為一體的感受。

　　這要如何做到？就是隨著性慾流動，感受各種層次的結合的神奇，包括肉體的、情緒的、個人的和精神的。接受死亡，與死亡融為一體，從中吸收、從中學習，而非逃避。死亡教了你什麼？看看自己的工作、關係和價值觀。當你活到一百一十歲時，會如何看待它們？你要探索內心某種不朽的事物，試著去感受自己的「靈魂」，放下邏輯，停止批判自己認知的可信度。你的心裡是否有某種深埋已久又無法遏制的東西？

　　你如果能做到這些，那就是成功駕馭八宮了。八宮的星座和行星可以給予建議和警告，但你必須自己通過這個領域。

　　你如果無法做到，同樣的本能就會一直阻撓你，讓你情緒化、痛苦，非常沉重。你可能有出色的伴侶，或是有一卡車的情人，但還是不滿足。你可能有強壯又健康的身體，但總是揣揣不安，認定有些無法言喻的恐怖事情即將降臨在自己身上，可能達成了驚人的創意和自律之舉，卻總是覺得這一切很空虛，毫無意義，想到終究一死，這些根本徒勞無功，無足輕重。

九宮

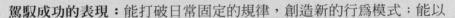

傳統定義： 水上長途旅行宮位。

對應星座： 射手座。

相關行星： 木星。

領　　域： 對抗變得機械化、日常固
定的生命傾向；形成個人
道德或哲學系統；建立個人
的世界觀；經歷無法預測的、
外來的經驗。

駕馭成功的表現： 能打破日常固定的規律，創造新的行為模式；能以
個人角度，清楚地體悟生命不斷演化的意義和目
的；能吸收令人震驚的、意料之外的認知。

駕馭失敗的表現： 將經驗變成例行公事；乏味、思想僵化、武斷、投機
取巧、心胸狹隘，或是沒有原則的行為，虛無主義。

　　當你從母親的子宮鑽出來，當然跟舊石器時代克羅馬儂人（Cro-Magnon，又譯克洛曼儂人或克魯麥農人，是智人的一種），其中包括所有現代人類的小孩不同，那是一個充滿長毛象和劍齒虎的世界。

　　就文化而言，你就像一張白紙，但這種狀態不會持續太久。不出幾年，你就會把搭飛機視為理所當然，亂玩精密電子儀器的按鈕，幻想長大後要做什麼。換言之，你已經成為了二十世紀工業化文明良好成員的一份子，這教導你看待人生的方式、價值觀，還有在世界上生存的姿態。你已經被賦予一種宇宙典型，這會為未來的哲學觀、幻想和人生抉擇添加色彩。

想像一下，當你完全吸收了這套典型後，加入了和平工作團，被派到亞馬遜盆地，跟當地民眾住在一起，而大部分的人先入為主認為他們就是原始人。一開始，他們的方式令你很震驚，像是缺乏衛生、嚴格的性別角色、吃蛆當早餐，還有惡靈……所有一切都令你非常迷惑又陌生，彷彿身為美國人，就像是把熱狗放在塑膠桌布上吃一樣古怪。不過，事情慢慢有了改變，你開始認識這些人、建立友誼，在他們眼中看到了智慧、敏銳和熱情。這是人性，你開始能理解他們的行為和文化，慢慢地也吸收了他們的宇宙典型。

一旦吸收，你就永遠改變了，心裡有某部分一拍即合，突然開始用兩種方式來看待這個世界，擁有立體的意識。你可以像美國人一樣思考，也可以像亞馬遜人一樣，兩種都行得通。一個現實，兩種模式。你已經掌握了某種生活和文化的基本要素，還有認知的本質，等於拿到了進入九宮領域的鑰匙，**我們所有的現實觀點都會被一種未表明的宇宙典型制約，而這種模式通常都是主觀的，具有限制性。**

如果無法成功駕馭九宮，一定會以為某種典型的現實就是實相。也許當我們十八歲時，可以拼湊出一種人生的畫面，到了三十歲時，會準備好接受另一個不固定的、更細緻的畫面。不過，我們的心智可能已經太僵化，無法改變，也太依戀老舊的典型，忘記這不過是自己腦海裡的一個畫面而已。

此時，我們如果繼續不知變通，就會活在一個已經不敷使用的世界裡，就是十八歲時創造的那個精神世界。這對我們而言，已經太簡單了。**老舊的典型已經不再具有吸引力，無法挑戰智力。**

這曾經是具有創意的適應，如今成為機械化的例行公事。而我們若是

緊抓著不放，就會變成很有效率的機器人，漸漸伴隨著一些乏味的故事，還有多年前建立的訓示，無聊至死。

如果能成功駕馭九宮呢？這是一門必須不斷更新的技藝。簡單地說，就是必須學習冒險，必須勇於嘗試，無論是在智力上、情感上，還是身體層面。我們必須刻意打破日常例行的行為和想法，在生活裡，為一些難以理解的事物保留空間，也就是留給奇蹟的空間。

影響九宮的行星和星座會提供精準的公式，幫助我們完成這項任務，也許跟上學有關，也許是需要旅遊，也許是日常例行事物需要讓自己大吃一驚，或是需要學習飛翔，為此爬上一片光滑的大理石岩壁，或是把工作辭掉，跟一群嬉皮住在一起。無論是哪一種形式，九宮的經驗會延伸一個人存在的架構，如果能優雅地駕馭九宮，日常生活就會取決於最重要的個人成長。如果駕馭失敗，就會覺得自己像被放逐到《芝麻街》的物理學家，感覺被困住了，非常無聊，又疲憊不堪。

十宮（天頂）

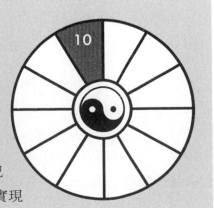

傳統定義：事業宮位。

對應星座：魔羯座。

相關行星：土星。

領　　域：事業、名譽、社會地位、
　　　　　　天命。

駕馭成功的表現：自我表達；滿意自己
　　　　　　　　在群體裡的地位；實現

天命的感受。

駕馭失敗的表現：陷入一個無意義的、疏離的社會角色；迷戀權力、
地位和外表。

　　十宮就是天頂，稍早提過，這就是一個行星在天上的至高點。當行星
到了至高點，只剩下一條路可走，就是往下。在天頂的行星，會竭盡所能
地彰顯自己，就像樹、建築物，還有地面的燈……

　　如果這個行星想要突破限制，變得更加顯眼，就在此刻。

　　就象徵意義而言，天頂代表我們最顯眼的部分。這就像有一個人從遠
方觀察我們，他會看到什麼？身高、髮色和性別。這就是天頂的形式，只
是這裡講的不是實際距離，而是社交距離。天頂代表我們從**社交距離**被看
到的模樣。更簡單地說，這描述了**我們在不認識的人眼中的模樣**。

　　他們看到了什麼？看到了我們對他們的**象徵意義**。在他們眼中的我們
不是人，而是各種不同**社會功能**的化身。這是不具人性的二次元觀點，只
是一個階級的代表而已。他們看到的是我們的地位，「他是中央情報局的
特務」、「她是人類學家」、醫師、律師和印地安酋長。

　　這個宮位象徵的階段，傳統上被稱為事業宮位，但把十宮稱為事業宮
位太狹隘了。我們的地位有很多決定因素，事業只是其中之一。「她是女
性主義者」、「他是共和黨人」和「她是反核活動份子」，這些都是十宮
的陳述。一個人不可能靠這些立場賺到一毛錢，但這的確**建立了在公共領
域的身份意識**，而這就是十宮掌管的事。

　　這個領域會強加在我們身上，無論喜歡與否，都必須應付它。我們是社會的一份子，對大部分的人而言，最後都攸關生存，除非能執行某些社會功能，要不然如何付房租？而我們一旦這麼做，就等於接上一個虛構和壓力組成的網路，而這將明顯決定了生命歷程。

　　如果想要成功駕馭十宮，就必須找到自己的天命。換言之，就是必須找到一個社會角色，能與內在的本質達成和諧。我們必須想辦法找到一條路，為「做自己」付出代價。

　　這是項困難的任務，但十宮的行星和星座會引導我們。它們具有雙重目的，就某一層面而言，它們就像天命的處方籤；而就另一個層面而言，則代表了如果想要找到自己的天命，首先必須發展的天性。它們點出了目標，還有通往目標的道路。

　　駕馭天頂從來就不是輕鬆的事。一般而言，這是最後發展的宮位，在它開花結果之前，首先必須非常了解自己。在成長過程中，我們會接收到像是「醫師、律師或印地安酋長」的人生規畫，必須從中挑選出自己的天命。如果能做到這點，就能自在地活在這世上。我們的工作、地位和公共形象，都能反映自己的內心狀態，並能全力以赴承擔自己的公共角色。而這麼做，也能擁有權力、創造力和自由。十宮會賦予天生的權威，讓我們成為決定集體文化的命運及神話的人物。

　　如果無法成功駕馭十宮，是否意味著衣不蔽體，或是粗茶淡飯勉強度日？不，完全不是如此。十宮只描述了我們被賦予扮演的一部分，只要還在扮演，就會覺得偷偷摸摸，很不穩當，感覺像是冒牌貨。而就某種意義看來的確是這樣。這種不安全感，會讓我們更絕望地想要抓住權力和地位。

我們知道，抓住這些東西其實非常不牢靠，就會更想要穩固它們，放眼望去，全都是對手，都是敵人、競爭者和騙子，彷彿自己一消失，馬上就會有一百個人彌補自己的空缺。的確如此，因為我們沒有創造這個角色，只是扮演它而已。

如果成功駕馭十宮，就不可能出現上述的情節。沒有人能扮演我們的角色，無論是哪種角色，都源自於個體性。這是一種自我表現，無法跟自己獨特的內在過程切割。只要知道這一點，我們就對自己的公共身份有絕對的安全感，沒有人能偷走它，因為沒有其他人能扮演它。這是屬於我們的，而當我們死去時，它也隨之消逝。

十一宮

傳統定義： 朋友宮位。
對應星座： 寶瓶座。
相關行星： 天王星、土星。
領　　域： 未來、計畫、目標、人生主題、團體認同、組織、運動、協會，自己的小圈子。
駕馭成功的表現： 人生有具體且明確的方向；源自於自我認識的目標，務實但具有啓發性；可以加強並支持實現個人目標的人脈。
駕馭失敗的表現： 目標模糊；漫無目標；無法許下任何層次的承諾；不切實際、狂想的、怪誕的目標；令人迷惑、漫無目標的朋友與夥伴。

　　方向，這就是十一宮領域的本質。你要往哪裡去？要變成什麼模樣？什麼希望、夢想和抱負，能讓日常生活有意義？這是一個獨特的競技場，我們無法進入，也永遠無法掌握。這是不斷改變的、不確定的，只能用猜想的，這就是**未來**。它會召喚並引導我們，但無論何時，只要我們一靠近，它就會像受驚嚇的小鹿馬上逃走。

　　我們活在**現在**，要是有人忘記這件事，馬上就會做出很多糟糕的決定。所有想要成功通過十一宮的人都必須謹記此點。

　　在十一宮，我們無法進入未來，這是不可能的任務。我們仍然穩穩扎根在現在，反而是能透過十一宮，**覺察到未來會對現在造成影響**。沒有人知道自己的命運，沒有人能看到明天。這個宮位與先知無關，我們只能在這裡開始覺察到自己隨著時間推移的發展，以及對於計畫和抉擇的需求。

　　這就是關鍵點，未來只是一個幻想，其本身與我們毫無關聯，但是所有人在此刻都能**覺察**到未來的存在。如何應付這種覺察，對於個體性的發展是很重要的。無論喜歡與否，所有人都朝著某個方向前進。要想成功駕馭十一宮，就必須清楚地、有目的地選擇未來，我們必須許下承諾，成為某種特定類型的人，**擁有特定的經驗**，達成特別的目標。我們必須採取某種**人生策略**，同時只要感覺它並未與現在脫節，與當下的處境有關，就要嚴格遵守它。

　　如果駕馭十一宮失敗，我們就會漫無目的，一旦如此，就會感到絕望，即使是在當下，都會陷入困境。沒有目標，就不會出現有意義的行動。但**人生就是行動**，所以我們必須行動，而行動是試探的、偶發的、不確定的，充滿了錯誤的開始，還有空洞的表態。我們很快就會制定目標來彌補這份空虛，然而，目標是沒有根據的，只是荒誕的、突發奇想的，完

全不切實際。因此，這些目標與我們現在確實經歷的一切無關，幫不上忙。所以我們會滋養目標，吹捧它們，讓它們看起來更複雜，更偉大。不久之後，**我們就會活在未來裡**，迷戀並認同一個永遠達不到的明天，而這趟十一宮之旅淪為一場失敗而已。

為什麼十一宮被稱為**朋友宮位**？朋友與個人的目標有何關聯？

首先必須先定義朋友這個字。在十一宮，朋友與真正的親密沒有太大的關聯性。如果想要深入了解這一塊，是要看七宮，而非十一宮。這裡的朋友，是比較表面的，只能看到一群類似的臉孔，像是夥伴，同儕團體，小圈子。

我們如何選擇這些人？因為**他們能反映我們的目標**。我們如果立志成為藝術家，就會找藝術家作伴；如果想要寫作，就會被作家吸引；如果想要變得更勇敢，就會找冒險家和鋌而走險的人作伴；如果想要尋找生命的意義，就會跟神祕主義者、瑜伽士和哲學系學生湊在一起。這些人有助於穩定個人志向，而我們也能體現自己想要的未來。對我們而言，他們就象徵未來，與他們互動，自己的目標就會變得更真實。

首先必須有目標，然後有朋友，我們如果想要成功駕馭十一宮，這就是自然的順序。但也可能不成功，那就會缺乏方向感，隨機交朋友。朋友是「自己找上門」，我們會跟一群夥伴和同儕往來，但這些人對人生策略毫無貢獻，只是占用自己的時間而已。

十一宮的星座和行星可以揭露我們要往哪裡去，還有誰能幫助我們抵達那裡，但是在占星學裡最重要的是要記住「符號是彈性的」。十一宮的配置不會為我們創造未來，只是描述了選項。我們可以用正面的、有創意

的方式來回應，或是用懶惰、沒有想像力的方式應付它。

　　無論出生星盤中的這個階段具有什麼能量，我們只需要知道，到了生命盡頭，無論好壞，它們都會主宰當事人。要馴服這些能量，說服它們去滿足我們的最高目的並不容易，而獨自去做這件事又更困難了。只有極少數人需要獨自做到這件事，而支持還是有的，朋友宮位的星座和行星可以告訴我們，去哪裡找到支持的力量。它們意味著哪種類型的人，或是哪種類型的團體或運動，對我們最有利，同時也顯示，**哪裡最需要、最賞識我們的能量**。我們不只能從「朋友」身上取用，也能付出。

　　建立目標，找到能支持目標的人，然後活在當下，這就是成功駕馭十一宮的祕訣。

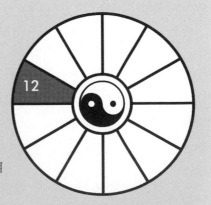

十二宮

傳統定義：麻煩宮位。

對應星座：雙魚座。

相關行星：海王星、木星。

領　　域：無結構的、無焦點的意識；意識本身；破壞我們認同人格的事件和經驗；自我的死亡。

駕馭成功的表現：自我超越；免於擔心人生起伏的自由；精神和心靈的經驗；冥想；感受「神的存有」或更高層的意識。

> **駕馭失敗的表現**：模糊、迷惑、不確定的自我形象；逃避主義；與酒精、食物、睡眠、性、電視或其他「藥物」形成濫用的、自我毀滅的關係；過敏；心理失衡；精神分裂；長期的「厄運」。

你站在法官面前被判宣告破產。你的生意毀了，長年的耕耘前功盡棄。他也判准你離婚，婚姻也毀了。一切都結束了，你一無所有了，走出法庭，踏入午後的陽光裡。

從表象看來，它代表破產的男人、疲憊不堪的女人、徹頭徹尾的失敗者，在這世上無立足之處。你正在哭嗎？正要去最近的酒吧嗎？痛苦、憤怒、自我毀滅，這就是你現在的反應。但想像一下，若是選擇了另一種反應，想像你正在法庭上用口哨吹出一首民謠，感覺十分輕鬆，就像是夏日午後的鬆軟雲朵。

你瘋了嗎？這是否認還是壓抑嗎？也許是，但也可能不是。一年前，你就像活在地獄裡，現在都過去了。你自由了，再也不需要爲注定失敗的生意做無力掙扎，再也不需要跟早已失去的丈夫或妻子永無止盡地爭論，討價還價。人生裡悲慘的一章已經畫下終點，你現在的「一無所有」，勝過已經失去的「某樣東西」，這讓你鬆了一口氣。

你走去公園，找到一張長椅坐下，被太陽曬得暖洋洋的。你閉上眼睛，讓所有一切都消失在眼前，放下焦慮、放下經歷，甚至放下自己的身份。短短幾秒鐘，你只**體驗到自己的意識**，不再被標籤和責任阻礙，腦袋全然放空。此刻，你在內心深處某個不理性的角落，感受到平靜的泉源。

只剩下不到一個小時，你可能得去黑手黨應徵工作，坐在會客室裡汗流浹背。不過在那一刻，你已經進入了十二宮的領域，而且還駕馭得完美無瑕。

對中世紀的人而言，十二宮是麻煩宮位，被視爲厄運的象徵，與疾病、貧窮和監禁有關。就外在而言，即使是成功駕馭了十二宮，還是常會帶來上述的挫敗。不過，**我們不能用自憐的態度面對麻煩**，而是要去利用它，將它內化，然後放手。

無論麻煩何時降臨，每個人都有內建的逃生路徑。我們活在這世上，必須爲自己負責，這麼講是沒錯。不過無論何時，只要我們想要，就能暫時脫離一下，可以把注意力從人格的戲碼轉移，集中在內心深處一個安靜的地方，一個永遠都在等待自己的角落。如果要成功駕馭十二宮，一定都必須啓動這些心理電路。我們可以把這稱爲逃生路線的冥想，或是禱告、沉思。如果對宗教的說法很困擾，那也可以稱爲自我催眠。而我們可以把找到的平靜稱爲上帝、「我們的核心」，或就稱爲放鬆而已。在所有宮位裡，文字在十二宮是最不重要的。

如果不能成功駕馭十二宮，逃避就成爲了主題。不過，此時的逃避目的，追求的不是平靜，而是麻木；不是跳脫人格的框架，而是待在原地，固執地認定自己的問題，卻什麼也不做；**不是暫時躲回自己的內心深處，而是徹底地抹滅意識**，這只是試圖讓自己關機。傳統的文獻認爲十二宮與酗酒的危險有關，現代占星書則加上藥物濫用，這當然都是對的。濫用酒精和藥物的人，就是駕馭十二宮失敗的典型代表，兩者都部分抹滅了個人意識。

　　不過在這個不確定的領域裡，化學製品介入意識只是其中一種危險而已。每天晚上眼神放空盯著電視機好幾小時的人，也是在麻痺自己。不斷地吃，或是滿腦子只有性的人，也是同樣狀態。任何強烈的、重複的、強迫性的行為都可能滋養了一條無法成功經歷十二宮的通道，而且就是這種迷戀開了第一槍，導致一個人無法用更正面的方式處理麻煩。我們已經麻木到無法動作，覺得瘋狂、隔離和冷漠，有些極端的狀況，可能會被認定有精神分裂症，而且一定會埋怨自己總是很「倒楣」。

　　十二宮的星座和行星就像定時炸彈，導火線可能很長，也可能很短，但都無法弄熄它。這個宮位的課題遲早會掏空我們，絆倒我們，讓我們面對一個幾乎無法控制的情境。一旦這情境出現了，我們就會去酒吧點兩輪酒，或是暫時縮回內心深處，感受自己體內永無止盡的創造力、生命力和恢復力的源頭。如果我們可以有這種感受，就能優雅地放開垂死狀態，知道當塵埃落定時，自己可以從頭開始。

　　這種放手從來就不容易。這些垂死的狀態非常珍貴，令人著迷。它們是我們在這世上的身份意識的基礎，但是這種身份意識只是暫時的現象，**只有意識是永恆的**，其他都無關緊要。你只要能理解這一點，麻煩宮位就再也不麻煩了。這裡會成為智慧宮位。而當你通過這裡時，會經歷一種牢不可破、持久的內在和諧。

第三部

句子

第八章

星盤解讀第一步

行星的星座和宮位

每個人都有金星，都會受到處女座影響，也全都得面對六宮的戲碼，這些就是身而為人的特色，不過，不能用單獨一項來描述一個人。如果想要描述一個人，就必須更進一步了解占星學。

金星、處女座、六宮，這些是什麼？只有抽象概念，僅此而已。但如果把它們湊在一起，就像之前範例星盤的那位男士一樣，會有什麼狀況？金星在處女座代表什麼？如果透過六宮來解讀這兩者的結合，又代表什麼？這就是神奇的開始了。

星座、行星和宮位就是一套古老心理學理論的本質，而這套理論至今還能應用在我們身上。但是，當我們把一個特定的行星與一個特定的星座和宮位結合在一起時，就不再是談論理論，而是開始談論人。你說一個人有金星，就像說他有眼睛一樣，誰在乎啊？但是當你說，他的金星在處女座，就像在說他的眼神像冰鑽一樣冰冷又尖銳。而當你說，這個處女座金

星落在六宮，就像在說有這樣眼神的人正瞪著你，手上還拿著一把手槍。

　　星座、行星和宮位的結合，是應用在一個人身上最基本的占星陳述，在人類的心理形成一個基本的「片段」。這很具體、特殊，獨一無二。而且只要十個片段，加上上升點，還有一些連結的組織，就能形成一張出生星盤，而這個陳述是如此清楚，如此專業，幾乎不可能被重複。

行星落入星座

　　要理解行星與星座的互動，**關鍵**就在於記住兩者的不同，各有其獨特目的。如果忘記這一點，星盤解讀就會模糊不清，就像把一個毛線球放在一籃小貓裡。

　　行星的問題是**什麼**，星座會接受這個**什麼**，然後用**如何**及**為什麼**來延伸它。

　　什麼是金星？它就像所有行星一樣，是一種心理功能。在這裡，我們聚焦在**創造關係**的能力，任何時候談論到金星時，這個課題就是焦點，這就是**什麼**。

　　金星本身有一些內建的人格，有人喜歡孤獨，有人則是派對動物。無論是哪一種，關係的形成就是金星的功能和焦點。那麼金星在性格裡實際的運作呢？這裡的**如何**及**為什麼**是由它落入的星座決定，而不是它自行決定。

　　當金星在處女座時，處女座的需求和渴望就會成為親密關係模式的基

礎。什麼是處女座？唯美主義者、僕人、殉教者、分析者。

　　當金星受到處女座影響時，我們的目標就是**理想主義者**，至少從心的角度是如此的。處女座會保證這一點。這個人的心裡會有一個完美婚姻或友誼的形象，會努力不懈地朝這個目標努力，爲了實現這個目標犧牲很多，也許還犧牲過度了。要是他的另一半從神壇上爬下來喝一杯啤酒，麻煩可就大了。處女座想要完美，少了任何一點都是對個人的公開侮辱，像是一種背叛。

　　金星在處女座的**爲什麼**，說易行難，就是以創造一份**已經完美的關係**爲目標，而其運作要絕對符合一套理想，但這些只是設定者個人的直覺感受而已。

　　在處女座的箭袋裡，所有的箭都與**爲什麼**有關。他會嚴密注意關係運作的每個細節，謹慎誠實地評估這些細節，毫不畏縮地堅持負責。他也很謙卑，在講到成長和眞正的改變時，也可以感受到兩者之間的差異。

　　金星在處女座的**爲什麼**也有狂熱的一面，過程可能會出差錯。理想的關係只可能出現在兩個完美的人之間，已經解決了所有課題，就像一對佛陀。有這個配置的人可能會變得有很多不理性的要求，永遠不滿足，永遠在挑剔。他們可能愛上了內心幻想的女神或男神，然後把可能成爲伴侶的活人嫌得一無是處，也可能過度神化現實的伴侶，模糊了對方的眞正本質，而且通常對方在現實生活中的一些表現一旦坐實了他們的看法，此時金星處女就會驚呼這是背叛。他們也可能自覺一文不值，內心有股巨大的不安全感不斷驅策著所有人際關係。到頭來，他們無法提出合理的要求，或是不斷做一些卑躬屈膝的事來「贏得伴侶的愛」，深陷於這種模式，無法自拔；也可能進入一些屈就的、自我毀滅的關係。

　　我們永遠無法光就金星在處女座，就能可靠**預測**上述的負面行為，雖然有很多占星書都是如此描述，但那只是算命而已。你在閱讀這些書時，如果也能注意現實，就會發現這些狹隘的描述常常是錯的。

　　這些負面的表現只是風險而已，就像職業風險一樣。它們扭曲了金星處女座的基本功能，這指的是實現理想的關係模式。任何好的占星詮釋都會提到這些隱藏的危險，但只是警告而已。即使我們看到一位金星處女座的女子，把一隻酗酒的狒狒當成救世主，跟牠同住一個屋簷下，也永遠不能說這是她的「命運」。她不是注定要陷在哪裡，無論做什麼選擇，她都可以有更快樂、更敏銳的回應，就像我們一樣，都能成長。所以，當我們看到一個行星落在一個星座時，永遠都要思考三個點：**什麼、為什麼**和**如何**。謹遵守這個原則，你就永遠不會淪為算命仙的層級。

宮位的意義

　　行星代表**什麼**，星座代表**如何**及**為什麼**。宮位還會多問一個問題，讓占星系統變得完整，而這可能也是最務實的問題：**哪裡？**

　　每一場戰役都需要戰場。無論敵人的本質為何，戰場本身就會在這場衝突中留下印記。我們是跟敵人在草木濃密的叢林裡發生衝突嗎？還是在起霧的深山裡？沒有路徑的沙漠裡？如果不知道地點，不可能知道這場戰爭會如何開展。

　　行星和星座也是同理而論。當火星進入雙魚座時，可能火花四射。但這些火花在職業宮位看似是一回事，在家庭宮位裡又是另一番不同的風景了。

　　每個宮位都是獨特的戰場，各自代表一個人生區塊，我們會在其中做出選擇，但宮位也代表了固定的現實，有特定的先天模式，這是一個明確的領域。我們可能會往高處爬，登上山頂，也可能選擇留在山谷裡，但沒有任何願望可能讓這個領域翻轉成為平地。

　　在哪裡？ 這個問題可能比表面看來更加複雜。我們都活在兩個世界裡，一個是**客觀的世界**，姑且把它稱為宇宙，或是物質界，或是現實。無論如何稱呼這個生命次元，其中都充滿既定條件和限制。這代表一個人格界線之外的世界，人格必須學習應付的世界，而這就是**宮位的領域**，像是婚姻、事業、語言的力量和限制，還有金錢。

　　但是宮位還有第二個領域，也就是生命的主觀面。我們可以把它稱為無意識、星光界，或是上帝，或是想像力。無論它被貼上什麼標籤，我們都可以進入這個生命次元，探索它，而這是由四宮、八宮和十二宮代表。這就是一種「哪裡」，又是宮位的象徵符號。

　　算命師常會錯過這一點。他們對於內在宮位的詮釋往往很膚淺，想要用外界的措辭詮釋內心的現實，最後都只有模糊的婉轉說法。

　　有一點要切記在心，**每個宮位只是個人覺察力能進入的領域，並在其中自我表達。** 有些宮位是顯性的，有些則是看不到的，但仍能回答**哪裡**的問題。

　　現在回到一開始範例提到的英國男士。我們已經從他的例子看到，金星如何受到處女座的影響。那金星在六宮又代表什麼意思？

　　六宮是比較外向、具體的宮位。當金星在六宮時，它的表現場域是對

外開放的。我們所有人都坐在前排的位置。

六宮是奴僕宮位。我們會在這個階段的宮位象徵裡遇到責任和職責。這也是工作、技巧與技能和勝任能力的宮位，也代表了我們能提供給身邊人的支持。

如果駕馭失敗，六宮就只是勞役。我們會被責任和職責壓得喘不過氣，任由自己被困住、被奴役，屈服於另一個人的意志。

為了完成這個「片段」，六宮會為處女座與金星互動產生的課題，添加重要的**哪裡**次元。六宮定義了星座和行星會在哪一個競技場演出它們的對話。

就解釋的角度來看，我們占有優勢。六宮和處女座已經有很多相似處。再提醒一次，星座和宮位都是十二個象徵符號的循環，星座的特定階段會與行星的同一階段相互呼應。六宮的課題會與第六個星座的課題類似，而第六個星座就是處女座。

星座和行星是一樣的東西嗎？不是。**星座**永遠都是提供腦袋內容的**動機**，還有**態度**或**調性**，而**宮位**則告訴我們，要到**哪裡**尋找這些腦袋內容產生的事件。舉個例子，處女座代表必須透過某些特別的勝任能力或技能來表現自我，而六宮代表工作與責任的具體領域。因為兩者有重疊，所以我們要詮釋金星是在六宮的處女座，就比較容易，我們手中要同時雜耍的球比較少。

金星無論是在哪個星座或宮位，永遠會讓我們面對親密人際關係的問題。這就是金星的**什麼**，不過它指的不完全是愛情關係。金星也象徵了友

誼和合夥，還有顏色、形狀和聲音之間的關係。它也象徵了我們的美學反應，還有建立情感連結和理解的能力。

一開始提到的英國男士的金星在六宮，當我們開始解碼他的人生時，最注重的是他在合夥關係裡的專業工作，以及在日常生活（**哪裡**）表現如何形成關係（**什麼**）。他終其一生都會發現，**如果想要成功應付選擇的工作，就必須面對維持和諧人際關係的需求。**

他喜歡這樣嗎？成功了嗎？也許是，也許不是。宮位會顯示狀況，而不是我們對宮位的感受。從星盤的傾向來看，這位男士可能會是孤僻的人。不過無論如何，當金星影響六宮時，日常生活一定會與人際關係糾結不清，而他要學習如何接受另一個人是平等的夥伴。

他可能面對什麼潛在的危險？處女座已經提供部分答案了：吹毛求疵、無法控制的完美主義、過度理想化，還有不切實際的要求和期待。六宮只是為這個難題再多添一筆而已，我們如果看到所有金星處女座的破壞性行為，當然會看到這破壞了他的合夥關係，還有感情關係。

工作領域之外的簡單友誼，可能比較不容易遇到這些處女座的問題，但是對於這位男士的發展而言，簡單的友誼也比較不是重點，對他而言，就是沒那麼重要。大部分會影響人的關係，都是來自於六宮的領域。同事就是心靈伴侶：這是他的人生的固定特色之一。這是六宮界定的生命領域，他可以用創意來應對，或是用生氣和憤慨來面對，但永遠不可能改變它。持久的愛一定要共同分擔工作，持久的工作一定要有朋友與愛人的支持，這就是這位英國男士的金星傳達的訊息。

是哪些夥伴在這位英國男士的人生裡，扮演如此重要的角色？這個問

題還是由金星回答，他的夥伴是金星類型的人。藝術家、諮商師，或是優雅又敏感的人，又或是有魅力的人。而他又會與這些人做什麼類型的工作？這也是金星可以回答的。他找的工作一定會與表達和發展自己的金星功能有關，也許是從事人際關係的工作，也許是心理學家，或是「藝術家」，像是詩人、音樂家、髮型師或室內裝潢師。我們不能替他算命，這必須由他自己決定。

金星提供了很多選項，但占星學會縮小領域，一定可以在其中找到選項。就職業而言，他的幸運與金星有關。在工作的世界裡，金星的心理功能就是指引方向的北極星。如果他不理會，就只會漫無目的，吃閉門羹。

這就是一個典型的「片段」，而每張出生星盤都有十個片段。你先把它們全都解開，然後再編排在一起，就已經精通解讀星盤的魔法了。讓我們先分析已經學會的，整理出一些通用的規則，可以應用在所有的星盤上。這裡有許多「片段」，但都是同樣的運作方式。我們如果簡單清楚地找到**什麼**、**為什麼**和**哪裡**，很快就不會覺得把這些符號整合在一起是件很挫折的事了。

策略

所以，你會有行星落入某個星座和宮位，這代表什麼意思？你下一步該怎麼辦？大部分的人一開始都是一片空白。

你可以看一下時下占星師使用的食譜型占星書，覺得困惑嗎？這不成問題。這有一段關於金星在處女座的解釋。但金星在六宮呢？當然沒問

題，可以看一下金星在六宮的解釋。到目前爲止，這讓人鬆了一口氣。我們接著把這些拼湊成一種解釋時，越拼湊，就越覺得說出來的話好像一張由矛盾縫製而成的拼布床單。

問題很簡單。占星符號裡與一個人有關的最小的單位，就是行星、星座和宮位的結合。生命有三個面向，身份意識、目的和環境。少了其中一個，你的解讀的可信度，就會像是B級怪獸電影裡的天際線一樣，只是剪了海報充當背景而已，騙不了人的。

那爲什麼沒有一個人寫一本書，解讀所有結合行星、星座和宮位的「片語」？答案還是很簡單，因爲這種片語數量太龐大，明確的數字是一千四百四十個。而這些「片語」還會彼此影響。有兩位女性都有牡羊座的火星在十宮，但其中一位是太陽魔羯座，另一位是太陽雙子座，火星就會透過截然不同的方式添加影響力。如果有一本字很小的書把這些因素都列入考慮，可能要有從地球到月球的空間，才能攤開這本書。

我們必須用不同的方式繼續解讀，此時直覺能幫得上忙，而創意是必備的。不過如果有任何人暗示，你必須要有超感官能力才能成爲好的占星師，那只是混淆視聽而已。你需要的是按部就班的思考，而這也是唯一需要具備的。

在一張出生星盤裡，符號的互相影響實在太複雜了，如果沒有系統性的方法，腦袋一定無法負荷，會被細節淹沒，無法全面理解。要精通這種按部就班的方法，只要稍加練習，馬上就會有神奇的事發生。這些符號會用新方法重新整理思考，你開始在星座、行星和宮位之間建立創意的連結，而且是從來沒有在任何書上看到的連結。

五個步驟

　　這是按部就班的方法，學習這五個步驟來解讀一個占星片段。你一開始要謙虛地嚴守這五個步驟，學習這種新技能，很快就不用那麼正式，除非你被難倒了。

　　步驟一：先看這個行星，我們會考慮**什麼**心理功能？在討論哪一部分的心智？是太陽的形成身份意識嗎？土星的建立紀律嗎？

　　步驟二：檢視星座，這就是驅動行星的東西。這個行星功能要追求什麼？什麼是構成它的活動的原因（爲什麼）？這裡隱藏的程序是什麼？只有星座知道這些問題的答案。我們在這裡可以獲得某種目標感，也就是演化的方向。我們如果對一個階段的理解很零碎，沒有焦點，很可能就是搞砸了步驟二。

　　步驟三：思考一下，**如何**讓這個行星與星座的結合能達成它的目標？這個星座能提供什麼相關的資源？行星能提供什麼？你可能想要檢視一下在星座的章節，看一下**資源**的介紹，或是在行星的章節，檢視**功能**的介紹。你如果就是當事人，擁有這些力量和傾向，會如何讓自己變得幸福？

　　步驟四：思考一下，這個行星和星座的結合可以**如何**被扭曲？哪些行爲符合這個片段的意義，但卻不符合它的演化目的？你如果需要重溫記憶，可以看一下星座章節的**陰影**介紹，還有行星章節的**功能失常**的介紹。

　　記住，要把這些扭曲當成警告，而不是預測。

　　步驟五：檢視宮位。這些行星和星座的課題會在**哪裡**發展？它們會創造哪些行為？會在哪一個生命領域強烈回應這個星座和行星，改善了個人**境遇**？又會在哪一個生命領域做出軟弱回應，最可能導致焦慮和挫折？關於這些問題，宮位都有答案。

　　你要信任這五個步驟，它們很有效，也是我們對於金星處女座在六宮的所有觀察的基礎，當然可以妥善運用在其他一千四百三十九個片語。

　　跟著這五個步驟，解讀就會正確且明確，具有個人色彩，也很有創意。而且最重要的是，這不會把任何人放在一個工整的小盒子裡。你會是一個演化占星師，而不是算命師。

第九章

星盤解讀第二步

相位、守護行星和南北月交點

有一位女士的工作很恐怖，才早上十點，就已經泡了第四杯即溶咖啡當水喝，吞下阿斯匹靈，直到下午兩點，才意識到自己午餐只吃了阿斯匹靈，而到下午五點時，就在考慮到底是要提早退休，還是隨性地在辦公室爆炸。她通勤回家，到了家門口，丈夫親切問候她這一天過得好嗎？半個小時後，兩人莫名其妙大吵二十分鐘，毫無意義。為什麼？因為她需要釋放緊張的情緒，在親密關係中釋放與工作有關的壓力已經成為她的婚姻模式。

另一位女士也是一整天工作不順，也吃了阿斯匹靈，攝取過量的咖啡因，也是幻想要把某人宰了。她也是通勤回家，丈夫同樣親切問候。但是，她沒把他大卸八塊，反而倒在他的臂彎裡，討一些安慰。才半小時，他們已經在討論是要吃中國菜還是義大利餐，而她可能早把工作的事忘了。為什麼？不是因為她比第一位女士「好」，而是她的工作電路和親密關係電路，用截然不同的方式建立連結。

在某一個生命領域的緊張，不必然會在另一個領域產生緊張。對第二位女士而言，這兩個領域的連結，並不像上一位火爆女士那樣緊密。

再進一步檢視一下這兩位女士的人生。我們會發現，第一位女士的丈夫很清楚妻子的工作狀況，會分享她的心情高低起伏，瞭若指掌，也會給建議。他就像妻子在職場的小角落，而她在大部分的時間裡，都很珍惜這一點。而在第二位女士的婚姻裡，有一個心照不宣的默契，就是把工作留在辦公室裡。無論是丈夫或妻子，對彼此的日常工作都不太了解，也不太感興趣，而雙方都很滿意這種安排。

這是婚姻中發生的事，既然我們在處理**哪裡**的問題，馬上就會想到重點是在七宮。如果是工作的事，就可能要看六宮或十宮。如果不考慮至少其中兩個宮位，不可能知道這兩位女士的差異。所以，事業和婚姻之間的互動，顯然無法只分析一個占星片段，因為其中的「片語」只可能發生在一個宮位。每一個「片語」只能有一個**哪裡**。

不過正如我們在範例中看到的，生命不可能是這樣運作的。事業的挫敗通常都會影響婚姻，自尊的確會影響人生的哲學觀，而玩樂和表現的程度，也與性慾有關。在我們的腦海裡，沒有任何部分會與其他部分切割，全都是息息相關的，全都會互相影響。就占星學而言，出生星盤遠超過於所有片語的總和。

解讀一張星盤，絕對不只是理解十個結合星座、行星和宮位的片語組合而已。我們必須知道，它們會如何互相影響，也必須知道每個片語的限制，或是加強其他片語的表達。在解讀一張出生星盤時，**必須以整體而論**。碎片般地解讀每個片語，無法有任何結論。

要如何做到這點？如何超越片段？有些只是常識而已。範例中的英國男士的太陽是在六宮天秤座。他大部分的天生能力（太陽代表**什麼**）與在工作領域（六宮代表**哪裡**）創造和諧的人際關係（天秤座代表**如何、為何**）有關。

我們再仔細看一下這張出生星盤，很快就會觀察到有幾個因素綜合起來，是與天秤座太陽對立的，這些因素象徵大量的獨立。像是他的上升牡羊座，讓他外表顯得比較急性子。這是如何看出來的？我們在不太熟識的人的面前顯示的樣子，絕大部分與上升點有關，而在英國男士的例子裡，牡羊座就會添加直接、強烈、甚至有些威脅的色彩。還有另一個因素的運作方式，也跟他六宮的天秤座太陽是對立的，那就是寶瓶座的月亮。他的情感（記住月亮代表什麼），會受到獨立和古怪驅策，而且渴望成為一個非常不平凡的人（寶瓶座代表如何、為什麼）。

考慮這些因素後，只要憑一般的常識就可以知道，至少在某些時候，這位英國男士的太陽的表現，跟月亮和上升點是相反的，他需要合作，但很痛恨妥協，這意味著緊張，也與成長有關。

你要對這些不和諧的模式抱有警覺心，因為它們就是占星學準確有效用的精華所在。我們接下來會繼續介紹這個技巧，但現在要用一種更直接的方式來找到模式，也就是用清楚的、不會出錯的方式把片語連結起來。

相位

　　如果星座、行星和宮位是占星語言的基本單字，**相位**就是管理這些單字如何串連的**文法**和**語法**，就像踏出穩健的第一步，帶領我們組合出完整一致的占星句子。

　　什麼是相位？就實際而言，相位只是行星之間的幾何角度。每張出生星盤都是一個圓，都有三百六十度。舉例來說，沿著這個圓，金星跟火星可能相隔九十度，這就是相位。

　　過去數百年來，占星師發現某些角度會觸發行星之間非常強烈的互動，有些角度則不然。

　　舉火星和金星的九十度為例（見下圖），就是一個重要的相位。根據這兩個行星距離的度數，我們不可能只討論其中一個，卻對另一個毫無理解，它們是連結的。

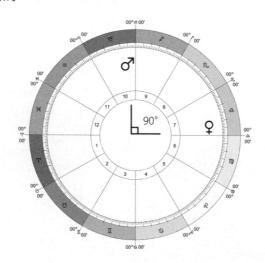

金星和火星的九十度相位

如果有人有這個相位，那麼火星的麻煩，永遠也就是金星的麻煩，而強化金星，也可能幫助火星運作地更順暢。

傳統占星師把相位分爲好壞兩類。不過，這些字眼永遠無助於清楚的占星思考。所有的相位都有功能，都有一個目的，有些感覺比較好，但這不用太在意。通常感覺最好的相位會把我們帶往最糟糕的困境。你要拋開好壞的想法，至少對占星學而言是如此的。要從功能的角度來思考每一個相位，而不是它們的難易程度。

零度：合相（The Conjunction）

所有相位中，最簡單的就是**合相**，當兩個行星完全重疊時就是合相，它們的功能也會互相轉移，緊密結合。在結合時，彼此會互相調和，形成一種「大片段」，比單獨一個「星座—行星—宮位」的結合複雜多了。

融合就是合相的本質，兩個片段合而爲一。

假設火星和水星合相，通常侵略（火星）和智力（水星）在大腦裡各有領域，刺激其中一個電路，另一個電路不會被觸動。但是兩個行星合相時就不是如此，當一個電路被引動時，另一個也會被觸動。結果就是犀利的、尖銳的腦袋，很有說服力，可以正反並陳，也可以顧及輸贏兩家。所有的水星功能都會染上火星的競爭色彩。

那火星又會如何被影響？傾向於將天生的侵略性訴諸推理。這個人不太可能在酒吧鬧事裡出風頭，但在討論政治或宗教時，可能就會展現無恥的殺手天性，會用腦袋和舌頭取代重擊的拳頭。

這些情節當然都會被合相所在的星座和宮位指揮及調和，出生星盤中的其他相位也會有影響力，不過關鍵是不變的，意即**在合相中，兩種通常分開又截然不同的功能，通常會融合為一**，只要其中一種發揮作用，另一種一定會被啟動。

一百八十度：對分相（The Opposition）

古老的占星學會認為對分相是一種「壞」相位，的確如此，它會製造巨大的緊張，但緊張也能為出生星盤增加全然的深度和彈性，而這大部分取決於當事人選擇用哪種方式回應對分相製造的課題。

緊張就是認識對分相的關鍵。兩個行星無法調和地**兩極化**，只要一個往左，另一個馬上往右，這跟乖僻無關，都只是根據內建的邏輯自然發揮功能，但彼此一定會互相破壞。

假設一個行星在金牛座，跟另一個在天蠍座的行星形成對分相。金牛座行星背後的**為什麼**就是追求平靜與簡單，但是驅動天蠍座行星的**為什麼**，剛好完全相反，是渴望強烈、深刻，帶來轉變。

它們兩個合不來，這就是為何傳統占星學說對分相是「壞的」，但我們不要被這種膚淺的想法綁架。金牛座行星與天蠍座行星之間的緊張可能是無價的，彼此能互相糾正對方的過度和不足，彼此都不喜歡這樣，但是都會因此變得更好。

金牛座行星可能最愛每個週末都待在家裡，家裡很安靜，又安全，為什麼要沒事找麻煩呢？天蠍座行星就有不同想法了，會安排週末去跟市區的心理醫生碰面。

　　如果一個人的出生星盤有對分相，**可以在意識裡同時擁有兩極的各一半**，在其中找到妥協，人生也會更豐富。他會很放鬆，也會跟幾個有趣的心理學家見面。這就是對分相的重點，可以擴張覺察力，足以見到一個課題的一體兩面。如果能做到這點，就能變得有彈性、多變，又有適應能力。

　　但如果無法跟對分相和平相處呢？又會有什麼狀況？如果無法成功應付對分相，結果會很可怕，腦袋會在兩極之間游移不定。當其中一方勝出時，另一方就會被逐出覺察的範圍。我們可能獲得簡單，卻失去更珍貴的東西，就是明智。對分相最糟糕的狀態就導致雙重人格。

　　兩極中的其中一端會占據注意力，我們會根據它的需求做出選擇和承諾，不替自己留後路。然後當另一端浮現時，會強迫前者退居幕後。這時會有另一套的新需求和動機驅策著我們，破壞了根據前者的影響所採取的行動，就這樣來來回回，也許很多年，我們會成為自己最糟糕的敵人，成就甚少。

九十度：四分相（The Square）

　　四分相就像對分相，被認為是「有害的」相位。在此也要再提醒一次，只有在我們無法掌握這個相位代表的發展課題，無法做出正面的回應時，才會出現所謂的壞處。

　　四分相會製造**摩擦**，就如對分相會製造緊張。而在兩者之中，對分相比較和諧，因為對立的星座永遠都有**某種共同點**。就如天蠍座和金牛座，共同點是本質；雙子座和射手座是好奇；獅子座和寶瓶座是人格的極度發展。它們永遠都是硬幣的兩面，也許表現完全不同，但還是屬於同一個硬幣，四分相則是另一回事。

　　四分相的摩擦特質來自於一種絕對的、根深蒂固的不和諧。**在四分相裡，兩個階段沒有互相理解的基礎**。這裡沒有共同基礎，沒有共同語言，只有一道無法理解的高牆。

　　假設一個在牡羊座的行星和在巨蟹座的行星形成四分相，牡羊座底下的**為什麼**就是培養勇氣，而牡羊座的**如何**，通常都是刻意尋求某些類型的壓力，而這個片語中的行星和星座，可以更精準地界定這種壓力。

　　巨蟹座的片語則是由另一個完全不同的、隱藏的程序驅動。它的**為什麼**與廣泛加深個人的生活有關，而這裡的**如何**，則取決於個人與外界的關係的穩定及融洽，這正是牡羊座想要搞亂的世界。

　　對巨蟹座而言，牡羊座的行為**沒有意義**；對牡羊座而言，巨蟹座的行為也很令人費解。更糟的是，當其中一個如願了，另一個就會不知所措。它們的目標是相反的，因為四分相產生連結的行星，會爭奪人格的主控權，其中一方的勝利，對另一方而言就是毀滅。

　　若說對分相是對手的相位，那**四分相就是天生敵人的相位**。

　　這是很強烈的說法。在腦海裡有這樣的世仇，能有什麼好處？我們如果願意的話，好處非常多。大自然裡充滿了天敵。獅子和牛羚、貓頭鷹和老鼠，狐狸和兔子，牠們的戲碼非常殘酷，但都是要滿足一個可以被寬恕的目的，就是弱者必須被毀滅。動作遲緩的、生病的會被逮到，行動迅速的、狡猾的可以逃過一劫。

　　四分相也有同樣的目的，它製造的摩擦會不斷地對這兩個行星施加成長的壓力。如果要存活，就必須演化，只要一疏忽，一陷於自我耽溺，就

會被踐踏受傷。不要想辦法「解決」四分相，你找不到方法的。四分相是無法解決的，它充其量只能是個性中一種永無止盡的不安源頭。就理想的狀態而言，這種不安是一股療癒的力量，帶來的不是平靜，而是成長和成就感。

四分相的恐怖不在於會導致進退維谷的困境，這只是隨著相位出現的領域而已。要通過這個領域從來就不舒服，但總是會讓我們變得更強大，清除所有針對其中一個行星片語做出的無力回應。而這裡恐怖在於，其中一方可能會贏，成功毀滅另一方，讓它淪為被動，功能失常。然後我們就會陷入癱瘓，構成人性的十個基本「精神電路」當中，就有一個被毀了，有某種重要的東西離開我們了，而相關的生命領域，無論是哪一個，就會上演災難、錯誤的開始，還有麻木地重複地失敗。

一百二十度：三分相（The Trine）

這是一個「好」相位，但我們要小心看待這種說法。相位就像婚姻，有些是建立在熱情之上，有些則是友誼，而在所有的婚姻裡，有些會如百花盛開，有些則像走入墳墓。相位的問題不在於哪一種婚姻「比較好」，人生太複雜，不能用這種簡單的思考方式。這裡的問題應該更聚焦在，如何調和熱情婚姻裡那種爆炸性的「玉石俱焚」的心態？如何讓死寂的、太過安逸的友誼充滿生氣？

我們已經見識過對分相和四分相這些熱情的相位，它們的危險很清楚，就是讓腎上腺素激增，彷彿車後方二十公尺突然有警車的燈在閃。現在來看另一種婚姻，來跟友善的三分相打照面，看看我們是否能逃開它的催眠曲，免於陷入一輩子的沉睡當中。

　　三分相對算命師而言，就像勞斯萊斯等級的相位，只賦予它正面的特色，認為這是一股力量，可以強化、加深相關的行星，越多三分相，就代表越幸運。不過這是傳統的看法，不要信以為真。你要是相信三分相天生就是好，就等於相信在所有婚姻中，伴侶都不需要吵架，就能自動成為完美的另一半。

　　三分相就像對分相和四分相一樣，隨時都能讓行星的結合走味，但也像任何的四分相和對分相一樣，可以幫助行星達到最高層次的表現，一切都要看我們選擇如何回應。三分相意味著**和諧**，相隔一百二十度的行星能互相達成協議，也許本質非常不同，也許目標也毫無關聯，但它們是**天生的盟友**，不需要事先審慎評估，也不需要多做努力，就能自在地團結合作。但這樣的結盟合作，對我們而言到底是幫助還是阻礙，就是另一個問題了。

　　假設月亮在射手座，會對射手座的經驗產生情感的渴望（月亮），這些經驗能打破日常生活規律，讓自己置身於充滿異國風情、刺激的環境裡。

　　想像月亮跟牡羊座的火星形成三分相，所有侵略性的、衝動的心理電路（火星），都會受到牡羊座對探險、勝利和高峰經驗的渴望驅策。

　　火星和月亮透過三分相，連結成為一種互相支持和強化的模式，這裡沒有對立的目標，它們是有共識的，都迫切渴望刺激，如果其中一個被取悅了，另一個也會很開心。當火星與射手座的月亮形成三分相，我們可能去尼泊爾健行，或是去紅海的珊瑚礁潛水，也可能嘗試在寒冷的一月，把雙手反綁在背後，游泳橫渡英吉利海峽。

　　內在的和諧是三分相最棒的力量，但也是最致命的缺點。透過三分相結合的行星，彼此不會感到衝突，而衝突不一定是壞事，有時可以孕育平衡及良好的判斷。三分相可是非常有效率的心理機制，讓兩組行星片語能合作，共同達成各自無法單獨做到的成就。這裡的**什麼**也許非常不同，就像月亮跟火星，但是**如何跟為什麼**一定是和諧的。這種和諧好嗎？可能是好的，也可能不是，因為內在的一致也許會在共同的需求裡互相支持，但是**三分相無法讓行星看清自己**。兩個行星可能對彼此毫無用處，就像兩個酒鬼一起決定倒底要不要再買一手啤酒。

　　四分相和對分相這些熱情的相位，就像熱情的婚姻。當行星提出不可能的要求，或是捍衛無法理解的立場時，可能會惹出大麻煩，但就是這樣的緊張，保證能帶來成長、改變和澄清。三分相就不是這樣，它們就像友善的婚姻，由一種互相和妥協的精神主導，很少會有緊張衝突浮上檯面。伴侶可能很開心，盡可能追求幸福，但學不到什麼東西，沒有新的體驗，自己也沒有任何變化。如果遇到壓力時，這種的「幸福」婚姻，可能會比四處宣戰的婚姻更容易瓦解。

　　三分相的祕訣就在於，要將它們視為**最有無限成長潛力的生命領域**，這是已經在腦海裡建立的聯盟，兩個行星已經準備好通力合作，朝共同的目標邁進，不需要浪費精力在雙方的摩擦上面。但是缺少摩擦，也會讓它們昏昏欲睡。我們必須把它們搖醒，必須想像潛伏在三分相的力量，然後要引動釋放這些力量，化為有意志力和自我紀律的行動。我們如果能成功地引爆三分相採取行動，發展它，它就能帶我們到更遠的地方，勝過於四分相和對分相，而且比較省力。但如果失敗了，三分相就會浪費生命力，我們就會像被寵壞的小孩，沒有動力、懶惰、容易自滿，總想找最輕鬆的路走，面帶微笑走上虛耗和自我毀滅的道路。

六十度：六分相（The Sextile）

　　這是另一個「好」相位，常被認為是稀釋的三分相，但展現方式其實截然不同。六分相就像其他相位一樣，代表兩個行星片語一種特別的結合形式，有它特別的邏輯，也有獨特的危險。就像三分相一樣，它傾向友誼，但兩者的相似處僅限於此。要是用三分相跟六分相比較，就好把華爾滋跟郊外酒吧的熱舞類比，都是舞蹈，但這也是唯一的共同點。

　　六分相會帶來**刺激**，它們是強烈的、豐富的，也充滿了活力。兩個行星都會被刺激，充滿生氣，活力充沛。當兩個行星形成六分相時，就像兩個青少年第一次談戀愛，很有魔力，也很幽默，能量高漲，但很少會安逸或穩定。就像青少年的初戀，六分相可以幫助兩個行星變得成熟，就像愛情一樣，可以加速演化，釐清一個人的本質，但這個藥方很猛，可能會讓人暈頭轉向，太不真實。這可能會點燃熱情，直到用盡之後才會平息。

　　假設一個在獅子座的行星和一個在雙子座的行星形成六分相，獅子座行動背後的**為什麼**，就是自我表達；雙子座則是蒐集資訊。獅子座會傳達，雙子座會接收，然後要求更多。這會取悅獅子座，很開心地再傳一些東西。這個過程會加速，兩個行星都會受到刺激，採取行動，這就是**六分相**。

　　有時這種刺激會是更細微的。在巨蟹座的行星可能與在金牛座的行星形成六分相。巨蟹座追求的是培養主觀和想像力，而金牛座追求鎮定與寧靜。這就是它們的**為什麼**，兩者截然不同，不過它們的**如何**是很類似的，都會試圖穩定並簡化外在生活，減少不安和無法預測的事。我們再次看到這個六分相的刺激特質，巨蟹座會縮在自己的殼內緩慢爬行，這會取悅金牛座。與此同時，金牛座也會忙著在自己的世界裡建立安全感和秩序，而

這可以溫暖巨蟹座的心。

六分相就跟三分相一樣，可能會有目光短淺的問題。巨蟹座和金牛座可能會讓自己無聊到死。雙子座也可能厭倦了獅子座的表演，然後獅子座就覺得被背叛了。六分相就跟三分相一樣，**無法看清自己**。這就像友善的婚姻，最致命的罩門就是它們很慢才能看清彼此互動的基本弱點，如果沒有認清這一點，就不可能有預防的策略，也不會有成長。六分相還會有另一個危險，就是刺激常會稍縱即逝，就像青少年的戀愛一樣。穩定和持久是六分相難以捉摸的特質，它們之間會有巨大的能量流動，這些能量可能會燃起，但是毫無方向或目標，然後又會熄滅，看似多采多姿，很戲劇化，卻徒勞無益。

次要相位

合相、對分相、四分相、三分相和六分相，這五個相位是主要相位，象徵五種行星互動的基本方式：**融合**、**緊張**、**摩擦**、**和諧**和**刺激**。你如果了解它們，就已經踏上解讀出生星盤的正確道路了。

有些星盤有很多相位，有些相位很少，一般的出生星盤約有二十個這樣的關係，每一個都很重要，都有助於我們全面解讀這張星盤。

即使是二十個相位，都有很多要記住的內容了，要一次應付，會讓人吃不消。它們都很重要，但我們也必須很務實，知道自己的腦袋一次能夠連結多少資訊。在下一章會介紹，要如何在一張特定的出生星盤中挑出最重要的相位，而那才是我們最需要關注的部分。一旦能理解重要的行星「婚姻」，接下來就能討論比較次要的相位。

　　這五個主要相位都伴隨著一個次要相位，像是七分相（51° 26"）、雙七分相（102° 51"）、補十二分相（150°）和補八分相（135°），沒有相位是卑微的，每一個都是片段之間的另一種關係類型。我們如果把它們列入思考，每張星盤很容易從平均二十個相位，增加到六十或七十個相位，到最後會變成每一個行星都會與另一個行星、上升點和天頂相連。而到此時，我們就會很火大了。

　　次要相位很真實，也有其重要性，但之所以被稱為「次要」，就是不如主要相位這麼有意義。我們只專注在主要相位，就已經沒有閒功夫了。所以我會建議任何想要學習占星學的人，先把次要相位拋到腦外，除非已經累積了幾年經驗。沒有次要相位，你還是可以有效率地解讀星盤，而使用它們，可能只會更困惑。如果對次要相位有興趣，可以參考附錄，找到如何應付這些相位的推薦文獻。

容許度（Orbs）

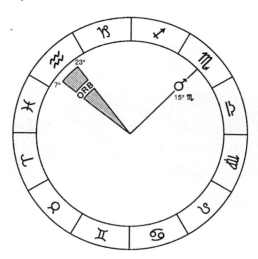

　　當兩個行星相隔九十度時，就形成四分相，但如果是相隔九十一度呢？這還算是四分相嗎？

認識容許度

　　如果容許度是八度，任何介於寶瓶座七度和二十三度之間的行星，都會與位於天蠍座十五度的火星形成四分相。

　　答案是肯定的。所有的相位都有一定的模糊範圍，行星之間不需要形成精準的幾何角度才能有火花，如果跟精準度數只相差幾度，就已足夠。這個容許的範圍就是相位的容許度。

　　我們無法嚴格定義任何容許度，想要確定容許度，就像要確定你家的小貓哪一天變成大貓了，這根本辦不到。

　　精準的相位是最有力量的，但是相差兩或三度仍然很有能量。相差五度，還是很有力，不能忽略。六或七度，仍有影響力，但絕對正在慢慢減弱。八或九度，還是有相位，但差不多消磨盡了，我們可以放心地轉移注意力了。如果是跟太陽或月亮有關的相位，容許度可以延伸一到二度，因為它們是個體性的關鍵，我們要特別仔細檢視任何影響太陽和月亮的力量。

如何辨識相位

　　能快速辨識相位的關鍵就是徹底熟悉星座的輪盤。你先拿一張紙畫一個圈，按照順序在上面標上十二個星座，這就是星座輪盤。把這張紙貼在鏡子上，不出一兩個月，你就能毫不費力掌握相位，只需要習慣星座在這

個循環上的位置。

換言之，你必須學習每個星座和其他所有星座形成的相位，從這裡著手，再去看行星和度數就很簡單了。

最容易認出的相位就是合相。牡羊座會跟牡羊座合相，金牛座會跟金牛座合相，依此類推。這應該沒什麼問題。

對分相也很容易，至少你眼前有這個星座輪盤，可以到牡羊座的對面是天秤座，金牛座的對面是天蠍座，其他依此類推。

至於三分相，祕訣在於記住哪些星座屬於同一個**元素**。所有的火象星座都會彼此形成三分相，土象星座、水象星座和風象星座也依此類推。

四分相是根據**模式**，分為基本、固定或變動。任選一個星座，其他三個屬於同樣模式的星座，其中一個會與這個行星形成對分相，另外兩個會形成四分相。

就跟三分相一樣，六分相也與元素有關，但需要多想一點。土象與水象會形成六分相，反之亦然。風象和火象也是同樣的連結方式。不過，在形成六分相的元素的三個星座裡，其中一個是對分相，兩外兩個才是六分相。例如，水象的巨蟹座與土象的金牛座和處女座會形成六分相，但與土象的魔羯座則是對分相。

如果你無法很自然地記住元素和模式，那還有一個更簡單的方法找出相位，就是星座數數。

先挑一個星座，編號是一，然後開始順時針和逆時針數，數到二的星

座，沒有相位，數到三的代表六分相，數到四的就是四分相，數到五的是三分相，數到七的就是對分相。

每個星座都占據三十度，但是容許度只有六到八度。所以如果想要討論個別行星之間的相位，我們就要再進一步檢視。

假設火星是在天蠍座十五度，想要知道它有什麼相位。與它合相的行星可能在天蠍座，但不是任何一個角度的天蠍座，必須在八度以內。換言之，就是在天蠍座七度和天蠍座二十三度之間。天空上任何落在這個區塊的行星都會與火星合相，而天蠍座前七度和最後七度的行星不會與火星合相。

從現在開始，七度和二十三度就成為我們的神奇公式。

現在把這個公式用在其他相位上。

金牛座與天蠍座是對分相。任何介於金牛座七度和二十三度之間的行星，就會與火星形成對分相。金牛座二度，或是金牛座二十七度的行星，則沒有相位，因為容許度太寬。

我們可以透過這種公式來檢視每個與天蠍座形成相位的星座，檢視完畢後，就知道火星如何與星盤中的其他部分連結。

這裡還有一個更複雜的因素。當一個行星在一個星座的末端或開端時，我們要很小心，相位可能發生在兩個「錯誤的」星座之間。

假設木星在牡羊座二十六度，那合相的容許度呢？如果倒退，可以到牡羊座十八度，這很清楚。但如果在黃道帶上往前，就會到牡羊座三十四

度，但沒有這個度數。到了三十度，牡羊座就會結束，開始進入金牛座。所以牡羊座三十四度其實是金牛座四度，這就會變成一個位於金牛座前面度數的行星，與一個位於牡羊座後面度數的木星合相。

我們可以把同樣的推理，應用在木星所有其他的相位上面。當我們在計算相位時，還是要看角度本身，星座只是一種比較容易思考的方式。

當一個相位橫跨到「錯誤的」星座時，力量就減弱了。四分相仍然是四分相，但比較不尖銳。比較有幫助的做法是，在某些情況下，容許度要抓緊一點，減少一或兩度，這可以去除不必的相位，只留下一些真正不能輕忽的相位。

一旦我們確認相位，出生星盤上就會留下紀錄，這有不同的紀錄方法。有些占星師會在行星之間畫上彩色的線。大部分的人則會用電腦程式，產生一個**相位表**，位於星盤下方，呈現我們討論的英國男士的出生星盤上的主要相位。

解讀相位表很容易，但首先必須學習一些符號。

合　相	☌
六分相	✳
四分相	☐
三分相	△
對分相	☍

請看下一頁星盤下方的相位表，水星和土星之間是否有相位？先找水星欄，然後看土星列。在兩者交錯的地方，看到代表對分相的符號，就代表水星與土星是對分相。要確定其他行星的相位，也是同樣的方法。

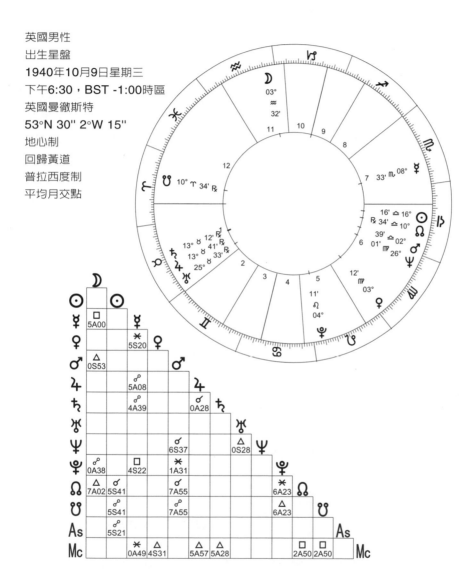

英國男性
出生星盤
1940年10月9日星期三
下午6:30，BST -1:00時區
英國曼徹斯特
53°N 30" 2°W 15"
地心制
回歸黃道
普拉西度制
平均月交點

　　相位很多的行星，是重要的行星，彷彿在出生星盤上占據戰略位置，
對其他很多行星具有影響力，但這是下一章的主題了。現在，我們只要用
一個更簡單的方式，找出具有重要性的行星。

行星的守護關係

　　行星和星座是截然不同的心理運作方式。我們已經看到，行星代表十種區分心智的基本功能，包括自我形成、感覺和想像力及侵略性等。星座代表心理過程，有明確的目標，還有達成目標的方法。舉個例子，像是培養勇氣，或是發展打破常規的能力。

　　每個心理過程都有它特別的目標和方法，可能制約這十種功能，也可能替它們增添調性和目標。換言之，任何行星可以位於任何星座。

　　某些星座和行星的結合會比較和諧，有些則不然。火象的火星喜歡在牡羊座，這是代表戰士的星座，而與溫和、殷勤有禮的天秤座連結時，則會有麻煩。

　　每個星座和行星的組合都有意義，都能產生具有正面價值的行為，也可能被破壞。沒有任何組合天生是好或壞，這不是重點。我們只是在**觀察，某些行星比起其他行星，能更輕鬆地促進某些星座的表現**。

　　每個行星都與一、兩個星座有特別的關係。基於本質的相似，當這個行星位於這個星座時，摩擦比較小，兩者都會非常清楚地呈現。中世紀的占星學已經賦予這種特別的關係一個名字，當一個行星與一個星座有特別的相似性時，就會被稱為這個星座的**掌管／守護行星（ruler）**。

　　掌管行星這個字其實不太適合，這其實跟優勢或屈服無關，這只是中世紀的思維。比較適合的說法應該是，這個行星和這個星座「互相喜歡」，不過現代占星學還是保留了中世紀的說法。

　　如果要補充解釋守護行星，這裡有一個比喻，可以形容行星與星座特別困難的互動。當一個行星落在一個星座，對於該星座的**為何**及**如何**很陌生，就可以說這個行星是**落陷**（fall）。此時，行星和宮位都必須費很大的力氣，才能針對共同的表現達成共識。

　　行星落陷與最強烈的相位，也就是對分相有關。行星落陷的星座，永遠位於它守護的星座的對面。如果我們知道其一，就知道另一個。

　　太陽是獅子座的守護行星，自我的形成絕大部分取決於週遭人的反應。無論是掌聲或噓聲，都比冷漠更能幫助於我們形成自我形象。所以，太陽在獅子座是強勢的位置，因為這是表現與公開表達的星座。獅子座對面的星座寶瓶座，則是太陽落陷的位置，這個星座主要的動力是超越對於社會認同的需求，而這種冷漠違反了太陽的本質。

　　月亮守護巨蟹座，在這個主觀、內省、想像力的星座，感覺可以更加深刻。而月亮在魔羯座是落陷的，這個星座強調自我紀律和達成目標，情感的自我表達就退居次位。水星守護兩個知名的心智星座，雙子座和處女座。水星喜歡雙子座的好奇心和智力，對於金星為複雜或混亂環境帶來秩序的能力，也非常欣賞。在雙子座的對面是射手座，這是水星落陷的位置，弓箭手的天性傾向跳過事實直接下結論，這會令水星不快。雙魚座對水星來說也很費力，魚兒們就是拒絕活在**邏輯**的世界裡，而這種拒絕會讓水星這個理性的行星難以理解。

　　金星守護天秤座和金牛座。金星象徵我們形成關係的能力，很自然會受到天秤座吸引，因為愛和夥伴關係在天秤座裡扮演重要的角色。金星也象徵鎮定的能力，自然也會被不慌不忙的金牛座吸引。

火星是傳統的戰神，不太喜歡愛好和平的金星，這也難怪火星守護的兩個行星，正是金星落陷的行星，就是騷動的、強烈的天蠍座，還有兇猛的牡羊座。所以當火星在金星的星座時，表現就會受到限制，金牛座和天秤座就是火星落陷的位置。

擴張的木星喜歡射手座的生氣蓬勃，還有雙魚座的廣闊及信念，所以成為它們的守護行星。

善於觀察的、有新聞記者特質的雙子座，對木星這個龐大的行星來說是很困難的。木星偏好先衝，再回頭檢視，這也是處女座很傷害木星的原因。雙子座和處女座都是木星落陷的位置。

土星可以在魔羯座創造的嚴峻的、紀律的環境成長茁壯，但在巨蟹座感傷的水域裡，就會很痛苦，而這也是它落陷的位置。寶瓶座跟土星也相處融洽，土星很欣賞寶瓶座冷靜清澈的心智及自給自足。位於寶瓶座對面的星座，喋喋不休又有些輕浮的獅子座，則會讓這個帶環的行星不太自在，所以獅子座是土星另一個落陷的位置。十二星座到此檢視完畢，每一個星座都有守護它的行星，也都是某一個行星落陷的位置。在整個十八世紀，這就是行星守護星座的所有配置。不過我們發現了新的行星，突然之間，一切又變得更複雜了。

這些新報到的行星，為占星學帶來一些棘手的問題。它們會像傳統行星一樣守護任何星座嗎？如果答案是肯定的，要分配哪些星座由它們守護？舊的守護行星會被踢出去嗎？或是我們應該用某些星座有共享守護行星的概念？

占星師至今還無法回答所有問題，對於如何處理這些肉眼無法見到的

行星，也是意見分歧。有些人認為，它們就是某些星座的「共同守護行星」，與這個星座傳統的守護行星共享權威。

也有些人認為，發現天王星、海王星和冥王星，就等於有三個星座的傳統守護行星會作廢，由它們取代。還有很多人依照這種看法，覺得會發現更多行星，而最後每個星座都只有一個守護行星，而這也許是對的。

我傾向於共同守護行星的概念。這有一定程度表面的、明顯的可信度。古典的守護關係有其意義，能發揮功效，不需要將它捨棄。不過，這三個肉眼無法看到行星也分別跟其中一個星座有顯而易見的連結，我們也不需要否認這一點。

天王星是個體性的行星，它是反叛的、精神自由的、破除偶像崇拜的，跟所謂寶瓶座的過程有清楚的血緣關係，而且也很討厭譁眾取寵的獅子座，這是在寶瓶座對面的星座，也是天王星落陷的位置。

神祕的海王星和雙魚座也有明顯的互相喜愛，是很清楚的守護關係。而雙魚座對面的處女座，作風一絲不苟，稟持冷靜的務實主義，也明顯地與海王星的超脫世俗相互衝突。

冥王星的問題更大，大部分的占星師認為它是天蠍座的共同守護行星。這個星座令人畏懼的強烈、個人吸引力和鋼鐵般的意志，都明顯有冥王星的色彩。牡羊座因為類似的原因，也被認為是冥王星守護的行星。處女座則因為對服務的專注，也被列入考慮。我很謹慎地認同冥王星守護天蠍座，務實、和平的金牛座，則是冥王星落陷的位置。

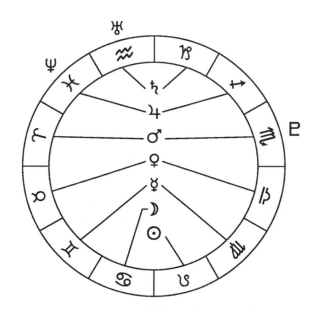

　　共享的守護關係也會帶來複雜的問題，下一章會討論，不過目前看來，這個方法似乎最符合現實。如果木星和海王星都「喜歡」雙魚座，就不需要兩者擇其一。它們在雙魚座都很強勢，在過程中，也不會奪走對方任何東西。而這就是守護關係最初的重點，這不是權威，而是和諧。

　　守護關係如何幫助我們解讀星盤？它們主要是幫助我們衡量所有片語的相對力量。即使某個行星處於落陷，還是很重要，還是需要了解。但是當一個行星位於特別具有影響力的位置時，它的心智電路，也就是**什麼**，會在這個人的心理扮演重要角色。

　　例如水星在雙子座，代表口語反應非常敏捷。金星在天秤座，則會帶來個人的魅力及吸引力。依照它們的力量相較於其他行星的功能，無論好壞，這些特質比較容易變成這個人性格中的明顯特色。

　　如果水星在雙子座或金星在天秤座，剛好與其他行星形成很多相位，這就更確保它們能成為行星之間的領頭羊，可能只有太陽和月亮可以比它們更值得關注。

　　這些知識可以幫我們正確解讀出生星盤。星盤常有模稜兩可、甚至矛盾的主題，如果能知道哪些片語是最具影響力的，會能知道哪些內心的論戰會表現在行為上，哪些很可能被迫用比較隱晦的方式展現。

　　而這些是第十章的內容。現在，讓把重心放在如何用更簡單、更重要的方法正式解讀出生星盤，現在用歷史的觀點來看一對符號，它們將前世與來世的概念融入了星盤。

月交點（Moon's Nodes）

北交點（North Node）　☊

南交點（South Node）　☋

　　出生星盤就像是媽媽腹中的胎兒，一開始什麼都沒有，然後突然就蹦出一個寶寶。我們知道孩子要誕生了，但這概念是很抽象又籠統的，直到面對活生生的現實，看到一個七點二磅重的棕髮男嬰出現在眼前時，總會有一種無法言喻的震撼。

　　當我們對占星學有些理解後，就會更驚訝了。除了一般的出生證明，還會看到一些明確的、赤裸的資訊，可以看出這個寶寶到底是什麼樣的人，要來到這世上體驗什麼，像是他的太陽是寶瓶座在九宮，上升點是巨

蟹座七度，月亮魔羯座在七宮。前一刻，只是一位女性的腹部隆起，而下一刻，就有一個完整的人的故事。

這就是出生給人的感覺，很突然，很神奇，不過實際上是另一回事。沒有一個人來到這世上卻沒帶著歷史印記。**即使是一個新生兒也有過去。**

這裡有一連串的因果，可以追溯至我們每一個人的身上，而這一切最後都消失在二十億年前的宇宙大爆炸裡。如果我們不能掌握這串因果，就會失去很多重要資訊。這就像我們跟一個人建立一段關係，但卻規定彼此只能討論現在，不能過問過去，雖然還是可能很親密，但會錯失許多豐實的資訊及理解。

占星學如何超越這種限制？出生星盤就是一張**出生時**的星盤，只有當一個嬰兒吸了第一口氣後才會存在。如果要超越限制，答案就在占星學最神祕也最爭議的兩個符號：月亮的北交點和南交點。

實際上來說，這兩個交點有點複雜，它們是移動的點，取決於月亮的軌道和天體的關係。不過針對我們現在的目的，不需用科學的角度來理解它們，只需要掌握它們的象徵意義。

月交點可以將出生星盤跟歷史連結在一起。南交點象徵過去，還有過去對我們的影響，北交點則象徵吸引我們的未來。不意外的是，這兩個點永遠都是相對的。這是我們的曾經，以及必須成為的模樣，兩者之間存在著巨量的緊張。

南交點代表什麼樣的過去？我們必須先從下列兩種模式中取其一，或是從兩種觀點來思考，這裡先不要下任何結論。

　　第一種是**基因模式**。每個人會都透過遺傳繼承一些來自過去的東西，我們可能有母親的鼻子和父親的性情，而且倘若認識曾曾曾祖母，可能還會嚇一跳：自己怎麼跟她這麼像？曾經存在於她的生命中的過去，透過基因遺傳，如今也在我們的生命中上演。

　　在這個模式裡，南交點象徵**祖先對我們的影響**。出生時，遺傳的主題就在我們體內具體成形了，從這一刻起，它就如浮雕刻印在染色體上。我們與生俱來都帶著一套長項和弱點的編碼計畫，沒有科學家可以為此爭辯，只不過會質疑基因的準則是否與南交點有關。

　　第二種模式更難確認或否認，這是根據輪迴轉世的概念。在這個模式中，我們都被視為一種意識不滅的存在，會一世又一世地延續，慢慢朝著更高層次的覺察演化。在每一世，我們都能獲得新的洞察力，但通常也會吸收一些壞習慣，而這些新的洞察力和習慣就會成為過去的印記，隨著輪迴轉世，伴隨每一世的新生出現。它們會形成一種體質，成為我們在今生做出每個決定的基礎。印度教稱這些體質是業力。接下來，我們會使用這個現成貼切的字眼。

　　在輪迴轉世的模式裡，月亮南交點象徵業力，而實際上，它的運作方式跟基因模式的南月交點是一樣的，也代表「過去世」。你可能是十八世紀活在挪威的曾曾曾……祖母活生生的模樣，或是有一世是在十八世紀的挪威生活。無論如何，不管你偏好哪一種模式，這位女性都活在你的體內。

　　輪迴轉世是確實可信的概念嗎？這個問題不是占星師的功課，每個人都必須整合自己的信仰系統。我們也許有很多世，也許只有一世。但無論

是哪一種看法，過去都會影響現在，而在南交點裡，可以揭開過去的影響力的模糊面紗。

月亮南交點會落在一個星座和宮位內，我們可以就此加以研究。它也會有相位（不過容許度只有三或四度），也就是說，它的運作跟行星完全一樣，可以被視為另一個片段來解讀。

南交點會展現**本能**和**自動**的行為，而其所在的宮位，就代表這個活動領域一定會被天生的、無需費力的人生起伏牽動。南交點所在的星座可以添加**如何**及**為什麼**，代表一個人會自然浮現、永遠不會被質疑的**心態和動機模式**。

就像人類不可能只有一種「美好」或「邪惡」的過去，南交點也不會只有絕對的好或壞。就像其他所有符號，它也同時具備崇高的潛力及墮落的扭曲，解盤時必須兩端兼顧。這裡的重點就是牢記南交點代表過去，是已經結束的。

當事人過去的功課已經做完，即使它象徵的知識和行為離完美仍有很大一段距離，但他必須往前走。在南交點象徵的生命領域，他已經做完所有該做的事，未來還在他方。

離開南交點從來不是容易的事，甚至無法把它看清楚。一位男士被帶去見新醫生，對方是位女性。他對她說的第一句話是：「護理師，我的醫生在哪裡？」他這麼說沒有惡意，**但是他的認知受到無意識的偏見影響**，認為只有男生能有資格當醫生。

這就是南交點的運作方式，會在生活裡設下一系列武斷的「已知條

件」，必須要有意願，才能避免這些，但是在一開始，光是要察覺到它們的存在，就必須真的要抓住竅門了。

我們如果無法意識到南交點產生的無意識偏見，就會像奴隸一樣，重複老舊的行為模式，然後毫無進展。我們可能有世俗成就，因為南交點象**徵已經擅長的事物**，不過就是覺得哪裡不對勁，好像在原地踏步，生活很機械化，漫無目的，內心有很深沉的渴望沒有被滿足。就某些基本層面來看，我們就是覺得非常乏味無趣。

有什麼解決方法嗎？答案就是月亮的北交點，**它象徵個人成長的最前線**。就某種意義來看，它是占星學裡最重要的點，永遠與南交點形成一百八十度，對過去施加最不寬容的緊張能量。當我們允許自己去**體驗**它時，就會開啟一個完全陌生又奇特的現實。

我們已經擴張到臨界點，精神電路已經磨損耗盡，在著迷和恐懼之間搖擺，會受到吸引，也會很興奮，但是警告的紅燈已經在閃爍，內心深處會有某種東西，試圖拒絕這種經驗，但又會有個聲音不斷吶喊：「別想太多！」

假設南交點在魔羯座十一宮，無論是業力或遺傳，這個人的本能和天性就是「拚命三郎」，而魔羯座不斷驅策的自我紀律會表達在這個目標和計畫的宮位。他來到這人世間很快就會設定好生命策略，有任何違背的事物，馬上就會被消滅或壓抑。

南交點的對面就是這個人的演化未來。

北交點在巨蟹座五宮，我們可以在這裡看到**挑戰他人生基本設想的經**

驗，而且都很令人害怕，當他面對它們時，常覺得棘手、不知所措。這會是什麼經驗？透過巨蟹座，我們會看到情感、脆弱和溫柔如潮水般洶湧而來，而透過五宮，可以看到焦點在於創造、愛和自我表達的活動、活在當下，每一個都與南交點的偏見恰好相反。

當他懸在過去和未來之間，月交點的結構有助於做出抉擇。爲了成長，他需要北交點，但在成長的過程中，可能會有很多的擴展，可能需要求援，而且肯定有很多的窘境。而前方永遠有另一個選擇懸在那裡，誘惑他選擇比較輕鬆的路，再次演出那些南交點戲碼，待在那裡是比較安全的。他如果眞選擇了這條路，的確會看來儼如一名能者，但閉上眼睛那一刻，卻覺得自己活像個傻子。

第十章

星盤解讀第三步

整合

我們已經了解，十個行星會按照落入的星座和宮位，形成一個「片段」。五個相位會用不同的方式把這些片段編織在一起，再加上守護關係、逆行和月交點，還要把焦點放在地平面上，也就是在東方的行星。

已經頭昏了嗎？不意外。占星學是很複雜的，有時看著一張出生星盤，會開始覺得自己好像一個玩雜耍的人手上有太多球。不過接下來我向你保證，會有可以依循的步驟，也有地圖可以幫助我們穿越出生星盤這片常令人迷惑的領地。只要緊抓著這些，我們就不會迷路。

當一個新手第一次看到一張出生星盤時，一定很好奇怎麼有人可以從這些彎彎曲曲的線條和古怪的象形符號中擠出任何意義。這些符號看起來沒有揭露任何資訊。不過，當對占星學字彙裡的單字有些基本的認識後，反而會遇到剛好相反的問題，就是被出生星盤轟炸。

要讓一張出生星盤對我們說話從來不是問題。占星學的符號充滿了意

義，而且就像聖誕節早上睜大眼睛的孩子，坐在那裡等著我們。占星解讀最基本的困難就是出生星盤產生太多資訊，而且都是可信的訊息，都可能派得上用場，但這就像是，我們其實只想知道某人的流鼻水症狀是否已經好轉，卻被逼著去讀醫學院。

次序、清楚和洞察力，如果想要熟練占星解讀這們藝術，就必須把這三點時常牢記在心，少了它們，就會一團混亂。本章提出所有的準則都只有一個目的，那就是幫助掌控出生星盤的資訊流量，而每個準則都像是控制水龍頭的手。

我們有時需要把水龍頭轉到底，直到水流只剩滴滴答答，否則星盤會用一堆無關緊要的洞見將我們淹沒。針對一張特定的出生星盤，我們只需要掌握最重要的訊息，接著就可以考慮開始微調。把出生星盤縮減到基本架構，這是第一步。你要把它當成一位聊天的朋友，提出最重要的問題，而當它開始跑掉時，不要擔心打斷它。它有資訊，但你必須有主控權。

挑出出生星盤中最重要的主題，這從來就不容易，有時主題非常隱晦，但這裡有個簡單的黃金準則永遠不會讓我們走偏。這就是六個基本準則中的第一個，如果能謹守它，將可以避免資訊過量，而這常讓很多占星師大傷腦筋，不得其解。

準則一：在徹底掌握太陽、月亮和上升點之前，忽略其他資訊

對於任何想要學習解讀出生星盤的人而言，這個簡單的準則是最寶貴的實務建議。我強烈建議，永遠不要悖離這個準則。

太陽、月亮和上升點是基本三要素，其影響力勝於其他一切。無論它

們落入哪個星座和宮位，有哪些相位，都是出生星盤中的核心人物。任何部分都必須有它們的強力支持，才可在性格中脫穎而出。

我們可以把基本三要素想像爲形成個性的骨架。金星和木星會添加內容和顏色。但是太陽、月亮和上升點決定基礎的規模和高度。

舉個例子，一個人的基本三要素帶有審愼和膽怯的特質，即使火星落在熾熱的位置，也不可能把他變成兇猛的老虎。相反地，如果一個人的太陽、月亮和上升點都在火象星座，即使六宮有一個和平的雙魚座火星，也不會因此變得圓融。

在上面兩個例子，火星還是有其意義，不過我們必須以整張星盤來看待火星的意義。如要達到這一點，最保險的方法就是，在透徹理解這三個影響人生的重要因素之前，先把火星拋到腦海外。

基本三要素之中的任何一個，都有其獨特目的，現在來一一檢視。

太陽會建立身份意識。我們在第六章討論過，它代表自我，讓我們自覺與衆不同，有特別的天性和一套無意識的偏見，影響了價值觀和動機。簡單地說，太陽象徵自我。

月亮的行動構成太陽的基礎，它代表主觀元素，就是感覺、恐懼、情感需求和情愛，也象徵了心智中的本能面向。月亮是心理的基調，終其一生的「平均」基調，因爲如此深刻，遠超過理智，所以也會被稱爲靈魂。

上升點就像太陽和月亮互動的包裝紙，象徵兩種有緊密關係的心理準則，首先，每個人都創造一個簡單版的自己，作爲日常生活的工具；其次，這個工具最好有效，讓我們能流暢且自在地完整表達自己。換言之，

我們都躲在上升點後面，透過它來表現自我。有鑑於此，可以把上升點想成面具，有助於解讀星盤。

這三個基本要素建立了心智結構的模型，既廣泛，足以發揮效用，同時也很簡單，很快、很容易就能理解。增加其他星座，就像讓這個模型更加精準，不過有時也會帶來困惑，在一開始看一張出生星盤時，我們要不計代價避免困惑，必須有一隻手來控制水龍頭。

太陽、月亮和上升點：身份意識、躲在身份意識後面的靈魂，以及面對世界的面具。這個概念，簡單、清楚，同時很有用。

任何嚴肅看待占星學的人，運用基本三元素的方法，就很像一些雞尾酒派對中的占星師會運用太陽星座。前者不會說「我是獅子座」，而是說「我的太陽在獅子座，月亮是魔羯座，上升點是射手座」。這兩者的差異就像在自我介紹時說「我來自紐約」，或是「我是來自紐約上西七十街區可倫坡巷的愛爾蘭裔茹素佛教徒」。兩種說法都透露一些資訊，不過後者顯然傳達了更多訊息。

由於有十二星座，所以有一類占星學會把這全世界的人分成十二類型，這的確行得通，有時還很有用，即使只是分成內向和外向兩種象徵，都很有價值。不過，當我們把範圍擴大，除了太陽，還有月亮和上升點時，這裡的象徵就變得更有個體性。現在不只十二類，而是有一千七百二十八類，而且如果考慮太陽和月亮所在的宮位和星座時，這個數目還會更多。我們現在從整體走向獨特，從模糊變得精準。

如何辦到？有哪些程序？首先就是要記得，太陽和月亮落入星座和宮位，就像其他行星的片語一樣。我們可以用分析水星和金星的步驟來分析

它們。你如果對這些規則的印象模糊，請先翻到第八章後段複習。接下來是分析基本三要素的五個步驟：

步驟一：**檢視太陽，可以看出自我身份意識的形成，看它落入哪個星座**。這個人**為什麼**活著？演化目標是什麼？**如何**用最有效率的方式實現目標？會面臨什麼風險？接著加入太陽的宮位，看出會在哪裡面對這些太陽自我形成課題最清楚的表現？人生的主戰場在哪裡？

步驟二：**檢視月亮，這裡的什麼，就是個人主觀和情感本質的形成。**哪個星座會影響它？對他的幸福而言，哪種經驗最重要？他如何獲得這些經驗？當他鬱鬱寡歡，失去理性時，會如何表現？現在加入月亮的宮位。他會在哪裡面對人生最混亂的情感課題？在哪個領域必須學習用最直覺、「超理性」的方式做出實際決定，必須學習信任自己的「靈魂」？

步驟三：**考慮上升點。**這不是一般的片語，因為其中沒有行星，但步驟是很類似的。這個人如何對外表現？他戴什麼樣的面具？什麼樣的社會人格最適合他，讓他有最自在、最日常的認同感？這個面具跟在太陽和月亮看到的特質如何不同？如何相似？這些對比可能帶來哪些長處和問題？

步驟四：**考慮基本三要素的元素之間的相位。**太陽、月亮和上升點如何連結？你可能發現幾個這樣的相位，也可能沒有相位。你如果真的發現一個相位，試圖理解這些主要元素的人格會如何連結？這些相位象徵哪些長處？有哪些危機？

步驟五：這是最困難的步驟，但也是最重要的。**感受一下這個人的基本三要素。**你如果只能有一種陳述，內容是什麼？這個人是誰？是否有明顯的水象星座和內在宮位？三要素的本質是最外向的一種嗎？本質很好玩

嗎？還是很嚴肅？自負？害羞？只要能掌握這一點，就已經為接下來的占星分析搭好背景了。如果不能，你的解讀就只會很瑣碎，無法產生連結。

有用的竅門

占星解讀最重要的問題就是，我們很容易被出生星盤的資訊淹沒，失去平衡。一開始就堅守太陽、月亮和上升點，最能確保控制狀況。這就是為何我們提出的第一準則，就是分析出生星盤的主要指令，而且為何上述五個步驟會攸關這個準則的應用。這可以應用在任何出生星盤上，可以根據太陽、月亮和上升點，立刻畫出一張人格縮圖。接下來要介紹的竅門，主要是根據第五章介紹的每個星座的原型，可以在下面的表格中看到：

原型表		
牡羊座	**金牛座**	**雙子座**
戰士 先鋒 蠻勇者 倖存者	大地的精神 音樂家 沉默者	見證者 老師 說書人 記者
巨蟹座	**獅子座**	**處女座**
母親 療癒者 幕後者	國王／王后 表演者 小丑 小孩	僕人 殉道者 完美主義者 分析者

天秤座	天蠍座	射手座
愛人 藝術家 和事佬	偵探 巫師 催眠師	吉普賽 學生 哲學家
魔羯座	寶瓶座	雙魚座
隱士 父親 總理	天才 革命家 吐眞言的人 流亡者 科學家	神祕主義者 夢想家 詩人 面容舞者

這些原型都是基本的人類形象，戰士、詩人、小丑，可以捕捉每個星座的某些韻味。我爲每一個星座都提出了幾種形象，一旦掌握星座的特色，就可以添加自己的觀察發現。

使用這張表格時，要先找到這個人的太陽星座，這個星座的原型可以告訴我們他是誰。接著看月亮的星座，這個星座的原型描述了他的**靈魂**。

最後上升點的星座，這象徵他戴的面具，可以躲在後面，透過面具表達自己。我們一開始舉例的男士的太陽是在天秤座，月亮在寶瓶座，上升點是牡羊座，下一章將會詳細分析他的出生星盤，現在先把這個竅門用在基本三要素。

我們可以說，他是**藝術家**，擁有**天才的靈魂**，戴著**戰士的面具**；或者說，他是愛人，有**流亡者**的靈魂，戴著**蠻勇者的面具**。

這些原型可以混合使用，任你搭配。每個星座都有好幾個原型，其中

一個會凸顯這個人的基本三要素的某種特定面向。確定一種組合是很有幫助的做法，不過在這過程中，直覺扮演了重要角色。你可以多試幾個組合，看哪一個「感覺」最好？

這個公式的價值在於把太陽、月亮和上升點融為一個句子，易於掌握，能引起共鳴，也很簡單。這只是多放一隻手在水龍頭上，控制減少資訊的流量到可以掌握的程度。

你要融會貫通這個句子，並在稍後的分析中牢記它，這麼做有助於保持觀點正確。而當你要針對一個行星片語發表看法時，要先自問：「我即將要發表的看法，運用在一個擁有天才的靈魂、戴著蠻勇者面具的藝術家身上，是否合理？」

第二個準則的目的，跟第一個類似：協助我們正確看待出生星盤，這提供一種程序，在我們還沒過度放大星盤中任何的次要特色前，先做出一些整體的結論。兩個準則的差異在於，我們現在要把所有行星都納入考慮。

第二個準則的重點就在於半球的重心。大部分的行星都是在東邊還是西邊？主要是在地平面之上還是之下？或是平均分配在整張星盤？

準則二：暫時忘掉行星的個人意義，只觀察大部分的行星落於出
**　　　　生星盤的哪個半球？**

如果你不太清楚半球的意義，不妨翻到第七章仔細複習。在此簡單扼要提一下，喚起記憶。

地平線把星盤分爲代表客觀的上半球，還有代表主觀的下半球。當大部分的行星在地平線之上時，這個人的重心是在客觀領域，或透過巧妙應對一連串的**事件**獲得成長，而且在這過程中，**會公開地、明顯地**展現個體性的演化。這樣的配置不一定代表善於社交和外向，不過就長期而言，這意味著這個人如果避世隱遁，肯定會覺得不快樂。這就是他的競技場，如果避開，絕對無法成長。如果沒有成長，也就不會快樂。

當大部分的行星都在星盤的下半球時，意涵剛好相反，這個人的人生重心肯定比較集中在主觀的領域。他可能像喝醉的猴子般喜歡玩鬧，或像拿破崙一樣野心勃勃，但所有的成長都在於深度，在思想和反應的世界裡。正如**上半球**的人必須善於應付**事件**，**下半球**的人必須尋求**理解**。

還有一條垂直的軸線把出生星盤分爲兩個半球，就是**子午線**，這創造了另一個截然不同的兩極表現。東半球象徵**自由**和**個人選擇**，而西半球象徵**命運**或**天命**。（請記住，左邊是東半球，右邊是西半球！）

同樣地，無論重心是在東半球或西半球，都無法看到太多這個人的**性格**。一個性格激烈又任性的人，可能所有的行星都在西半球；而懶惰又猶豫不決的人，大部分的行星卻在東半球。不過，這裡的重點不在於性格，半球的重心只可以看出人生的形狀，但看不到構成天性的質地或色調。這只揭露了遊戲的規則，而不是玩家的性格。

我們要如何實際應用半球的重心？當我在解讀星盤時，通常都不會向當事人提到這一點，但是在整體描述一張出生星盤時，這通常會是用字遣詞的基礎。重心在東半球的人，常常聽到很多關於個人責任的東西。他的生命可能像是一張白紙，任由我們塗鴉。懶惰和遊手好閒，會被認定是違反自然規則的令人可憎的罪過，充滿了極度危險的、活生生的後果。

為什麼？因為這是當事人實際生存的世界。無論他的的天性為何，重心在東半球肯定代表，對於他而言，有意識地運用個人自由，是決定成就感**最重要的單一元素。**

當一個人大部分的行星都在子午線的西半部時，又是另一個不同的故事了，現在會特別強調彈性的價值，還有在他試圖跟上的人生裡，看清更廣泛的模式。他只是一場更偉大的遊戲裡的一個小兵，而這場遊戲遠超過於自己能理解的程度。這就是**天命**的運作方式。這裡沒有懶惰和猶豫不決的意味，只象徵他必須留意生命給的提示，而這是東半球的人等到世界末日也盼不到的。

那地平線創造的區隔呢？上半球的人會運用成就、挑戰和冒險的語言。他們必須在這世界上留下一些印記，一些死後還會被記得的作為。下半球的人的生命模式主觀多了，所有一切都圍繞著意識本身打轉。所有的事件、關係，以及外在的成敗，都按照它們**對心智結構的影響**加以編排，事件本身只是達到這個目的的手段，有時很必要，有時則可以省略。

關於行星集中在半球，重點是要記得，它們建立了人生的架構，有如遊戲規則，但跟世俗法律不同的是，它們無法被打破。一個太陽和月亮在牡羊座的人，會很樂於聽到自己可以為所欲為，不過如果太陽月亮是在七宮，其他八個行星也都在附近，就根本無法擁有這樣的自由。**他的經驗的實際模式，根本不允許這件事發生。**他有如在河裡游泳，可以往左游，也可以往右游，但是無論喜歡與否，會隨隨著河水往下游。他只要能認清這條河，就能獲得更多各種形式的自由。

是否必須所有行星都在地平面之上，才能算是重心在上半球？這當然

是最典型的狀態，不過即使有三到四個行星是在地平面之下，還是算數。這裡有一個有用的黃金法則。我們可以把太陽和月亮都算三分，其他行星只算一分。如果有九分以上（包含九分）都在某一個半球，就能說重心落在那裡。

如果沒有重心，這個人的人生規則就比較複雜，那麼最好的方法就是忽略這個問題，把重心放在其他解盤技巧。

從現在開始，我們通過出生星盤的旅程更狂暴了，必須開始考慮每個行星的意義，開始面對星盤心智地圖的火力全開。它已經打開了水龍頭，無論是大量持續的資訊幫助我們看得更清楚，還是讓我們更困惑，結果多半取決於準備的完善程度。如果謹守前面兩個準則，我們很有機會隨著水流波動。

每個行星都會帶來獨特的課題和問題，精準地調整由基本三要素和半球重心建立的機制。不過，在任何一張出生星盤上，不是所有的行星都有同等的力量，都有其重要性，只有某些行星會掌控這個人的人生，其他的則躲在背景後面，等到對的引爆點才會出現，刺激他採取行動。

接下來，我們要區隔這些占優勢的行星的影響力，把這些稱為行星**聚焦者**，因為它們代表在一個人的性格中主要的心智能量聚焦。在找到它們的過程中，我們的目標一如初衷，就是努力對出生星盤保持正確的觀察，不過現在這個任務更難了。太陽、月亮和上升點，永遠都是重點，這一點是不會變的。但是任何一個行星都可以成為聚焦者，而且可能不只一個。接下來，我們要對每一張出生星盤進行獨特的評估。

> **準則三：在融會貫通基本三要素的意義、了解出生星盤的半球重**
> **　　　　心後，現在要辨識行星聚焦者。認定後，就要了解它們**
> **　　　　在星盤中扮演的角色。**

許多不同的因素可以讓一個特別的行星成爲矚目焦點，比其他行星都出色。也有很多因素可以削弱一個行星，讓它的影響力變得模糊。中世紀占星師把這兩種狀況稱爲**尊貴**和**無力**，而這種說法至今還很有用，可以避免貼上「好」及「壞」的標籤。

一個行星如果特別「尊貴」，就可以算是聚焦者，但要如何辨識它？我們通常無法一眼挑出聚焦者。其實，即使一個非常強勢的聚焦者，也可能會有一或兩個削弱因素。我們必須考慮不同的因素再做出判斷。

第一步就是要審視有哪些方式，可以讓一個行星成爲星盤中必須應付的力量？如何才能符合聚焦者的資格？

上升點的守護行星

每張出生星盤都至少有一個聚焦者。這很容易被找到，就是上升點的守護行星，而且無論其他因素如何削弱它的力量，它還是發電廠。如果上升點是雙子座，上升點的守護行星就是水星。如果上升點是天秤座，就是金星。如果是射手座，就是木星。你如果有什麼不清楚的地方，可以複習前一章介紹的行星守護關係。

有三個星座有兩個守護行星，這會有些模糊難解，而占星師對此看法

分歧。我個人的建議是把兩個守護行星都視爲聚焦者。舉例，如果上升點是雙魚座，木星和海王星就守護這個上升星座，兩個行星都被視爲尊貴。

　　光是知道一個行星是聚焦者，並沒有提供太多資訊，我們必須更進一步，知道這種尊貴如何影響它在出生星盤裡的功能。

　　上升點的守護行星到底在做什麼？若要回答這個問題，必須記得上升點本身的目的，它就是面具，就是我們會躲在後面的社會性格，透過它來表現星盤的其他部分。就演化的觀點來看，上升點會告訴一個人用哪種最好的方式，爲自己統整一種社會性格，適用於自己身上，可以顯得鎮定又優雅，散發某種「核心感」。

　　上升點的守護行星可以讓這個聚焦的過程更進一步，把它想成上升點的大使，遷移到出生星盤的其他地方，但是目的還是一樣的。無論它在哪裡，**對於建立個人獨特感和身份認同**，都扮演了重要角色，可以幫助一個人定義自己。

　　分析上升點的守護行星，通常很直接明瞭，一開始先用理解其他片段的方法，考慮星座和宮位，是否與其他行星形成相位，尤其是對基本三要素。然後進一步解讀，強調你以上描述的功能，會在形成個人形象時緊密結合。你如果能強烈回應這些功能，就會對自我有正面的感覺，對日常生活也能適應良好；如果回應很無力，就會出現相反的情形，例如角色衝突、不知所措、感覺笨拙、不合宜，而且通常都有社交退縮的表現。

　　如果上升點有兩個守護行星，方法也是一樣，你要特別考慮它們重要性，而且除非彼此形成四分相或對分相，才能把它們視爲競爭關係。

行星落在其守護的星座

　　水星喜歡在雙子座，土星喜歡通過魔羯座，海王星在經過雙魚座時會閃閃發光。無論哪一個星座正在升起，或是這些行星落在哪一個宮位，當它們在自己守護的星座時，就具有尊貴的意義，會成為聚焦者。

　　再提醒一次，辨識尊貴只是第一步。這提供了一個角度，讓我們知道必須特別注重這個行星，無論如何，它都很重要。接下來，就要確定它的**意義**。這裡沒有新的竅門或技巧，你就把它當成其他片段，守護關係只是提醒我們，這是一個聚焦者。

　　落陷的行星（如果需要複習，請參閱第九章）就是無力的，但還是可能成為聚焦者。例如，它可能是上升點的守護行星，不過行動會受到限制，會被所在星座的相反特質扭曲。無論如何，方法還是一樣的，要留意無力的行星，用正常的方式解讀這個片語。無論扭曲與否，這個行星還是有意義；無論強弱，我們的工作就是找出意義，只需要避免太嚴肅看待一個已經被徹底弱化的行星的影響力。

　　行星會偏好特定宮位和星座。水星喜歡雙子座，這是第三個星座，而且基於同樣理由，它也喜歡三宮，其他的行星也適用同樣的邏輯。每一個行星都守護與其守護的星座對應的宮位。當行星落入自己天生的宮位時，可以被強化，增加尊貴。這樣的行星也可被視為聚焦者。

與太陽合相的行星

任何與太陽合相的行星都是聚焦者。只根據太陽星座的占星師犯了很多錯誤，但的確認清了一個基本的占星真理，意即太陽是人格的核心，象徵我們的本質，還有影響人生的動機和偏見的內在核心。當一個行星與太陽合相，其本質也會轉移到更具影響力的太陽準則。如果想要了解這個人，我們就必須仔細研究它。

如果土星與太陽合相，性格中會充滿力量和自我控制。孤獨和有紀律的努力，會在這個人的一生中扮演重要角色，但他也得面對這個帶環行星的陷阱，就是一陣子就會憂鬱發作，這種寂寞是來自於對別人控制太多，又太少表現自己的感受。

即使出生星盤其他部分的調性都比較輕鬆，但這樣的影響力還是很明顯，這就是太陽合相形塑人生的力量。與太陽合相的行星會變成基本三要素的榮譽會員，也必須用同樣的敬意對待，低估它的影響力是致命的錯誤。

星群（The Stellium）

當有三個以上（包含三個）的行星都落入同一個星座或宮位時，就形成了星群。你要考慮只有十個行星，而且必須分在十二個宮位和星座，這樣的模式毫無疑問代表了心智能量的凝聚。

即使有些行星本身很弱，但因為在星群裡，等同拿到聚焦者聯盟的入

場卷，可以對出生星盤發揮重要的影響力。**星群本身就是聚焦者**，而星群所在的星座的需求，還有所在宮位的之間，都會成爲個人經驗的明顯特徵。

太陽常常和金星或水星同處於一個星群之中，因爲它們永遠不會離太陽太遠（原因可以檢閱第六章），而這個天文學的事實扭曲了以太陽爲主星群的方向的可能性。這是最有力的星群，但也有其他星群。在下一章，我們會看到一個例子是木星、土星和天王星都在金牛座一宮。

無論星群中有哪些行星，分析起來都很棘手。每個行星的**什麼**可能都不相容。這裡的程序是分別揭露每個行星片語，然後把它們編排形成一種折衷的模式。在過程中，必須謹記星群所在的星座和宮位，具有壓倒性的影響力，整張出生星盤會籠罩在它們的陰影之下。

合軸星（Angular Planets）

出生星盤有四個基本點，分別是上升點、下降點、中天（亦稱爲天頂）和天底，這些都是很有力的點。任何行星與這四個點形成合相，馬上躍居極度重要的地位，成爲一股放縱力量的聚焦者，影響力足以和太陽、月亮和上升點匹敵。

如果低估了合軸星的權威，肯定無法合理解讀出生星盤。

與基本點合相是最崇高的尊貴，但是任何落在基本點之後宮位的行星也很重要，這指的就是一宮、四宮、七宮和十宮，也就是所謂的**角宮**，落

在其中的行星地位馬上會被提升，也是聚焦者。

在四個基本點裡，最重要的是上升點。任何與上升點合相或落在一宮的行星，我們都必須好好應對，就把它當成上升點的守護行星，邏輯都是一樣的，只是現在又多了一個面向，它會融為這個人的面具的一部分，通常會加深且實際改變了上升（點）星座的訊息，就像上升點一樣，會修改外表和個人風格。

孤星（Singletons）

孤星指的是單獨一個行星位於出生星盤的其中一個半球，也許會有其中一個月交點跟它在同一個半球，但沒有其他行星跟它分享半片天空。

這樣的位置，會為該行星帶來沉重的負擔。這個半球的焦點，無論是客觀、主觀、自由或命運，完全都落在它身上，而心智會增加它的影響力，來彌補這種失衡。這個行星的性格會全面滲透出生星盤，遠勝過於我們根據它的星座、宮位和相位的判斷。

舉個例子，如果金星是孤星，星盤主人可能會對藝術有興趣，為人親切，即使這些特質在星盤的其他地方並不明顯。同樣地，如果木星是孤星，可能會很浮誇；如果土星是孤星，就會表現自我紀律和嚴酷，依此類推。

孤星並不常見，但是有這種情形時，一定會是重要的聚焦者，而要是忽略它的存在，肯定會讓你在解盤時迷失方向。

停滯星（Stationary Planets）

當行星在天空中靜止不動，準備要逆行或順行時，就是在**停滯**狀態（如果你想要複習天文學對這個現象的解釋，請參閱第七章），這會提高它在出生星盤中的權威性。它也可能是聚焦者，雖然強度可能不如前述的狀況。

你可以用這種方式看待停滯星，如果它擁有一些來自他處的尊貴，就能贏得關鍵聚焦者的角色；如果它的位置無關緊要，過度重視它，可能就會扭曲解讀的正確度。

相位眾多

任何行星如果有很多相位，就可以被列爲聚焦者。爲什麼？因爲它到處都有份，都有參與。無論解讀到哪一個部分，都會發現必須回到它，才能了解其他行星片語的運作方式。例如，一個行星與火星形成四分相，與太陽三分相，與天王星對分相，又與木星六分相，諸如此類。它緊密融入整張出生星盤，這個人的所有作爲幾乎都可以看到它的影響力。如果想要了解這個人，就一定要確實理解這個相位很多的行星的優點和危險，否則是行不通的。

與太陽、月亮或上升點的相位特別重要。任何與太陽和月亮形成相位的行星，即使再也沒有其他相位，仍可算是聚焦者。它的影響力看似很小，但別被騙了，它其實會每個星期四晚上跟總統先生玩撲克牌，每個星期六幫第一夫人做頭髮。要嚴肅看待，它可是很有影響力的。

如何界定一個行星是有多相位？這裡沒有一定的法則，其中有很多變數。與聚焦者的一個相位的影響力，等同於跟無力的行星形成的三或四個相位。而一個非常精準的相位的影響力，也遠勝於數個容許度六度或八度的相位。如果在一張出生星盤中的相位相對較少，當一個行星與重要的行星形成相位時，就形同位居重要的戰略地位。但是同樣的相位若是在一張相位很多的星盤中，就不那麼重要了。這裡如果要說有什麼黃金法則，就是把每個行星與出生星盤中的其他行星比較。哪一個行星融入星盤的程度最複雜，最糾結？它肯定是你的聚焦者。

正確看待聚焦者

孤星、星群、守護關係、停滯、相位眾多。當我們進入準則三的領地時，已經忙得不可開交了。這時水龍頭已經轉到最大，要浮在水面上都不是容易的事。

這裡最重要的是維持秩序。一旦通過了基本三要素的安全網後，就會出現排山倒海的誘惑，做出一些勉強的解讀，完全沒有策略，也不知道哪些片段才是重要的，最後只會導致災難收場。

放鬆一下，慢慢來，拿著出生星盤稍坐幾分鐘。看一下，哪個行星守護上升點？這一定是聚焦者。是否有孤星？也許沒有。有星群嗎？至少這很容易辨認。是否有合軸星？這是一目了然的，只要檢視一下就知道了。是否有行星形成很多相位？檢查一下相位表，有任何行星不斷地跳出來嗎？與太陽、月亮或上升點連結？

逐一檢查後，有時你會看到，每個行星都爭著想要控制這張星盤，有時則是所有行星都躲在模糊的角落。出生星盤就是如此。

在大部分的出生星盤中，會有兩或三個行星特別突出。也許你會發現一個合軸的火星守護天蠍座上升點。也許是天王星與天底合相，又與太陽四分相，與月亮六分相。也許是海王星與天頂合相，落在雙魚座。

你只要稍加練習，就能找到感覺。

老派占星師有時會用分數制度來列出相對的尊貴和無力。守護上升點的行星有三分，落陷的行星扣兩分，停滯的行星加一分，諸如此類。到最後，火星可能是二十二分，木星只有十九分，然後從此之後，火星就是出生星盤中自恃尊貴的大人物，而可憐的木星只能在一旁泡咖啡。

不過這種方式不能反映現實。

聚焦者的重點不在於確定哪一個行星可以抹滅其他所有行星，這不是心智運作的方式。每個行星都有自己獨立的領土，在其中具有最高統治權的影響力，沒有人能挑戰。這也就是說，每個人的心智都會有一個地方保留給十種行星功能。

聚焦者的幫助在於，安排組織我們解讀行星的方法，知道哪些行星片語在這個人的個性中是最突顯的？哪些則是扮演次要角色？**我們在確定聚焦者時，只是找出優先順序**。在這八個片語中，哪些是基礎？哪些是這個人最認同的？哪些能呈現最重要的發展壓力？

聚焦者能為一個非常實際的問題提出最佳答案，就是我們該先討論哪些行星？答案可以提供優先順序，僅此而已。

月交點

就嚴格的角度來說，月交點永遠無法成爲聚焦者，它們不是行星，行爲也截然不同，只能在某種層面上彼此形成共鳴。

你如果覺得需要複習月交點的內容，可以翻到前一章。簡單地說，月亮南交點代表出生之前的時間，以及這對一個人接下來的影響。它可以被視爲業力的象徵，也就是一個人從前面幾世殘留的性格，也可以被視爲線索，看出遺傳或基因背景會爲一個人帶來哪些已形成的壓力。無論是哪一種，南交點都代表了「過去世」。

北交點永遠象徵我們的演化未來，無論是以輪迴轉世或遺傳的角度，它都代表我們要前往的地方，這是未開墾的領土，完全陌生，會帶來一些看似無法理解的挑戰。我們如果迎向挑戰，會感到壓力，但也有成就感；如果選擇忽略，就會有一種無聊的、可以預測的感覺，悄悄地滲透人生，讓自己像一個漫無目的的十歲小男孩困在一套西裝裡。

月交點有什麼重要性？這又跟洞察力有關。月交點可以看出，有哪些由其他占星因素構成的特質，穩坐在過去經驗的基礎上，又有哪些特質基礎薄弱，完全只能靠有意識的努力，才能有所發展。對於月交點的理解，就是準則四的基礎。

準則四：確定南北月交點對出生星盤其他特徵的影響。

永遠要先看南交點，看它落在什麼星座和宮位，也許形成了一些相位，但要牢記容許度，二到三度就很多了。就像解讀其他行星片語一樣，先找到它的意義，記住這裡的**什麼**，就是出生之前的事件延續的影響力。

　　現在把南交點的訊息，與你對出生星盤的整體印象做個比較。你已經與基本三要素合作，現在要注意是否有任何半球重心，然後要找出重要的聚焦者。它們有什麼整體的調性？這與你在南交點發現的東西是否和諧？

　　我們現在走到這一步，**用南交點跟整張星盤比較時，必須確定這個人「之前做過的事」，還有今生意圖用這張星盤完成的事，在這兩者之間是否特別的緊張拉扯？**

　　這個答案非常重要，可以看出哪些行星課題特別容易有盲點，代表此人在該生命領域，可能要逼自己用頭撞牆才能「看到顯而易見的事」。不過，這裡也有正向的一面，南交點會突顯可以快速發展的行星功能。為什麼？因為這個人早就已經懂了，這是與生俱來的。

　　這可以想像成一位五弦琴樂手踩到香蕉皮滑倒，然後失憶了。六個月後，在離家千里之外的地方，她忽然拿起一把五弦琴來玩，然後不出幾個星期，聽起來就像還在媽媽肚子裡時，就有人偷了一把五弦琴送給她練習一樣。不過要是面對一臺電腦或是一個被拆開的自動變速箱，她就跟我們一樣無能了。這就是南交點的運作方式，意味著我們有某些努力會有過去世經驗的支持，但大部分都不記得了。其他的努力則沒有這種支持，但也許到最後，對我們更加重要。

　　北交點的影響力比較細微，過去無法改變，現在已成定局。南交點反映了一件事，這是固定的存在，會用完全能預測的方式影響我們。北交點則不然，一切都是不確定的。

　　如果南交點告訴我們過去的自己是什麼樣的人，**北交點就是告訴我們一定要成為什麼樣的人**，而非我們未來會變成的人。這不是命運，也不是

天命，只是方向，只是一種建議，僅此而已。有了北交點，球已經在我們的場上。我們可以回擊，或是讓球留在原地。與北交點最相似的出生星盤的特色，也代表巨大的挑戰。就某種意義而言，它們就像蓋在沙灘上的城堡。在遺傳的性格裡，無論是業力或基因，沒有任何東西會讓我們想去理解它們。不過這些特質很令人著迷，我們會被內在某種無法改變的好奇心吸引，去探索這些陌生的領地。在這個過程中，常會有些慘烈可恥的失敗，但我們內心卻充滿成長和改變的感受，還有一種人生的形貌，有如永無止盡的奇蹟一樣，等待著我們去品味，去體會。

想像你是百老匯演員，在一個下雨的星期二晚上，有些頭痛，不過還是得上臺演同一齣戲，今晚是第一百一十二次演出。經過無數次重複演出後，你的演技早已爐火純青，演出完美無瑕，滿場都為你起立鼓掌。落幕後，你回到家，上床睡覺。這就是南交點的人生，通常是例行的、特定的，而且常令人印象深刻。

現在想像你是第一次騎自行車的小孩，摔倒了，又再爬起來，繼續騎，然後又摔倒。經過兩三個小時後，你騎得搖搖晃晃，眼神發亮，經過讚嘆的父母身旁。在那一刻，你覺得自己像是創世紀第一天的上帝一樣。這就是北交點的感受，通常是危險的、新鮮的、勝利的。

算命師對北交點的興趣不大，他們只想知道一個人擁有的「特徵」，對此，北交點無法提供太多資訊。演化占星師對北交點的看法大異其趣，成長和改變是他們的哲學的生機來源。對他們而言，北交點強調潛力和可能性，是出生星盤最重要的符號。除此之外，星座、行星和宮位都只是工具。北交點才是終點，才是目的。

> **準則五：區隔出生星盤中的模式和主題，辨識行星的結盟，觀察
> 　　　　串連的意義，留意主題式的緊張。**

　　有些人研究占星學多年，非常認真。他們學了單字和片語，感受到這個系統的力量，欣賞它的美，但是被要求解讀一張出生星盤時，就馬上僵在原地。他們被所有的單字和片語打敗了，也無法組成句子。為什麼？大部分都是因為沒有組織，忘記要把一隻手放在水龍頭上。如果你謹守前面四個準則，就可以克服缺乏組織的問題，你會學到秩序和觀點，這對有效率的解盤十分重要。

　　但你如果想要真的很精通這門古老的語言，就必須再進一步，必須開始掌握整張出生星盤。你要開始學習把出生星盤當成一個人去體驗，而不是把它看成一堆想法的拼湊而已，這是一種**感覺**，你可以用心、用直覺和智力去體會的感受。

　　準則五就是引導我們鎖定這個方向。在所有介紹過的準則裡，它是最必要的，而且被排到第五順位也是有原因的。我們如果還沒完全熟練前面四個準則，它就像在南極的泳裝一樣，完全派不上用場。

　　模式、主題，以及串連的意義，我們至少必須釐清上升點和十個行星傳達的部分訊息之後，才可能認出它們。這就像完全沒有任何字彙，就要用非洲史瓦希利語與人辯論武器控制這件事，根本辦不到。

　　我們面對出生星盤的第一步，大部分是根據知識，會依照程序，連上大腦的記憶體，找到每個符號的意義，或是會再查一次資料庫，快速複習。我們會分析，平衡矛盾的說法，有條有理地分解讓心智滴答作響的齒輪、滑輪、發電機和推桿。

　　然後，如果願意的話，就會有神奇的事情發生，出生星盤彷彿有了生命，會對我們說話。它說了什麼？任何你能想到的東西。在人類的歷史上，已經約八十億人經歷過這片土地。每個人都有一張出生星盤，每一張都不一樣。一張出生星盤吐露的話語，僅受限於人的想像力。限制越不嚴格，就代表你越熟練解讀的藝術。

　　也許你已經注意到了，若是把前面四個準則應用在一張特別的星盤，會常常用到**獨立**這個字眼。太陽牡羊座、月亮在射手座，上升點魔羯座，星群中有上升點寶瓶座的守護行星，天王星與火星合相在天底。

　　這些配置都有它獨特的重要性，但是共同點就是獨立。你已經發現一個聯盟，包含各種獨立的因素，而在占星詮釋這片狡猾難解的領地，你已經挖到了很有價值的礦土，就是找到了一個**主題**。

　　從現在起，你看到一張出生星盤都會如此簡單，有一個清楚的主題，所有片段的意義都圍繞著它打轉。這種一致其實非常罕見，心智很少能如此類同。

　　也許海王星會特別引人注目，落入巨蟹座，就在下降點上方，位在七宮。它是合軸星，還與太陽四分相。海王星當然是聚焦者，但這傳達了什麼訊息？這張出生星盤的主人愛做夢，天性浪漫，充滿了愛，也許需要經歷一些過度的依賴和占有慾。

　　等一下，就在幾個月前，她還是戰士，擁有吉普賽人的靈魂，戴著隱士的面具。怎麼一轉眼，又變成仰賴男人而生的女人了？

　　並非如此。我們透過基本三要素和其他聚焦者找出的主題，是最具有

優勢的。上述那些，只是因為我們發現了一個不和諧的註記，太強調它，可能會嚴重失去方向。除非她的星盤的其他部分都也支持這個海王星的主題，例如有很多的天秤座和雙魚座模式，才可以直接解讀它。如果真是如此，我們就必須更加謹慎。

海王星不會就這樣被其他的影響力淹沒了，這一點是肯定的。沒有任何占星符號會「離開」或「停止」，但是有時它會發現自己處於敵對的環境裡。

我們該如何處理？目前沒有更多的指引地圖，只能靠自己了。但是每個人手中都有一對王牌，就是一定程度的常識，還有我們至少都一直跟一個人親密地生活著，那就是我們自己。

當在一張出生星盤中看到主題式的緊張時，我們就要打出這對王牌了。

先延伸你的想像力，同理這位女性，站在她的角度設身處地。你如何想像她的感受？如果交換身分，你會怎麼做？

也許她盡力隱藏海王星，把它藏在極有說服力、自給自足的掩飾後面，可以得到任何想要的東西。她的基本三要素賦予了這樣的能力。

但是當她一路走下去，我們可以確定，海王星會不時地破牆而出。她可能會讓自己不斷地陷入愛河，然後發現戀愛引出內心未知的、不尋常的**依附**和**不務實**時，自己都會覺得毛骨悚然。

這就是算命師會陷入困境的地方了，可能會花很多力氣討論這樣的情節，也許會把它貼上標籤，認為這洞悉了她的過去，甚至更糟糕的是，還

能預測她的未來。這些言論可能會精準到令人害怕，但當然一點幫助也沒有。

演化占星師會用完全不同的方法來看待這種主題式的緊張，可能會描述海王星行為的破壞性模式，但只把它當成這位女子的選項之一，而且顯然不是最幸福的選項。

這位女子還有什麼其他選擇？這裡你又要用上常識了。先把占星學拋到腦後，忘記出生星盤。這些符號已經盡到責任了，向你傳遞一套印象，一齣特別的人類戲碼。你要吸收它，用智力面對它，還要把心打開。如果這名女子是你的朋友，來找你哭訴，對這類的問題憤怒不已，你該給她什麼建議？要從人的角度給予建議，而非占星學。

你可能會告訴她，她的隱士面具讓人們不敢靠近她，或是戰士風格和吉普賽的靈魂也會讓人感到害怕。你也可能告訴她，她非常強悍，凡事都能自己搞定，但也有柔軟的一面；或是告訴她，她被自己的柔軟面嚇得魂不附體，多年以來一直逃避不願面對，但如果不停下腳步正視這一面，這輩子都必須不斷逃走。而從現在起，她可能會因為這種把自己嚇得半死的柔軟面遇到挫折，傷害自己和親近的人。也許你會告訴她，這世上唯一可以打破這種模式的人就是自己，而這要看她如何選擇，她可以成長，或是不斷播放這些行徑的錄音帶，直到意志消沉。

這些話很嚴厲，但很有幫助。這就是在緊要關頭，一個人會對朋友說的話，而這就是演化占星學的語言，它承認主題式的緊張是人生的一部分，但並非無法改變的。我們可以改變，可以更清楚意識到自己的過程，並把這些變得更好。簡而言之，我們可以述說自己的命運。

準則六：你已經善用前面五個準則，現在把它們放下，占星學已
經完成任務了，幫助你具體呈現一套人生課題的本質。
現在你要用自己的心和頭腦來找到方法，應付這些課
題。

我們提出的所有準則都是要保持正確的觀點，最後一個準則是其中最
棒的，但從很多方面看來，也是最難的。一開始，占星符號是如此陌生，
我們第一個直覺就把它們丟掉，但這種情形不會維持太久，在學習占星的
語言，組成句子後，就有所轉變了。這些象徵符號充滿誘惑，如此引人注
意，讓我們迷失在片語的錯綜複雜裡，對它們擴展人類覺察的力量深深著
迷。

這就是研究占星學的職業危險之一，其中有一種令人不悅的混亂就
是，我們會引經據典為占星的對話調味，像是「這都是水星的問題」，
「比爾和他該死的月亮獅子座」，這些引述通常都只會讓朋友既迷惑又生
氣。

另一種更毀滅的狀況就是，我們無法成為稱職的占星師，詮釋星盤變
得機械化，彷彿打造了一艘巨型太空船，發射到外太空，最後卻降落在冰
天雪地的高原上。是的，我們忘記看看窗外的景色了。

第十一章

英國男士

出生星盤範例中的男士到底是誰？先讓我們繼續賣關子。任何公眾人物都有充滿魅力的矛盾點，這位英國男士當然也不例外。也許在沒有任何預先設想的情況下，研究這張出生星盤，反而能更真實地認識他。

請參閱附錄 A，有他完整的出生星盤。你之前已經看過這張星盤，但現在對你來說，其中所有的數字和符號應該具有更多意義。你如果還是覺得這張盤令你無法招架，也不要氣餒。我們現在就用上一章介紹的準則，慢慢地解析它。

第一步是捨棄一切，只留下太陽、月亮和上升點這基本三要素，這會拋開大量的可靠資訊，但有助於控制川流不息的印象進入腦海。

下一頁可以看到他的星盤，只縮減剩下基本三要素。你不一定要依樣畫葫蘆重畫一張星盤，但是心裡應該要有這個畫面。這種簡化可以保證有一個好的開始，你如果要用其他方式來解讀星盤，就會像是一個人一出生就是成年人了，只會感到困惑而已。

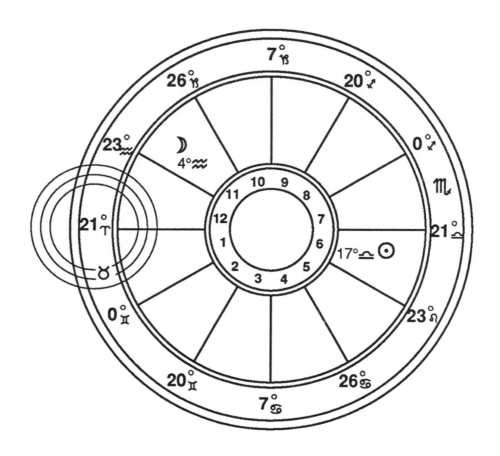

　　我們看到了什麼？太陽在六宮天秤座，月亮在十一宮寶瓶座，上升點是牡羊座。有兩個風象星座，一個火象星座，這是智力型、概念型的人，但是只有火才能提供啓動的力量。

　　現在來套用上一章的簡單公式。根據基本三要素，他是誰？從太陽看，他是藝術家（或是愛人、和事佬），寶瓶座的月亮加深了層次：他有天才（或是流亡者、吐眞言的人）的靈魂，而上升點告訴我們，他會如何向這個世界呈現自己，他會戴上戰士（或是先鋒、蠻勇者）的面具。

從現在開始，我們說的任何內容如果違背了這個公式創造的印象，就會知道在懷疑的陰影背後，已經慢慢無法掌握這張星盤了。

這是一位藝術家，**擁有天才的靈魂，戴著戰士的面具**。這代表什麼意思？先不要從占星學的角度思考，光從字面上想。我們在談論哪一類的人？藝術家是創造美的人，一定會在顏色、形狀和聲音之間創造和諧的關係，當然還有在人與人之間。別忘了，天秤座的原型也包括愛人及和事佬。當事人的個體性（太陽）會由這類建立關係（天秤座）的活動維持。沒有這些活動，他就會失去活力。

要如何詮釋天才的靈魂？就本能而言，**他會跟傳統的和可預測的事物劃清界線**，會出自一種根本的情感（月亮）需求，去思考難以想像的事，做一些意想不到的事。他無法接受限制，特別是來自於權威人士的限制，也無法忍受由別人來告訴自己該怎麼做。

戰士的面具是強烈的、對抗的、熱情的，也許帶有點粗暴，這就是他的「風格」。這就是當人們在雞尾酒派對中看到的他。表面上很強勢，很堅定，但這些都是他為了建立獨特人格去誇大的特質。你要記住，上升點不只是面具，也是我們用來表達自己的工具，如果沒有把它演出來，就會經歷身份認同危機。

藝術家、天才、戰士，還真像大雜燴，這裡已經有內在的緊張了。太陽天秤座象徵的和平，必須跟月亮寶瓶座的造反、上升點牡羊座的對抗本質相互競爭。若再考慮宮位，情況又更複雜了。

這位英國男士的太陽在六宮。就傳統而言，這是奴僕宮位，領域包括精通對其他人有價值的技能和技巧，同時還要分享它們。他如果駕馭六宮

失敗，就會陷入屈服、苦役和自我價值低落的模式。

他要如何避免這種情形？必須培養哪些技能和技巧，才能提供別人有意義的事物或服務？

答案就在天秤座，就是藝術家、公關及和事佬的技能，這些都是他必須追求的內在發展方向，然後以技藝或職業的方式對外表現。他必須找到能展現天秤座特質的工作，唯有如此，才能結合太陽的星座和宮位。

月亮在十一宮，這是朋友的宮位，現在領域轉換成更宏觀的視野。計畫、夢想、人生策略，還有我們會受到吸引、給予支持的盟友。

我們的英雄會邁向什麼樣的未來？他想要去哪裡？邁向月亮，迎向寶瓶座，這是十分肯定的。我們會發現，他會隨著年紀「變柔軟」，變得比較居家。換句話說，就是變得更像月亮。但我們也會看到，他會越來越認同自己的寶瓶座特質，漸漸變成局外人和造反者，慢慢地在流亡者的原型下移動前進。

過程中有誰會幫他？誰是他的「朋友」？這又是寶瓶座的月亮對我們說話，他會被其他局外人、造反者和「天才」吸引，而且有認同感。但是這些人如果想要吸引他，好戰的性格就必須被月亮改變，變得柔和一點，也必須有想像力、愛作夢，感情豐沛，才能成為他的流亡夥伴。直到這樣，他才會認同他們是盟友。

現在就此打住，衡量目前已經知道的資訊。我們可能迷失在解釋的細節裡，那可會變成一場災難。在解讀的時候，觀點就是一切。

　　整理目前的整體印象，這是一位複雜又矛盾的人。太陽意味著他本質溫和，帶有愛好和平、藝術的特質（天秤座），強烈想要做個有用的人，能支持別人（六宮），但也看得出可能有猶豫不決和恐懼承諾（天秤座的功能失常）的問題，而且還可能因爲軟弱的自我形象（六宮的功能失常）更加嚴重。

　　這是他的太陽的核心，本身十分簡單。但是當我們知道太陽的光芒會閃耀照亮哪一片心理風景時，複雜的狀況就出現了。他面對世界時，看似急躁且自信，這是上升點牡羊座獲得的贈禮，而且還會跟寶瓶座的月亮結盟，他無法抑制地渴望叛亂和自由，就是來自於此。將這些綜合起來，我們可能看到經典的憤恨不平的心理狀態，就是用兇惡的、挑釁的外表，模糊了非常不篤定的內在。

　　若用占星學來算命，這是不可靠的，因爲打從出生開始，人就是自由的。至於這位英國男士，很有可能在人生初期就表現出基本三要素的緊張，外表看似喜歡喧鬧挑釁，只有在極少數高度控制的情況下，才會表現比較溫和、沒有自信的一面。

　　其實他的太陽幾乎沒有任何相位，這支持了我們的想法，就是他不會在日常的性格中，自然且明顯地表現天秤座的特質。在面對相關的問題時，他的第一反應可能就是隱藏這些特質，而這會帶來破壞性的結果。

　　他是否進退兩難？如果這是他的選擇的話，這也是他的自由，到死都不想改變，彷彿這麼做很愉快似地。但他不一定得這麼做，他可以改變，可以更和諧地整合自己的三要素。而這就是演化占星學的任務，鼓勵他這麼做。

　　如何做？答案就是共同之處。**他必須找到一些表達這三種要素的共同之處。**他如果想要在某些任務完全使上這三種要素的力量，就必須努力在它們之間促進和諧，對抗心智的片段變成很多獨立的「自我」。

　　我們如何確定這些任務的本質？絕大部分必須靠理性邏輯，還有想像力。太陽象徵了本質，那必然就是任務的核心。這是藝術的任務，也許與人際關係的和諧與撫慰有關，表現的形式可能是某些類別的工作或責任模式，這就是六宮的貢獻。現在再加上天秤座，就知道如果想要完成這項任務，他就必須與至少一個人形成夥伴關係，而且要確定能在其中建立真正的信任和親密。

　　一旦確定了任務，就必須用牡羊座和寶瓶座的方式對外呈現，要有色彩和自信，帶有挑戰和保證的意味，要大膽無畏。任務本身是天秤座風格，和諧、愛好和平，創造美，但必須用這樣的方式去撩撥、激怒別人，讓他們有新的想法，並檢視自己的基本價值。在這個例子，藝術家必須樹敵，但這必須是人們欣賞他的藝術時出現的感受，而不是因為他胡亂無章的、幼稚的驕傲自大。

　　天秤座喜歡被人喜歡，這沒有問題，但是為了贏得別人的喜愛，開始假裝成不是真實自己的模樣時，那又另當別論了。在最純粹的天秤座的情境裡，危險在於混雜了一種過度殷勤、壓抑衝突的個人風格，不過這位英國男士的表現方式就完全不同了。他外表看來有些粗魯，而對愛的需求也很容易扭曲了對於別人回應的需求，任何顯示別人有注意到自己的回應都好。

　　他若想要找到能協調太陽、月亮和上升點的特別任務，就必須打碎這

種模式。醜聞和惡行是不夠的，這些都是很廉價的方法，對他而言隨手可得，但它們無法成就任何事。他如果想要真正綜合協調三要素，就必須做得更多，必須表達自己的敏感、藝術和脆弱，這些都是太陽的特質，而且要讓這些主宰自己的心，而不只是安全地表達體內根深蒂固、沒有任何壓力可以改變的強悍和冷酷。

要做到這一點並不容易，但他手上有王牌，星盤上的半球重心有助於發展這一類的彈性。

接下來的圖表顯示，當我們第二次檢視出生星盤時，可以看到哪些線索。第一眼只看到基本三要素，其他元素都被撤掉。第二次除了保留基本三要素，所有行星也都放上，但都用黑點來呈現。

每個黑點代表哪個行星？目前為止，我們不知道，也不關心，現在只在意行星的位置，還有是否強調任何一個半球。

我們馬上發現，行星集中在地平線之下，只有水星和月亮在地平面上。這真的算是下半球重心嗎？

現在來應用規則。太陽和月亮都有三分，其他行星都算一分。如果其中一個半球有九分，就算是半球重心。

在地平面之下有七個行星，七個點，無論是什麼行星，七個點就代表七分。再加上太陽的三分，總分是十分，顯然就是集中在這一半隱藏不見的天空裡。

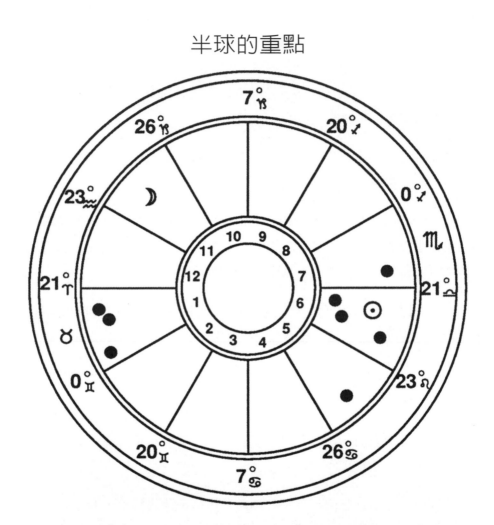

半球的重點

　　這位英國男士的星盤強調下半球，代表他的世界是主觀的，強調的是意識的本身，而非事件。這不一定代表他很害羞，或是人生很平淡，有如例行公事。他的重心是**向內**，更重視獲得**理解**或**覺察的狀態**，而非在外建立一個帝國。

這些就是他人生的遊戲規則，而這些規則能幫助他。他仍然必須做好自己在這世上的工作，沒有任何半球重心免除六宮的責任，之前提到的任務依然成立，但是對他而言，最攸關輕重的是這些經驗對自己的持續效應。記憶、夢想，或許還有智慧，這些都是他的目標，認同倒是其次。

這樣的優勢會如何發揮作用？這可以獲得解放。如果他在社會中釋放自己的硬式天秤座能量，因此獲得接受和讚美，這樣很好。如果他被「爛番茄」影評攻擊，這也很好。從下半球的觀點來看，人生其實只是一場大規模的電動遊戲罷了，只有意識才算數。遊戲不重要，重點是關於遊戲的記憶。

這位擁有天才靈魂的藝術家，必須透過戰士的面具表現，英國男士命運的模式現在開始聚焦了。他的長處、缺點、生命設下的陷阱和獎賞，還有在人生道路上加入的夥伴，全都會聯合成為一套整體印象。這張出生星盤開始對我們說話了。

到目前為止，它的語言很有秩序，也很清楚。先刪除外在的因素，它就無法叨叨絮絮，而我們也不會因為排山倒海的細節而陷入迷惑。記住，要有一隻手控制水龍頭。

我們必須握住水龍頭，但從現在起，要控制水流變得更困難了。目前只是把簡單的原則套用在對任何出生星盤的初步探索，現在必須提高檔次，進入更不確定的領域了。

從此刻起，星盤開始設定自訂規則。我們如果按照它的規則走，就不會迷路，但在這之前，必須要先辨識規則，為此必須先把黑點變成行星。我們一定得面對星座符號全面的複雜性，但不能被它們淹沒。

現在要挑出**聚焦者**,第一步就是檢視所有的行星片語,從中找出比較顯眼的。

我們馬上被兩個星群吸引目光,這是最不尋常的特色。首先,有三個金牛座的行星在一宮,而如果把太陽也算進去,就有四個行星在六宮,有的在天秤座,也有在處女座。這兩個組合都構成了心智能量的重要焦點。

在這兩個星群之外,只剩下三個行星。一個是月亮,這永遠具有重要的影響力。冥王星在五宮的獅子座,與月亮形成相當準確的對分相。光是這個相位,就可以讓冥王星成爲必須列入考慮的力量。最後剩下的是水星,它是合軸星,相位比其他行星都多,顯然也是聚焦者。

我們的第一次檢視成效卓然,每個都是聚焦者,這等於重新回到起跑點,仍然不知道從哪裡開始。

我們學到任何東西了嗎?當然。所有行星都如此顯眼,就更證明了這位英雄非常獨樹一格,非常耀眼。一旦看過他,就不太容易忘記。我們也可以說,在他個人的歷史裡,他就是**聚焦者**。當一種人格如此明顯時,可以很容易召集其他的人格包圍著它,凝聚它們的能量,替它們指出方向。

我們的檢視還獲得一個深刻的理解,兩個星群主宰了出生星盤,代表大部分的注意力放在十二個領域中的其中兩個,分別是工作與責任(六宮),還有發展自由意志和個體性(一宮)。這兩個課題會如翹翹板一樣互動,顯然就是打開這張星盤的主題鑰匙。

不過現在還是進退兩難,到底要從哪裡開始?這個問題沒有一個正確的標準答案。有些出生星盤的確會有很清楚的起點,這張星盤顯然不是。

這不代表我們應該一頭跳進去，開始用英文字母的順序來解讀剩下的行星。其實，這只是代表必須更加謹慎，要深思熟慮選擇角度，而且要一直保持警覺心。對不謹慎的人而言，這樣的星盤充滿了愚蠢的陷阱，我們要懂得避開它們。

再提醒一次，現在要拉開距離看這張星盤。放鬆，慢慢蒐集切入的角度。現在把水龍頭關緊，要求出生星盤**只傳達最明顯、最重要的訊息**。

這兩個星群真的很顯眼，即使其中的個人行星相較起來並不重要，但它們的宮位象徵的課題，必然是永無止境的活動場景。在一定程度上，它們揭露了**這個人的生活會在哪裡進行**。我們如果接下來如果沒有更加了解這些領域，就會陷入失焦的危險。

現在要從哪一個星群開始？這又是個困難的問題。在角宮裡，一宮具有最高地位。如果這裡有星群，就是最敏感的領域，心智能量會聚集在此，足以跟太陽、月亮和上升點抗衡。

但是六宮的星群也是發電廠，其中包含太陽，這裡馬上成為大聯盟，而且火星也在這裡，它是上升點牡羊座的守護行星，也替這個宮位的重要性加分，再加上海王星和金星。現在就像在擲硬幣，決定哪一個星群比較重要。

我們馬上知道，自由對上責任、自私對上愛與付出、獨立對上互相依賴的夥伴關係，還有其他類似的一宮對上六宮的難題，就是這位英國男士重要的人生主題。

哪一邊勝出？這裡沒有清楚的答案，而**問題本身就是我們的答案**，一

宮和六宮必須在持續緊張的狀態下找到平衡。這裡並沒有其中一方會被對方完全吞噬的立即危險。

基於實用的考量，讓我們從六宮開始。因為在討論太陽時，我們已經介紹過這個領域，現在就繼續已經起頭的事，然後再來討論一宮。

我們已經討論過基本三要素了，現在看到太陽所在的宮位還有另外三個行星，這又增加了多一點線索，代表六宮的課題，工作、責任和服務是很重要的，而每當他的自我迷失方向時，就會籠罩在這些課題的陰影之下，也就是苦役和羞辱。接下來，必須要個別檢視每一個行星片語。火星是上升星座的守護行星，自然要從這裡開始。

火星是戰神，侵略、意志力和勇氣的象徵，我們如果在學習這些課題時示弱，這個衝突和無意義的象徵就會來找麻煩，這就是**什麼**。

天秤座可以提供**如何**及**為什麼**的資訊。他的火星特質會呈現在藝術及合夥關係，而不是火星最愛的職業，這是戰神的**落陷**。我們學到了什麼？他對建立關係的渴望，就是刺激、啟發侵略天性的基本驅力。這些關係可能是私人的，也可能是社交的，也可能是聲音、形狀和色彩之間的關係。無論如何定義，這位英國男士一定要**為關係而戰**，必須為和平（天秤座）而戰（火星）。

他如果選擇一條比較輕鬆的道路，就會陷入**個人糾結的衝突**之中，應接不暇，無力招架，天秤座的夥伴關係會籠罩在摩擦和衝突的陰影下。而上升點是牡羊座，我們甚至可以在這個領域看到暴力的表現，他可能覺得在關係中很倒霉，但問題的來源其實是**自己在這些親密關係裡，缺少直接的、勇敢面對的誠實**。當他在親密關係裡無法勇敢面對問題時，就會在日

常社交性格中展現更多激烈的劍拔弩張和好戰，這是在分析基本三要素時已經看到的傾向。

對於這些火星天秤座的問題而言，與工作相關的夥伴關係特別敏感，而這就是六宮的貢獻，確定**哪裡**的範圍。

當火星是上升點的守護行星時，他會用正面的、肯定的方式面對工作，建立有效率的工作關係，沒有愚蠢的多愁善感，而這與形成清楚明確的、運行順暢的自我形象極為相關。如果他用軟弱的方式面對火星，會對天秤座和六宮帶來更多的傷害，也會傷害上升點，削弱日常生活的能力。

這裡可以看到火星與月亮形成三分相，代表自由的、不情緒化的天性，與火星的功能結為同盟。寶瓶座月亮支持他在戀愛和工作夥伴關係裡追求清楚與直接，而成功掌握這個領域，也可以幫助月亮有更多自我表達的空間。不過很不幸地，這裡還有另一個選項，火星和月亮可能聯手打造一種冷嘲熱諷的疏離，會用討厭的、尖銳的俏皮話取代誠摯的溝通，藉此抒發個人感受。

接下來我們會看到，他的天蠍座水星會如何強化這種不愉快的可能性。

當一位演化占星師向英國男士提出這些火星主題，會和他逐一討論，用可能性的角度貼上標籤。他可以有自己的選擇，然後承擔這些選擇的結果。

海王星是在處女座後面的角度，與位於天秤座前面角度的火星其實形成合相。這就是我們在六宮之旅的下一站。

海王星是代表了原始的、未聚焦的、不明確的覺察力，也象徵神祕主義者，還有心不在焉的「空間怪人」。它的**什麼**是自我超越，或者是負面的人格瓦解。

這裡的海王星會受到處女座對完美、清楚和精準的渴求驅動，深感挫折，十分可憐。我們又看到了一個行星處於落陷位置，對於這位英雄而言，這是另一個特別具有挑戰性的六宮配置。

這位男士的工作環境可能帶有困惑的、迷人的、脫俗的特徵，在此發生的事件會藐視邏輯。在這裡，他必須學習信任自己的直覺，準備接受所有理性的人都無法預測的事業發展。而透過這一切，他還必須堅持自己的處女座夢想，這就是讓自己的工作，無論是哪一種形式，都要**盡可能地完美**，還能反映理想。

在堅持處女座海王星的最高標準時，他也在刺激自己的火星，因為海王星與火星是合相的。他在工作上的理想主義，還有常常很令人費解的工作環境，都會突如其來出現一些人際衝突的模式，而這是我們在觀察他的火星功能時就看到的。合相會將兩種特色連結在一起，就像同一組合的買賣。

在六宮星群裡最後一個行星是金星，也落在處女座。我們曾在第八章仔細分析過這個行星片語，現在再扼要整理重點。

他建立關係的驅力（金星的**什麼**）受到處女座影響，因此會對伴侶有崇高的、明確的標準，尤其是對終生配偶。他會帶著強烈的責任感進入關係，卻可能對自己和別人做出不合理的要求，當現實擺明並非如此時，就會把自己批評得一文不值，或是嚴厲地斥責別人。寬容和原諒是他必須培

養的美德，否則唯一能享受的關係就是自己與夢中情人的關係，他會把她悄悄地隔離藏想像裡，這對喜歡愛的天秤座而言，是非常可怕的命運。

　　再提醒一次，他的金星提醒我們，這些關係的戲碼大部分都發生在工作環境裡，它的**哪裡**也是在六宮。這已經變成一再出現的主題。他的太陽啟動了這個模式，天秤座火星接著採用它，將它加入自己的暴躁課題裡。而現在，「愛的女神」也在「工作宮位」，我們再次看到他的工作夥伴關係會出現激烈的情感強化。

　　我們也很難想像，這位英國男士的配偶如果不屬於他的事業的一部分，還能跟他經營成功的婚姻。就整體而言，他甚至很少會想跟與工作無關的人當朋友。這當然不是「正常的」人際關係狀態，但是在這張特別的星盤，這樣的工作指標和關係指標肯定是融為一體的。他如果能成功面對自己的出生星盤，**就會因為身為親密的創作夥伴關係的其中一員，在工作上闖出名聲**。這可能是一段婚姻，也可能是純公事，無論如何，這段關係的形成，都是他通往個人成就的重要踏腳石。這甚至會帶來更多壓力，逼他學著把藏在虛張聲勢和狂妄自負面具背後的「天秤座特質」展現出來。他必須學習如何跟別人和諧相處，所有一切都必須仰賴這一點。他如果不跟人合作，就一無所有，連一份有意義的工作都談不上。

　　一宮的星群也許能幫助他應付六宮的課題，但也可能成為阻力。這賦予他強大的意志力，但也會有自私和專橫的傾向。身為選擇和正面行動的宮位，一宮賦予其中三個行星相當程度的表達自由，這位男士可以做**自己選擇的事**，但是這也可能用來滿足比較低等的目標，可能為自己打造的自負的牆再增添更多磚塊。無論他做什麼選擇，都是非常堅定的，因為星群落在金牛座，這個星座若是用現代的說法，就是「固執得像頭牛」。

即使這三個行星都只是黑點，我們仍能看到這些基本的金牛座一宮的課題，而這永遠是解釋星群的第一步，就是理解星座和宮位。這先能有個概觀，也就是劃分領土界線的方式，然後才能解讀個別的行星，確保不會失去正確的觀點。再提醒一次，這是如何控制水龍頭的問題，一開始先轉開滴滴涓流，然後再讓水流變大，這就是基本的解讀策略。

木星和土星形成精準的合相，主宰一宮的領域。而在一宮的末尾，我們看到天王星，與海王星形成緊密的三分相。這三個行星都是逆行，而每一個都會爲「戰士的面具」增加特色，而在一宮，它們會調和並發展上升（點）星座的訊息。

木星和土星合相是很棘手的，這兩個行星的意義相反，它們代表的什麼也互相矛盾，不過在這張出生星盤上，被迫合爲一體。

木星象徵擴張、輕鬆和樂觀，是信仰的正面象徵。土星則代表了現實主義、務實和自律，是孤獨的黑暗之王。它們要如何互動？這就好像袋鼠隊長（Captain Kangaroo）和安納金・天行者（Darth Vader）一起困在電梯裡，他們甚至不知道要跟對方說什麼。

我們的第一步是分別了解它們，然後再進行比較難應付的任務，把它們融合爲一。

想像一下，當一宮受到木星影響時，這個人會戴什麼樣的面具？會投射什麼樣的「情境」？會像喧鬧的、愛玩的「眾神之王」，特徵就是喜歡開玩笑、心胸寬大又慷慨。

如果一宮只有土星呢？會有什麼表現？完全相反。現在會看到一個人

散發深刻嚴肅的氣質，甚至有點黑暗或**鬱鬱寡歡**，言行舉止有責任感、務實，省話也不多費力氣。

　　當這兩種矛盾的影響力融合在英國男士的面具裡時，他擺明就是很複雜的傢伙。

　　問題在於，是否有哪一種影響力占有優勢？兩個都是聚焦者，都在一宮，但是是否其中一個比較尊貴？若是如此，就會比較明顯呈現在他的行為裡。另一個當然不會消失，只是被迫屈居扮演附屬的角色，唯有當對的刺激因素剛好出現時，才會突然現身在行為的世界裡。

　　很不幸地，在這個例子裡，這種方法幫不上忙。兩個行星同樣都受到星盤其他因素支持，勢均力敵。土星喜歡金牛座的**如何**及**為什麼**象徵的內向和務實，也比木星更能接受逆行，這個帶環的行星**喜歡轉身離開外面的**世界。不過木星也在積極的、喜歡表現的牡羊座上升點找到天生的盟友，也隨時可以與天秤座太陽的友善和平相處。所以兩方現在呈現僵持，土星或木星都不會退讓，而且它們必須用某種方式努力達成和解。

　　當然，這位男士的性格有非常深刻的模稜兩可，有如在兩種極端的行星影響力之間來回穿梭，前一刻還很愛鬧，又頑皮，下一刻就滿臉嚴肅，有如大難臨頭。或是前一刻很願意支持人，常開口讚美，充滿樂觀，下一刻又很有距離感，直言不諱，抨擊連連。有時前一刻像是快樂的小男孩，下一刻又如記得冰河時期的巫師一樣。

　　模稜兩可，我們不是第一次遇到這個主題。打從一開始，這就出現在六宮天秤座太陽，還有月亮與上升點同盟的緊張拉扯之中。木星和土星也困在同樣的模式裡，木星會為他已經令人誤解的喧鬧的外表，再加上一些

歡樂和調皮；而土星，本來就傾向於行事謹慎，又更加模糊了太陽原本比較柔軟、自我質疑的特質。

現在又是同樣的狀況，要解決在這兩個行星之間分裂的翻來覆去，就必須爲它們的表達找到**共同基礎**。我們的英雄必須設計一些擴張的、勝於生命的任務（木星），然後用土星的勤奮好學、完美主義和自律去達成。木星想要玩，土星想要工作，唯一的希望就是找一些工作，能讓玩成爲最高準則。在工作傾向較不明顯的出生星盤裡，我們可能會在其他部分尋找共同基礎，但是在六宮奴僕宮有星群，還有喜歡工作的金牛座爲這個合相提供了**如何及爲什麼**，那麼木星及土星的融合最好就發生在這個領域。

雖然這些指標稱不上細膩，但我們又找到證據，這位英國男士若是在某些**創作型的職業**裡裡建立自我，將會獲益無量，這種職業結合了玩樂與工作。而這一步，顯然就是化解這張出生星盤中許多基本緊張的關鍵。

他的一宮的金牛座天王星，比木星和土星的度數晚了十二度，這已經超出合相的容許度，所以必須獨立考慮這個行星。

獨立考慮天王星是沒問題的，因爲它是代表自由和個體性的行星，當我們想要成爲族群中比較可以墨守成規的一份子時，它總會從中作梗。天王星是這位男士的寶瓶座月亮的守護行星，這會強化他對它的調整，即使沒有月亮添加尊貴，光是在一宮，它本身也能成爲聚焦者。

天王星告訴我們什麼？大部分的故事之前都說過了。天王星會形塑這位男士向外投射的自我形象（一宮），許多影響都非常類似寶瓶座如何形塑基本三要素。同樣的主題又出現了，自治、對於意外和震驚的喜愛，還有對公衆道德人士及社會領袖不敬的厭惡。如果月亮是在其他星座，我們

就必須更廣泛地發展這些主題。不過現在，即使寶瓶座月亮的確強化了天王星的影響力，這個行星的基本重要性早已成立，我們也可以放心地繼續往這個方向走。天王星關鍵的貢獻就是毫不含糊的篤定，讓寶瓶座的特質可以馬上表現在這位英國男士的平日行為裡。它們是面具的一部分，他不只擁有流亡者的靈魂，**外表和行為**也有這個味道。

這些都是他的星群，有兩個主題，兩個巨大的意義串連。在它們和基本三要義之間，有兩個行星完全被踢出我們的詮釋之外，接下來就要解開水星和冥王星的祕密，然後觀察月交點的影響力。

我們接下來來詮釋水星，這是很合乎邏輯的選擇。

這裡有一個合理的聚焦者，在大部分的出生星盤裡，具有這樣力量的行星，一定會接在基本三要義後馬上討論。現在是因為有兩個獨特的星群，不尋常地包圍出生星盤裡大部分的行星片語，所以才沒這麼做。即使在我們點名行星的順序裡，水星被排在很後面，但也不能因此搞錯了，這裡其實有一臺真正的發電機，低估它的影響力可是犯了大錯。

為什麼水星有如此的權威？首先，它是合軸星，雖然沒有與下降點合相，但是肯定是落在七宮。任何行星落在最重要的婚姻宮，肯定是聚焦者，在任何出生星盤都是如此，而在英國男士的星盤裡，七宮行星的影響力又更迫切，因為太陽在天秤座，關係的問題對個人發展特別重要。太陽永遠象徵一個人的本質，當這位英雄的太陽受到天秤座影響時，當任何行星要談論任何關於合夥及婚姻的事情時，他的耳朵一定會豎起來聽。

水星的尊貴還不僅於此。檢視一下相位表，馬上可以發現它占據了眾多的戰略位置。它不只是合軸星，相位之多也是居冠，勝過任何行星，從

相位表上可以看到六種關係，最接近的對手是火星，即使是戰神也只有四個對外的連結。

身爲合軸星，同時又在相位的十字路口收了所有的通行費，我們如果不想在這位男士的心理鎖鏈中遺漏任何重要的連結，肯定要更確實掌握水星的意義。

在開始仔細分析水星之前，光是知道它如此顯眼，就已經有很多線索了。我們的英雄是**文字型的人**，喜歡說話。他的太陽和月亮都在風象星座，就已經看到了心智和概念的傾向。再加上水星具有尊貴性時，這些風象的想法就有了出口，也就是他的嘴。他一定很善談，也許是位作家。

我們知道的還不僅於此。水星的**什麼**就是傳送和接收資訊，但是他的水星會受到天蠍座的**如何及爲什麼驅策**，會表現在七宮象徵的**哪裡**。就是這些因素賦予水星**個別的意義**。

天蠍座是代表偵探、巫師和催眠師的星座，喜歡刺探，掀開人類的底層動機，洞悉他們的僞善，其穿透能力沒有其他星座可以相比，而唯一的弱點就是對眼見之物很容易失去正確的觀點。有時，至高善意卻被犧牲在一個微小眞相的聖壇上。

當水星受到天蠍座的驅策時，這位英國男士顯然具有驚人的敏銳智力，再加上上升點牡羊座，還有天王星和土星合相在一宮，他足以成爲可怕的言語對手，能將砲火集中在別人最脆弱的地方。這可不是說「你媽媽是賣淫的」，而是「你如何處理自己壓抑的同性戀？」，犀利、尖酸又致命。

他天蠍座的水星會在哪裡表現特色？在七宮，與夥伴和最愛的人之間，還有最珍惜的人之間。

若用健康的演化態度面對水星，**他的關係的獨特之處就是絕對的誠實**，如果感受到了，就會說出口，而這些關係充滿了大量的口語互動。他會與夥伴分享想法、觀念和世界觀，最特別的是，他們能用天蠍座清晰的X光眼力來掃描彼此。

學習這些人際技巧就是他成功駕馭七宮的通關密語，但所有的關係都要有兩個人，即使他很擅長這些水星的天份，但如果娶了一個駑鈍的人，那就英雄無用武之地了。不過他天生就很清楚這一點，很容易被**水星功能也如此強烈的愛人與夥伴**吸引，即使一開始根本就不知道要跟對方做什麼。
機智、文字和智慧，這些東西對他而言就像是磁鐵一樣。

如果他選擇不要成長呢？如果就讓水星處於自動巡航模式，等著全世界把靈魂伴侶放在銀盤上端上來，讓自己大快朵頤呢？那他可會等很久。

這條懶惰的路走來會很痛苦。再提醒一次，太陽在天秤座，個人的成就感有絕大部分取決於建立有意義的人際關係。如果沒做到這一點，他的性格的重力核心就會瓦解，最後一無所有，只剩下俗麗的空殼。若是用軟弱的態度面對七宮，水星可能就會加速這個瓦解。

這個時候，洞見和親密會被尖酸刻薄的話語取代。只要有人威脅逼近自己的恐懼和防禦時，他就會先發制人，這會引發天秤座火星所有的負面表現，還會跟自己面具裡固有的、比較惡毒又好戰的潛力結為盟友。他還是會被別人的智力吸引，不過彼此的關係淪為唇槍舌戰，永遠無法觸及自

己的內心。

　　無論是哪一種情況，土星和木星也會為水星帶來一些獨特的挑戰，土星和木星都與水星形成對分相。他如果想要控制好水龍頭，就必須很努力，可能有時很聒噪（木星），有時又很沉默寡言（土星）。無論好壞，我們針對一宮合相看到的現象，現在都與說話風格有關。

　　水星與金星形成六分相也很重要，同樣地，無論好壞，它們都會互相刺激。象徵「愛的女神」的金星落在七宮，已經會在關係的領域中表現處女座的完美主義。這裡很容易就會看到七宮的天蠍座水星，會不斷刺探伴侶心智的內在運作，同時還會與強力驅策的金星連成一氣。它們都會不斷地加深推動，讓兩個人的心靈和心智能完美融為一體。

　　這位英國男士的月亮和水星形成不太舒適的四分相相位，這是一個好機會去了解十一宮的「朋友」和七宮更深刻的關係有什麼不同。十一宮的月亮會吸引這位男士進入一大群的人際關係，而這些**基本上都很膚淺**，但也不是偽善或利用，只是不會非常深入。他會被一些運動和團體努力吸引，在此跟「月亮寶瓶座類型」的人往來，這前面已經討論過了。他在這裡會扮演寶瓶座和月亮的角色，他是天才，也是流亡者，是吐真言的人，但心中充滿了愛，還有豐富的想像力。

　　他在面對公眾時的性格與私下的面貌會激烈碰撞。真正親近的人會看到他性格中完全不同的一面，一種更符合七宮天蠍座水星的模樣，這是比較狹隘的、激烈的、強硬的，也更加尖酸刻薄。

　　他的性格中的月亮和水星面向會互相角力，會互相糾正對方的過度之處。當他跟親密愛人發生小口角，想要拿刀衝刺時，寶瓶座的月亮會提醒

他自己比較寬厚、理想主義的一面。當他想要針對「完美關係」提一些雞毛蒜皮的理想概念時，水星會帶他面對兩個自我努力同床共枕十年這個血淋淋的事實。這兩個行星不喜歡彼此，但這樣的戰爭對雙方都有益。

落在五宮獅子座的冥王星是最後討論的行星片語，分別與水星形成四分相，與月亮形成對分相。

在十個行星的功能裡，冥王星是最抽象的，代表我們了解社會核心某種脈動的能力、為世界貢獻自我的能力，還有改變歷史和超越自我的能力。它如果在心中腐爛，就代表在某個地方，我們會強加自己的觀點在別人身上，會活在以上帝為名的無意識幻覺之中，深受其害。

這位英國男士的冥王星任務很容易被看清，它是落在自我表達的獅子座，位於創造的、表演的五宮，所以他名留青史的能力，與天秤座的藝術天份息息相關。兩者會互相滋養。天秤座可以給予敏銳的審美觀，而冥王星可以指出方向，這就是**如何、為什麼**與**哪裡**。他創造美，不只是為了維持心理的完整（天秤座太陽），還必須讓這種美用某種方式與社會及公眾有關，他的藝術必須能改變世界。

這裡的恐怖在於，這種美可能變成武斷的說教，或是被意識形式奴役的藝術。擁有寶瓶座月亮、牡羊座上升點，還有稜角分明的一宮星群，他可以高姿態扮演蠱惑民心的政客，利用傳教者和說教者的角色，再次連結隱藏在盔甲中那顆溫和的、不確定的心。他如果陷入這種誘惑，就能在一種非常公開的宇宙笑話裡面擔任主角，他會成為傳教者和說教者，**對抗其他的傳教者和說教者**，永遠看不清自己立場的荒謬。

他在過去的業力裡，可能曾經犯下這樣的大錯，或是你比較喜歡說，

他的父母透過基因遺傳給他這樣的大錯。他的南交點是在兇猛的牡羊座，
落入十二宮。

這倒底是業力還是基因？根據第九章介紹月交點，無論用哪一種模式
都沒有太大差異，它們是可以互相交換的。我在這裡會採用輪迴轉世的模
式，你如果想要用染色體的角度解讀，請自行作出合適的翻譯。

南交點在牡羊座十二宮，這代表什麼意思？

在過去，他已經學習過與這兩個符號有關的功課。這是很有趣的結
合，來自牡羊座的勇氣和意志力，還有來自十二宮的自我超越。牡羊座會
讓我們面對壓力，來傳達它的訊息，眼前會有一座山，要不就是翻越這座
山，或是在山的陰影下惴惴度日過了一生。

十二宮常會透過失敗傳達訊息。我們會面對不可能克服的情境，必須
翻越這座山，但沿途是陡峭結冰的花崗岩，沒有繩子，只有兩條廢掉的
腿。這裡沒有希望，唯一的選擇就是放棄攀爬的需求。我們必須超越自
己，接受伴隨尊貴和慈悲而來的損失，也必須放棄自己，把自己交到上帝
的手中，或是瘋狂地策畫、討價還價，直到一把斧頭從天劈下，摧毀一
切。

我們不知道這位男士在面對這些不可能克服的情境時，做出了什麼選
擇，但能確定他曾有這些經驗，而遺留下來的東西會成為今生的基礎。

簡單地說，他在過去的業力曾是一位戰敗的戰士，而這些傷痕，還有
烙印在靈魂的教訓，常會在今生驅策著他。

　　他的面具裡，還有五宮的冥王星，與生俱來就具有夸夸其談的潛力，而這也受到南交點的加持。他天性很可能就憤憤不平，當然可以這樣終其一生，但這是個人選擇。

　　他也可以在前世的生命經驗裡，做出徹底的靈性大躍進，這可能是已經徹底理解成敗如夢如幻影，稍縱即逝。當然，他必須學習不要信任世俗提供的光芒與魅力。

　　他在過去世的模式是孤獨且獨立的，這也是牡羊座和十二宮的特色。他了解忠誠和奉獻的意義，但在業力傾向裡，對親密這件事是完全陌生的。

　　不過他還是個天秤座！

　　這是一種要求極高的月交點結構，今生最基本的精神健全和個人特質的基礎，也就是太陽天秤座，在他過去做的所有事情裡，既無基礎，也無前例。把這些都凝聚起來變成一種基本的人格特質，就像是在微薄的空氣裡扎根一樣。

　　即使不參考月交點，我們也看到他的太陽，很容易迷失在上升點牡羊座吵鬧的面紗背後。一路看來，他的出生星盤有一個主要的課題，現在只是要看問題有多深，並且更加明白問題的源頭在哪。對於如何「當一個天秤座」，他與生俱來沒有任何概念，必須從頭學起。

　　此外，不出人意外的是，象徵成長先鋒的北交點也是在天秤座，距離太陽僅六度。

北交點在六宮天秤座，其實這沒有透露更多新的資訊，只是提供一個新角度檢視之前已經徹底理解的內容。我們必須用更廣泛的角度來認識之前用心理學角度談到的內容。**他的靈魂來到這世上是為了學習天秤座和六宮的功課**。事實是，他日常展現的性格也需要同樣的努力才能維持穩定，不過也因為北交點這個更大的問題，顯得微不足道了。

不過在實際上，這並沒有什麼差別。無論這裡談的是不朽的精神或是日常生活，都是一樣的課題。靈魂和人格每天都從同一張床上起來，吃同樣的早餐，被同一雙亂放的鞋子絆到，它們的經驗都是一樣的，只是其象徵的意義有所不同。

無論如何，這位英國男士的幸福來自於創造相親相愛的夥伴關係，同時透過這段關係，提供社會某種能持久存在的美。他如果失敗了，心智就會麻木，還會退縮躲在耀武揚威的矯揉做作後面。而他的靈魂，就會有如藏在心裡的黑暗祕密，驚慌迴避現實世界中日以繼夜的空虛。

這位英國男士到底是誰？他就是約翰・藍儂（John Lennon）。

第十二章

夢想宇宙

我喜歡地圖，打從年幼時，就會花好幾個小時盯著地圖，夢想駕著古代的大型帆船通過波里尼西亞群島，策畫如何擊敗錫蘭和緬甸。

歲月並沒有讓我有太多改變，只是剝奪了一些狂妄自大。我仍然很愛地圖，還是會為一些不可能成行的旅行規畫路線。不過現在，我真的會不時消失，有時是親近山林，或是在住家附近，划船探索卡羅萊納的海灣和鹹沼。

不久以前，我又再度燃起對地圖的熱情，買了一張地圖，上面有大部分的健行和獨木舟路線。我會把地圖攤在廚房餐桌上，一看就著迷不已，眼前的路徑和河流有如征服者，直到某個東西讓我打消了熱情。這些征服者曾寫下「**地圖不是領地**」這句話，交織在羅盤裡，這打碎了我的美夢。我可以花一個小時勇敢地研究地圖的每一個角落，不過要是划船探索每一個水道，走過每一條山徑，可得先面對一輩子份量的老繭和膽怯。

占星學就是如此，就是一張地圖，描繪了人類心智的領域，但是地圖不等同於領地。我們如果想要真實體驗占星心智地圖代表的意義，就必須

繫緊鞋帶，準備出發探險，必須把出生星盤擱在一旁，先挑戰自己的心智。這是唯一的方法，只盯著這張星盤，哪裡也去不了。我們必須吞下恐懼，把地圖放在口袋，然後走進山林，準備面對彩虹和響尾蛇，沒有任何繪製地圖的人能為我們準備這些東西。

占星的旅程就像其他探險一樣，需要深謀遠慮。在我們進入這片領地之前，必須對地圖有整體了解，必須熟悉符號，唯有如此，才能獨力深入荒野。

這就是本書的內容，這是一本解讀占星地圖的藝術入門書。透過理解星座、宮位和行星的字彙，透過辨識出生星盤裡相互抗衡的段落，透過在約翰‧藍儂的一生裡看到所有東西如何整合，我們已經學會了一種新語言。

但這跟地圖不同，到底是什麼樣的語言？其實這只是另一套穿越未知的象徵符號而已。

下一步交給你了。現在有很多書，很多方法，我已計畫很快推出另一本書，介紹預測的技巧，只會討論未來的兩三年，而不是長遠的一輩子，但千萬別被騙了，你可能讀到太陽下山了，還是對占星學束手無策。你如果真想理解占星學，就必須對出生星盤敞開心胸，然後開口討論看到的內容。承諾、冒險，然後放手一搏，這是唯一的方法，也很嚇人。

當你第一次坐下來看一位朋友的出生星盤時，可能發現大腦皮層大斷電。幾乎所有人都是這樣，即使是已經徹底認真學習過占星符號的人也不例外。然後突然間，眼前一大堆巴比倫象形文字、一個日期，還有城市名，然後朋友坐在你對面，耐心地、信任地、充滿期待地望著你。這根本

就是惡夢。

不要氣餒。你如果現在就收手，結結巴巴地道歉，說必須回家再把書讀一次，就可能永遠無法突破這片高牆。你可能終其一生都只在研究地圖，再也不會進入領土探險。

慢慢來，用一隻手控制水龍頭，按照之前列出的程序，它們不會讓你失望。你要花多久時間才能認識這位朋友？一個星期？一年？

而你拿著他的出生星盤坐在這裡才過了多久？只有幾分鐘而已。給出生星盤一點時間，它就像朋友一樣複雜，只是防禦比較不精密而已。如果在一開始五分鐘，你如果還沒有看到激勵人心的洞見時，可別嚇傻了。認識一張出生星盤，就像認識一位朋友，需要一點時間，需要一種不疾不徐、有組織的方法。你要給出生星盤一個機會對你說話。

最重要的是，信任所有符號，它們不會說謊。你可能解讀錯誤，但只要這個人的出生資訊是正確的，就能信任星盤傳達的訊息的真實性。在解釋的串連中，最弱的一環就是你自己的理解，而非占星符號的正確性。

即使這張星盤像精神分裂的保險公司律師一樣喋喋不休，你還是要信任它。即使朋友的反應好像看到達科塔州的美國總統山，還是繼續下去，說出你看到的。再提醒一次，信任這些符號，它們不會誤導你。

占星學是完美的嗎？顯然不是。這裡還有很多仍待人們發現。經過幾百年的沉睡之後，這個古老的藝術科學正在甦醒，被天文學和心理學的突破激出火花。占星學思潮的文藝復興才剛開始。到了二十世紀末，占星師就會像一百年前的牧師一樣受人重視。

　　但我們不需要等到占星學變成「值得尊敬」，現在就能利用它，即使不完美，但這個系統仍能運作。

　　有一天，占星學可能會完美無瑕，但前提是，我們能完美地了解人類的心智，而這必須在充滿遙遠可能性的世界裡，出現「啓蒙」，並且「終於做好所有的家務事」。我們可以希望和祈禱，但最好不要暫時停止呼吸。

　　現在就運用它，就能在今天發揮作用，而到了明天，它能提供更多幫助。

　　可以預見的是，任何的占星詮釋都可能有失誤或不確定，有些是因為系統本身的弱點，但大部分都是比較世俗的原因造成的，也就是你自己的偏見、投射和痛恨的事。雖然它並不完美，但我們越相信這個系統，就越能減少因為個人偏見造成的更嚴重扭曲。

　　當然我們可以直接糾正這些個人曲解，也可以接下最棒的占星任務，就是解釋自己的出生星盤。

　　自己的星盤是起跑點，幾乎每個人都是如此，一隻手拿著書，另一隻手拿著自己的出生星盤，如果要我設計占星入門者的雕塑，就會拿這當主題。

　　這不是說研究自己的出生星盤是不對的，完全不是這麼回事。

　　你自己的出生星盤就是個人實驗室，姑且不論它能協助你在複雜的過程中釐清思維，還能教導你星座、行星和宮位的意義，成效遠勝過於任何

閱讀。

問題在於，自己的星盤永遠是最難理解的，不只是因為必須面對複雜的占星符號，也必須讓自己的心和頭腦稍微鬆開用來自我保護的防衛心，因為你的防衛心就跟老鼠看守乳酪一樣嚴實。

無論是從自己的、朋友的，或是法國王后瑪麗‧安東妮的出生星盤開始，這都無所謂。每一條路都有其困難及優勢。無論選擇哪一條路，你都會一再回到自己的星盤，每一次都會更客觀一點，更謙卑一點，希望也能為你打算採取的步驟，增添更多誠實的驕傲。

無論你怎麼做，請牢牢記住，出生星盤是一張地圖，而你的大腦就是領土。你遲早必須停止研究相位，開始克服負面的害羞或自卑情結。占星學會為你指點一條最快通過樹林的道路，但如果你要實際穿越它，就必須先踏出第一步。

這適用於任何找你解釋出生星盤的人，當然也包括你自己。

出生星盤就像地圖，到目前為止，這句話都像是比喻。不過就像我們稍早學過的，這個概念是非常實在的真理。出生星盤真的就是地圖，就像天空的照片，簡單、正確，一目瞭然，告訴我們自己出生那一刻的行星的位置，非常精準，不多也不少。

但這些謙卑的天空地圖握有通往幸福的鑰匙、人生的藍圖，還有令人尷尬地吐露我們最黑暗的祕密。所有一切都來自一張天體的地圖！

當你能越來越流利使用這種古老的地球語言時，不要忘記走出家門，

不時凝視天空，不要忘記出生星盤就是天空的地圖。這片燦爛光輝的藍色蒼穹是這整個系統的母親，高掛在湖面上的月亮，就是星盤中帶給你喜悅和悲傷的月亮，而東方蒼白泛黃的那顆星星，也就是把你逼向成長極限的土星。

你在天上所見的，都能在心裡感受到。這是兩種語言，卻是同一個事實。我們即使忽略所有關於天空的清楚引據，還是能正確地詮釋占星學，但是其中遺失了很多。從室內的觀點，占星學只是心理學有趣的分支，只是另一種要背誦的枯燥理論。

如果能覺察到占星學與天體的連結，出生星盤就能帶領我們更深入地探索。

所有人都想要魔法，想要一種祕密和權力的感受，想要在生命中感受某種宇宙的秩序。我們也想要感受身為天地之子最初獲得的遺澤。占星學可以提供這些，而且不會要求放棄理智予以回報。我們要做的，只是去看而已。

挑一個晴朗的夏日夜晚，天空如瀝青般黝黑，群星如燃燒的鑽石般閃爍，有些看起來很近，有些則遙不可及。放鬆一下，開啟你的感官，你現在身在何處？

你正在一個三度空間的太空中飄浮，這裡有赤裸的陰影、耀眼的光芒，就是我們稱為宇宙的地方。

現在把自己鎖在衣櫥裡，緊緊閉上眼睛，直到肌肉都發酸。吸氣，吐氣，注意一下發生了什麼？你現在身在何處？

　　你正在一個三度空間的太空中飄浮，這裡有赤裸的陰影、耀眼的光芒，就是我們稱為心智的地方。

　　再提醒一次，這是兩種語言，但同一個事實。這個宇宙超出我們，也在我們之中。兩者都是一樣的，都是根據同樣的法則建立架構，甚至感受都很相似。這種原始的感知就是占星學的基礎，也是它永無止盡迷人的源頭。

　　這些心智的東西，天空的東西，這個我們觀察和測量的宇宙，我們夢想的宇宙，都是一樣的。我們無論在哪裡仰望天空，都會看到自己的心智。無論想像什麼，都會看到宇宙。

　　所以我們是誰？是誰在行動？誰在觀察？這是最深的謎題，而回答這個問題，是永無止盡、不可能達成的任務，而這也是我們身為而人的根據。

　　占星學無法替我們解開這個謎題，但也許能讓我們更靠近一點，更聰明一點。在占星學裡，我們都是邊境的住民，就像在海邊的人，在這裡，意識的浪潮迎面而來，化為碎片散落在物質世界的岩石和沙丘裡。我們活在其中，而它們也反映在內心深處。

　　在占星學裡，我們有如夢想家，而夢想的一切，就是宇宙。

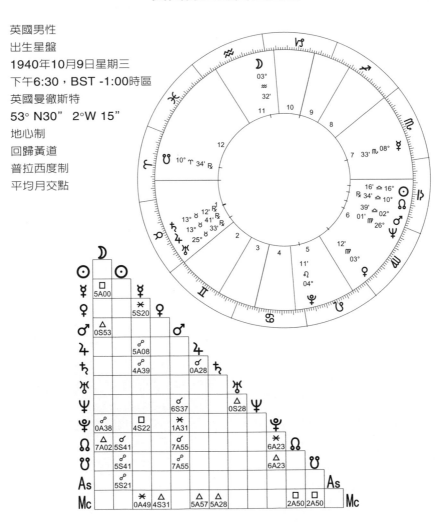

附 錄 A

英國男士的出生星盤

英國男性
出生星盤
1940年10月9日星期三
下午6:30，BST -1:00時區
英國曼徹斯特
53° N30" 2°W 15"
地心制
回歸黃道
普拉西度制
平均月交點

附 錄 B

占星軟體

以下是一些販售占星軟體的公司，你可以直接與這些公司聯繫，索取詳細資料。

AIR Software Star Trax Millenium www.alpee.com

Astrograph
Time Passages www.astrograph.com

Astrolabe Solar Fire www.alabe.com

Cosmic Patterns Kepler & Sirius www.patterns.com

Matrix Software
Win*Star
www.astrologysoftware.com

Until you have your own software, you can run free charts online through Astro Dienst at www.astro.com.

附 錄 C

出生星盤範例

　　精進占星詮釋技巧最好的方法就是研究名人的出生星盤。他們能功成名就，通常都是因為堅決地回應星盤提出的問題，因此人生模式會照亮星盤配置的意義，遠比大半輩子坐在電視機前面對人更加耀眼鮮明。

　　你可以在建議書目上找到蒐集出生星盤的書，也可以在搜尋資料庫 https://www.astro.com/astro-databank/Main_Page 找到很多出生星盤。我強烈建議把這些星盤當成研究輔助，而這也是極具啟發的通行證，進入失傳已久的心智和時代。想像你花一個晚上與羅馬帝國皇帝卡利古拉或音樂家貝多芬共度一晚，你有他們的出生星盤，還有一些占星知識，你就很可能身歷其境。

註：這裡收錄的八張出生星盤是用普拉西度分宮制。

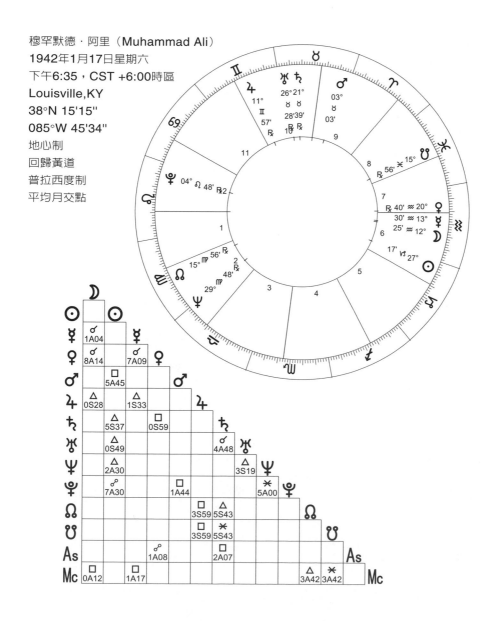

穆罕默德・阿里（Muhammad Ali）
1942年1月17日星期六
下午6:35，CST +6:00時區
Louisville,KY
38°N 15'15"
085°W 45'34"
地心制
回歸黃道
普拉西度制
平均月交點

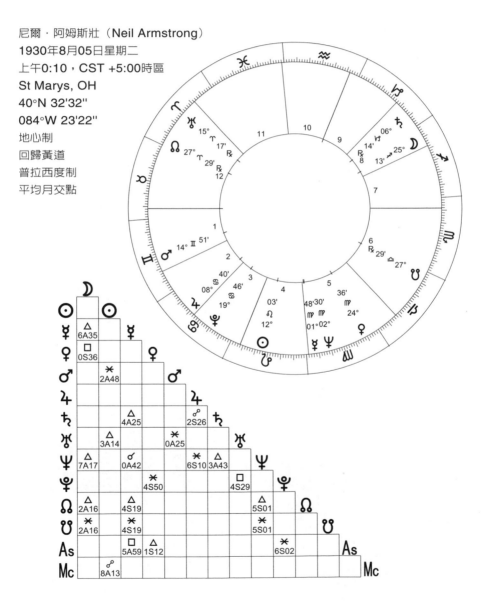

尼爾 · 阿姆斯壯（Neil Armstrong）
1930年8月05日星期二
上午0:10，CST +5:00時區
St Marys, OH
40°N 32'32"
084°W 23'22"
地心制
回歸黃道
普拉西度制
平均月交點

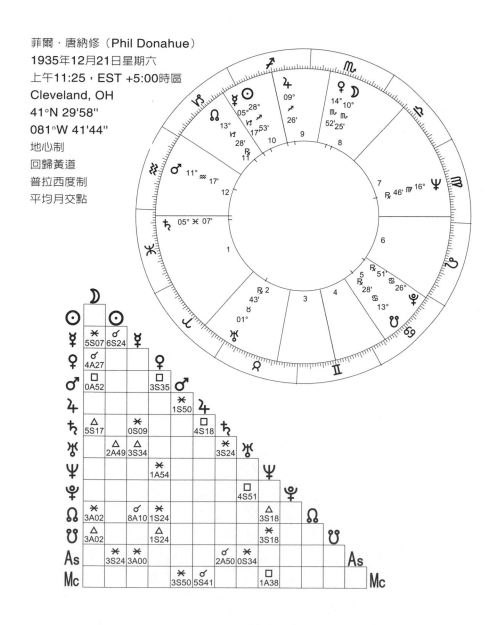

菲爾‧唐納修（Phil Donahue）
1935年12月21日星期六
上午11:25，EST +5:00時區
Cleveland, OH
41°N 29'58"
081°W 41'44"
地心制
回歸黃道
普拉西度制
平均月交點

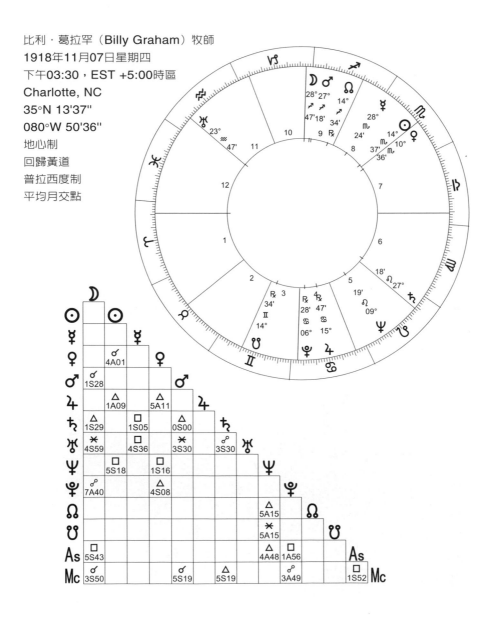

比利・葛拉罕（Billy Graham）牧師
1918年11月07日星期四
下午03:30，EST +5:00時區
Charlotte, NC
35°N 13'37"
080°W 50'36"
地心制
回歸黃道
普拉西度制
平均月交點

伊莉莎白・庫伯勒-羅絲（Elisabeth
Kübler-Ross），精神科醫師
1926年07月08日星期四
下午10:45，CET -1:00時區
Zurich, Switzerland
47°N 23' 008°E 32'
地心制
回歸黃道
普拉西度制
平均月交點

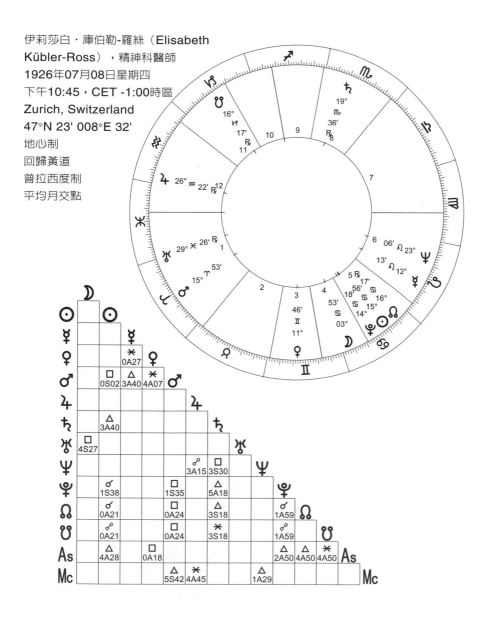

布魯斯‧史普林斯汀（Bruce
Springsteen），歌手
1949年09月23日星期五
下午10:50，EDT +4:00時區
Freehold, NJ
40°N 15'36"
074°W 16'27"
地心制
回歸黃道
普拉西度制
平均月交點

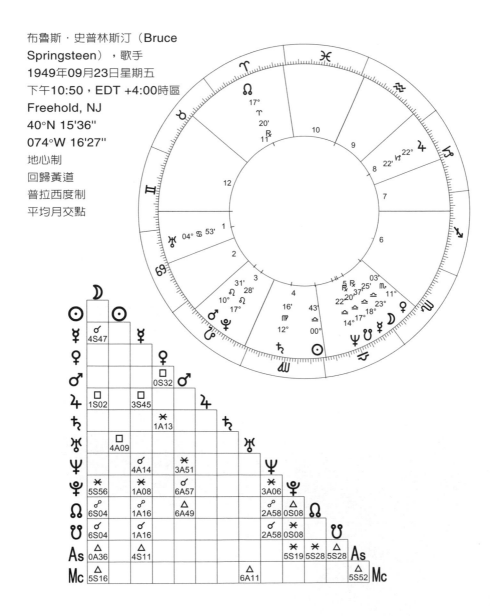

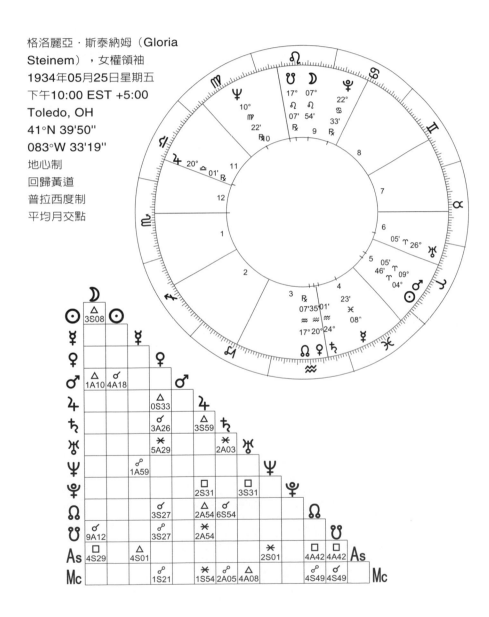

格洛麗亞‧斯泰納姆（Gloria
Steinem），女權領袖
1934年05月25日星期五
下午10:00 EST +5:00
Toledo, OH
41°N 39'50"
083°W 33'19"
地心制
回歸黃道
普拉西度制
平均月交點

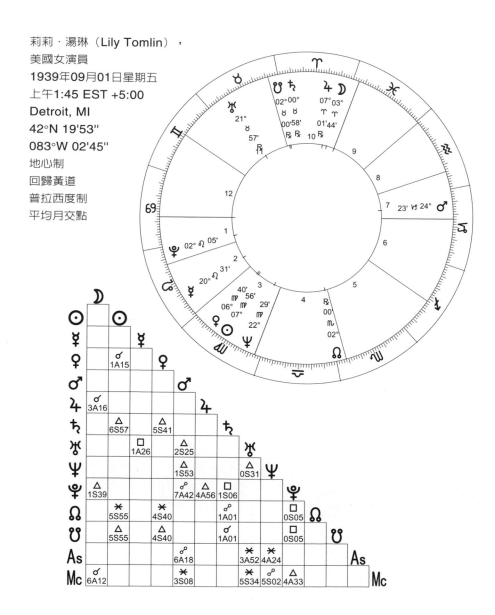

莉莉・湯琳（Lily Tomlin），
美國女演員
1939年09月01日星期五
上午1:45 EST +5:00
Detroit, MI
42°N 19'53"
083°W 02'45"
地心制
回歸黃道
普拉西度制
平均月交點

附　錄　D

建議書目

工具書

The American Ephemeris for the 20th Century, 1900 to 2000. (Available in both noon and midnight editions.) ACS Publications, 1980.

The American Ephemeris for the 21st Century, 2000 to 2050. (Avail-able in both noon and midnight editions.) ACS Publications, 1996.

Dalton, Joseph G. *The Spherical Basis of Astrology.* Macoy, 1893.

The Michelsen Book of Tables. (Placidus and Koch cusps.) ACS Publications, 1997.

The American Atlas: U.S. Latitudes and Longitudes, Time Changes, and Time Zones. ACS Publications, 1978.

The International Atlas: Latitudes, Longitudes and Time Changes. ACS Publications, 1985.

基礎書籍

Arroyo, Stephen. *Astrology, Psychology, and the Four Elements.* CRCS Publications, 1975.

Carter, Charles E. O. *The Astrological Aspects.* Fowler, 1930.

_____. *The Principals of Astrology.* Theosophical, 1925.

Freeman, Martin. *How to Interpret a Birthchart.* Aquarian, 1981.

Goodavage, Joseph F. *Write Your Own Horoscope.* World, 1968.

Greene, Liz. Saturn: *A New Look at an Old Devil.* Weiser, 1976.

Jones, Marc Edmund. *How to Learn Astrology.* Doubleday, 1969.

Leo, Alan. *The Art of Synthesis.* Fowler, 1968 (reissue).

Mayer, Michael. *Handbook for the Humanistic Astrologer.* Anchor/ Doubleday, 1974.

Penfield, Marc. *An Astrological Who's Who.* Arcane, 1972.

Rodden, Lois M. *Astro Data I: Profiles of Women.* Data News Press, 1996.

_____. *Astro Data II.* Data News Press, 1997. (Formerly *The American Book of Charts.*)

Rudhyar, Dane. *The Astrological Houses.* Doubleday, 1972.

_____. *Astrological Insights into the Spiritual Life.* ASI, 1979.

_____. *The Astrology of Personality.* Doubleday, 1936.

_____. *An Astrological Study of Psychological Complexes and Emotional*

Problems. Servire/Wassenaar, 1966.

_____. *An Astrological Triptych.* ASI, 1968.

_____. *The Planetary and Lunar Nodes.* CSA Press, 1971.

_____. *The Practice of Astrology.* Penguin, 1968.

Schulman, Martin. *The Moon's Nodes and Reincarnation.* Weiser, 1975.

Toonder, Jan Gerhard, and John Anthony West. *The Case for Astrology.*
    Penguin, 1970.

Tyl, Noel. *Special Horoscope Dimensions: Success, Sex, and Illness.*
    Llewellyn, 1975.

進階書籍

Addey, John. *Harmonics in Astrology.*

Arroyo, Stephen. *Astrology, Karma, and Transformation.* CRCS
    Publications, 1978.

_____. *Relationships and Life Cycles.* CRCS, 1979.

Davison, Ronald C. *Synastry.* Aurora Press, 1983. ("Synastry" is the
    study of relationships from an astrological perspective.)

_____. *The Technique of Prediction.* Fowler, 1971.

Forrest, Stephen and Jodie. *Skymates.* Seven Paws Press, 1992.

Forrest, Stephen. *The Changing Sky.* Seven Paws Press, 1989.

Garrison, Omar V. *Medical Astrology.* University Books, 1971.

Gauquelin, Michel. *Scientific Basis of Astrology.*

Rudhyar, Dane. *An Astrological Mandala.* Random House, 1973.

_____. *The Lunation Cycle.* Shambala, 1971.

Tyl, Noel. *Analysis and Prediction.* Llewellyn, 1974.

_____. *The Expanded Present.* Llewellyn, 1974.

_____. *Integrated Transits.* Llewellyn, 1974.

整體觀點書籍

Brown, Norman O. *Love's Body.* Random House, 1966.

Castaneda, Carlos. *Tales of Power.* Pocket Books, 1974.

Collin, Rodney. *The Theory of Celestial Influence.* Weiser, 1984.

Dass, Ram. *The Only Dance There Is.* Doubleday, 1974.

_____. *Grist for the Mill.* Bantam, 1977.

Golas, Thaddeus. *The Lazy Man's Guide to Enlightenment.* Bantam, 1971.

Jung, Carl G. *Man and His Symbols.* Dell, 1964.

de Laszlo, Violet S. *Psyche & Symbol in the Psychology of C.G. Jung.* Doubleday, 1958.

Sugrue, Thomas. *There is a River: The Story of Edgar Cayce.* Holt, Rinehart and Winston, 1942.

Watson, Lyall. *Super Nature: A Natural History of the Supernatural.* Doubleday, 1973.

附　錄　E

術語

風元素（Air）：四元素之一，風象徵改變，清楚的認知和智力。

基本點（Angle）：一宮、四宮、七宮和十宮的宮頭，地平線或子午線的兩端。

原型　（Archetype）：集體、普遍存在於人類意識的基本形象；融合在個人身份意識中原始的、神祕的一部分。

上升點（Ascendant）：地平線的東方或在該處上升的星座；整體的第一宮。

相位（Aspect）：行星之間、行星和基本點之間重要的幾何角度。

相位表（Aspect Grid）：呈現出生星盤中所有相位的圖表。

占星學（Astrology）：透過根據出生時刻繪製的天空地圖，釐清人生基本課題的藝術科學。

吉星（Benefic）：傳統的「好」行星，像是金星（次吉）和木星（大

吉）。

出生星盤（Birthchart）：從一個人的出生地點，在出生那一刻的天空地圖。

片段（Bit）：任何行星、星座和宮位的結合。

基本星座（Cardinal）：三種星座模式之一。積極的、開啓的、決定的。基本星座是牡羊座、巨蟹座、天秤座和魔羯座。

合相（Conjunction）：兩個行星之間的間隔是零度，象徵融合的過程。

星座（Constellation）：一組恆星，通常名字都會包含一個星座，但不要跟一般認知的星座混淆。

宮頭（Cusp）：一個宮位的開始，其實這是模糊的區塊，從一個宮位開始的精準度數往前或往後延伸一點五度。

下降點（Descendant）：地平線的西方或落在該處的星座，整體的第七宮。

無力（Debility）：獨特的占星配置，削弱特定行星的重要性，參見尊貴和落陷。

尊貴（Dignity）：獨特的占星配置，增加特定行星的重要性，參見聚焦者、守護關係、孤星和無力。

地元素（Earth）：四元素之一，象徵耐心、務實、現實主義和穩定。

黃道（**Ecliptic**）：太陽、月亮和行星相對於恆星、圍繞地球的明顯路線；黃道帶。

分點（**Equinox**）：一年之中日夜等長的兩天，分別是春天的第一天（春分）或秋天的第一天（秋分）。

元素（**element**）：火、土、風和水。四種基本的精神過程或意識傾向。

星曆表（**Ephemeris**）：列出長時間每一天所有行星的位置。

落陷（**Fall**）：行星的無力，特色是位於其守護行星對面的位置。

火元素（**Fire**）：四元素之一，象徵意志、倡議或統治的形成。

固定星座（**Fixed**）：三種星座模式之一，穩定、目的的力量、清楚的身份意識、固執；固定星座是金牛座、獅子座、天蠍座和寶瓶座。

聚焦者（**Focalizer**）：出生星盤中被特別強調或位居策略位置的行星，參見尊貴。

符號（**Glyph**）：占星學中用來速記的書寫符號。

半球（**Hemisphere**）：任何出生星盤都有四個半球：地平線之上、地平線之下、子午線以東和子午線以西的空間。

地平線（**Horizon**）：出生星盤中連結上升點和下降點的水平軸線。

宮位（**House**）：地平線以上或以下的十二個空間區隔，心智進入和

體驗的基本「競技場」或「領域」。

業力（Karma）：源自印度，源自於過去世，保留在人格的代表習慣、好與壞。

凶星（Malefic）：傳統的「壞」行星，像是火星（次凶）或土星（大凶）。

子午線（Meridian）：出生星盤中連結天頂和天底的垂直軸線。

天頂（Midheaven）：地平面之上黃道中最高的點，約莫是太陽在正午的位置，十宮的宮頭，整體的第十宮。

次要相位（Minor Aspects）：合相、六分相、四分相、三分相和對分相之外的相位。

弧分（Minute of Arc）：六十分之一度，通常被稱為「分」。

模式（Mode）：星座能量的三種表達方式：基本星座、固定星座和變動星座。

變動星座（Mutable）：三種星座模式之一，可以改變的、回應的、流動的，變動星座是雙子座、處女座、射手座和雙子座。

天底（Nadir）：地平線之下黃道中最遙遠的點，約莫是太陽在午夜的位置，四宮的宮頭，整體的第四宮。

月交點（Nodes of Moon）：兩個相對的點，分別象徵一個人演化的過去和未來。南交點代表遺傳或業力的影響，北交點代表需要被吸收的新

事物。

對分相（Opposition）：兩個行星分隔一百八十度的相位，象徵兩極化或緊張的過程。

容許度（Orb）：有效相位可以容忍的度數，這是變化的，主觀的，但是通常都是七度左右。

行星（Planet）：任何用可預測的方式通過黃道帶的天體。在占星學中，這包括太陽和月亮。

原始符號（Primal Symbol）：包圍著我們的天體空間，象徵完美、整體和永恆。意識本身或天神的符號。

基本三要素（Primal Triad）：太陽、月亮和上升點構成個體性的「骨架」。

逆行（Retrograde）：行星在天空「看似」倒退的狀態，參閱順行。

守護關係（Rulership）：一個行星和一個星座強烈的相似度，兩者都可清楚展現。

六分相（Sextile）：兩個行星分隔六十度的相位，象徵刺激的過程。

恆星時間（Sidereal Time）：天文學用來繪製星盤的精準時間。

星座（Sign）：黃道帶上十二個基本區隔，太陽和地球軌道關係的某個階段；基礎的心理過程。

孤星（Singleton）：任何單獨位於一個半球的行星。

至點（Solstice）：一年之中夜晚最長（冬至）或最短（夏至）的一天。

四分相（Square）：兩個行星分隔九十度的相位，象徵摩擦的過程。

停滯（Stationary）：當一個行星相較於黃道帶，看似靜止不動的狀態，即將轉為逆行或順行。

停滯順行（Stationary Direct）：停滯，準備要順行。

停滯逆行（Stationary Retrograde）：停滯，準備要逆行。

星群（Stellium）：三個或三個以上的行星落在同一個星座或宮位。

宮位表（Table of Houses）：根據球面三角學的複雜運算，列出在不同恆星時間和緯度的宮頭位置。

三分相（Trine）：兩個行星分隔一百二十度的相位，象徵和諧的過程。

水元素（Water）：四元素之一，象徵主觀、情感、深度和愛的能力。

黃道帶（Zodiac）：太陽、月亮和行星繞著地球運轉的軌道，十二個星座。

關　於　作　者

　　史蒂芬‧佛瑞斯特著有多本暢銷占星書，包括《內在的天空》、《變幻的天空》、《冥王星之書》（*The Book of Pluto*，暫譯）、《夜晚在呢喃》（*The Night Speaks*，暫譯），還有新出版的經典《昨日的天空》，獲得「整合醫學基金會」鼎力相助。

　　史蒂芬的書已經被翻譯成十二種語言，最近的是中文和義大利語。他到世界各地演說，教導他標榜以選擇為主軸的演化占星學－整合自由意志、紮實的人性心理學和古代形而上學的占星學。

　　他除了忙於私人執業，還積極投入加州、澳洲、北卡羅來納州和瑞士的占星師徒班，同時也是「國際占星研究協會」（International Society for Astrological Research，ISAR）倫理委員會的創辦成員。

　　更詳細的資訊請參閱他的網站：www.forrestastrology.com

　　音樂家史汀（Sting）稱史蒂芬的書是「理性的、鏗鏘有力又具有詩意」。《戴爾星象》雜誌則稱他「不僅是首屈一指的占星家，也是一位智者」。美國電影《末路狂花》（*Thelma & Louise*）編劇卡莉‧克里（Callie Khouri）則讚美他的「幽默、洞見、詩意，以及對人類本質敏銳又清晰的

觀察」。《O：歐普拉雜誌》則稱，「佛瑞斯特的方法……停止了怨天尤人的遊戲……我們都是實現動盪的自我演化之旅的戰士」。美國男星小勞勃・道尼（Robert Downey Jr.）則說：「我對於史蒂芬解讀的正確性感到驚訝不已。他堅持，沒有任何事會嚴重到無法被修復，因此，彩虹必然會因為此刻糟糕的判斷而消失，我會給予他最高評價。」美國占星師羅伯・布萊茲尼（Rob Brezsny）直稱他是「最出色的在世占星家」。

你想更進一步了解史蒂芬對占星學的獨特見解嗎？你可以在 http://www.forrestastrology.com/MP3-Audio-Downloads. 找到各種課程及工作坊的音檔和影片。

更好的方式是，你可以參加「史蒂芬的占星師徒班」，這已有很多成功的學生完成課程。他會在課程中傳授明確的解盤技巧及風格，這讓他名列世上最成功、最具影響力的占星家之列。史蒂芬非常樂於傳承教學和解盤策略，而這在多年來的師徒班中都獲得顯著成效。

師徒班代表學生有難得的機會，與志同道合的人在支持的環境中學習占星學，這可以創造社群和連結感，以及延續一生的關係。有些人來上課是為了日後執業，有些人則是為了追求個人或靈性的豐富。

史蒂芬的師徒班目前在北卡羅來納州、南加州（靠近聖地牙哥）、北加州（舊金山以北），澳洲和歐洲聚會。

學生一旦加入師徒班，就可以有十年取用史蒂芬的私人教學，這會以錄音方式提供，有些課程也會有PDF檔案。

更多資訊請參閱：www.forrestastrology.com

國家圖書館出版品預行編目資料

內在的天空：由星盤透析內在，做出讓生命豐饒的明智
抉擇 The Inner Sky: How to Make Wiser Choices for a
More Fulfilling Life/塔拉．史蒂芬．佛瑞斯特著；韓沁林譯.
-- 初版 .-- 臺北市：商周出版：英屬蓋曼群島商家庭傳媒
股份有限公司城邦分公司發行，民 109.02
　　360 面；17×23 公分
譯自：The Inner Sky: How to Make Wiser Choices for a
More Fulfilling Life
ISBN 978-626-318-378-0（平裝）

1. 占星

292.22　　　　　　　　　　　　　　　　110002018

BF6049

內在的天空：
由星盤透析內在，做出讓生命豐饒的明智抉擇
The Inner Sky: How to Make Wiser Choices for a
More Fulfilling Life

作　　　者	史蒂芬‧佛瑞斯特（Steven Forrest）	企劃選書‧責任編輯	韋孟岑
譯　　　者	韓沁林		

版　　　權／吳亭儀、江欣瑜、林易萱
行 銷 業 務／黃崇華、賴正祐、周佑潔、賴玉嵐
總 編 輯／何宜珍
總 經 理／彭之琬
事業群總經理／黃淑貞
發 行 人／何飛鵬
法 律 顧 問／元禾法律事務所　王子文律師
出　　　版／商周出版
　　　　　　台北市 104 中山區民生東路二段 141 號 9 樓
　　　　　　電話：(02) 2500-7008　傳真：(02) 2500-7759
　　　　　　E-mail：bwp.service@cite.com.tw
　　　　　　Blog：http://bwp25007008.pixnet.net./blog
發　　　行／英屬蓋曼群島商家庭傳媒股份有限公司城邦分公司
　　　　　　台北市 104 中山區民生東路二段 141 號 2 樓
　　　　　　書蟲客服專線：(02)2500-7718、(02) 2500-7719
　　　　　　服務時間：週一至週五上午 09:30-12:00；下午 13:30-17:00
　　　　　　24 小時傳真專線：(02) 2500-1990；(02) 2500-1991
　　　　　　劃撥帳號：19863813　戶名：書蟲股份有限公司
　　　　　　讀者服務信箱：service@readingclub.com.tw
　　　　　　城邦讀書花園：www.cite.com.tw
香港發行所／城邦（香港）出版集團有限公司
　　　　　　香港灣仔駱克道 193 號超商業中心 1 樓
　　　　　　電話：(852) 25086231 傳真：(852) 25789337
　　　　　　E-mailL：hkcite@biznetvigator.com
馬新發行所／城邦（馬新）出版集團【Cité (M) Sdn. Bhd】
　　　　　　41, Jalan Radin Anum, Bandar Baru Sri Petaling,
　　　　　　57000 Kuala Lumpur, Malaysia.
　　　　　　電話：(603)90578822　傳真：(603)90576622
　　　　　　E-mail：cite@cite.com.my

線上版讀者回函卡

封 面 設 計／季曉彤
排　　　版／菩薩蠻數位文化有限公司
印　　　刷／卡樂彩色製版印刷有限公司
經 銷 商／聯合發行股份有限公司
　　　　　　電話：(02)2917-8022　傳真：(02)2911-0053

■ 2022 年（民 111）09 月 06 日初版

定　　　價／600 元

ISBN　978-626-318-378-0（平裝）
ISBN　978-626-318-389-6 (EPUB)

Printed in Taiwan

城邦讀書花園
www.cite.com.tw